Susanne Kalender
Angela Pude

MENSCHEN

Deutsch als Fremdsprache
Lehrerhandbuch

A1.2

Hueber Verlag

Moodle-Tipps: Nuray Köse, Izmir

Das Werk und seine Teile sind urheberrechtlich geschützt.
Jede Verwertung in anderen als den gesetzlich zugelassenen
Fällen bedarf deshalb der vorherigen schriftlichen Einwilligung
des Verlags.

Hinweis zu § 52a UrhG: Weder das Werk noch seine Teile dürfen
ohne eine solche Einwilligung überspielt, gespeichert und in
ein Netzwerk eingespielt werden. Dies gilt auch für Intranets von
Firmen, Schulen und sonstigen Bildungseinrichtungen.

Eingetragene Warenzeichen oder Marken sind Eigentum des
jeweiligen Zeichen- bzw. Markeninhabers, auch dann, wenn diese
nicht gekennzeichnet sind. Es ist jedoch zu beachten, dass weder
das Vorhandensein noch das Fehlen derartiger Kennzeichnungen
die Rechtslage hinsichtlich dieser gewerblichen Schutzrechte berührt.

5.	4.	3.			Die letzten Ziffern
2019	18	17	16	15	bezeichnen Zahl und Jahr des Druckes.

Alle Drucke dieser Auflage können, da unverändert,
nebeneinander benutzt werden.
1. Auflage
© 2013 Hueber Verlag GmbH & Co. KG, 85737 Ismaning, Deutschland
Umschlaggestaltung: Sieveking · Agentur für Kommunikation, München
Zeichnungen: Hueber Verlag/Michael Mantel
Layout und Satz: Sieveking · Agentur für Kommunikation, München
Verlagsredaktion: Daniela Niebisch, Penzberg
Druck und Bindung: Kessler Druck + Medien GmbH & Co. KG, Bobingen
Printed in Germany
ISBN 978–3–19–671901–7

INHALT

Konzeptbeschreibung 4

Die erste Stunde im Kurs 17

Modul 5
    Unterrichtsplan Lektion 13   18
    Unterrichtsplan Lektion 14   25
    Unterrichtsplan Lektion 15   32
    Unterrichtsplan Modul-Plus 5   38

Modul 6
    Unterrichtsplan Lektion 16   42
    Unterrichtsplan Lektion 17   49
    Unterrichtsplan Lektion 18   55
    Unterrichtsplan Modul-Plus 6   61

Modul 7
    Unterrichtsplan Lektion 19   65
    Unterrichtsplan Lektion 20   71
    Unterrichtsplan Lektion 21   77
    Unterrichtsplan Modul-Plus 7   81

Modul 8
    Unterrichtsplan Lektion 22   85
    Unterrichtsplan Lektion 23   91
    Unterrichtsplan Lektion 24   97
    Unterrichtsplan Modul-Plus 8   102

Kopiervorlagen zu den Lektionen 106

Kopiervorlagen zu den Film-Stationen 150

Tests zu den Modulen 162

Transkriptionen Kursbuch 178

Transkriptionen Film-DVD 187

Lösungen Tests zu den Modulen 193

1 Konzeption des Lehrwerks

1.1 Rahmenbedingungen

Menschen ist ein handlungsorientiertes Lehrwerk für Anfänger. Es führt Lernende ohne Vorkenntnisse in drei bzw. sechs Bänden zu den Sprachniveaus A1, A2 und B1 des Gemeinsamen Europäischen Referenzrahmens und bereitet auf die gängigen Prüfungen der jeweiligen Sprachniveaus vor:

	dreibändige Ausgabe	*sechsbändige Ausgabe*
Niveau A1	Menschen A1	Menschen A1.1 + A1.2
Niveau A2	Menschen A2	Menschen A2.1 + A2.2
Niveau B1	Menschen B1	Menschen B1.1 + B1.2

Menschen geht bei seiner Themenauswahl von den Vorgaben des Gemeinsamen Europäischen Referenzrahmens aus und greift zusätzlich Inhalte aus dem aktuellen Leben in Deutschland, Österreich und der Schweiz auf.

Die Prüfungsinhalte und -formate der gängigen Prüfungen finden in *Menschen* sowohl im Kursbuch als auch im Arbeitsbuch Berücksichtigung.

1.2 Bestandteile des Lehrwerks

Menschen bietet ein umfangreiches Angebot an Materialien und Medien, die aufeinander abgestimmt und eng miteinander verzahnt sind:

- ein Kursbuch mit integrierter DVD-ROM (mit interaktiven Übungen zum selbstständigen Weiterlernen)
- ein Arbeitsbuch mit integrierter Audio-CD
- ein Medienpaket mit den Audio-CDs zum Kursbuch und einer DVD mit Filmen für den Einsatz im Unterricht
- ein Lehrerhandbuch
- Materialien für Beamer und interaktive Whiteboards
- einen Moodle-Kursraum
- Glossare zu verschiedenen Ausgangssprachen
- Materialien zur Prüfungsvorbereitung
- einen Internetservice mit zahlreichen ergänzenden Materialien für Lehrende und Lernende

Ein übersichtliches Verweissystem verzahnt die Materialien miteinander und sorgt so für eine hohe Transparenz bei Kursleitenden und Teilnehmenden. Die Materialien sind flexibel einsetzbar und ermöglichen ein effizientes, auf die Bedürfnisse der einzelnen Teilnehmer zugeschnittenes Lernen bei gleichzeitig geringem Aufwand für die Kursleitenden.

KONZEPTBESCHREIBUNG

1.3 Aufbau

1.3.1 Das Kursbuch

Aufbau der drei- und der sechsbändigen Ausgabe

Dreibändige Ausgabe: Jeder Band beinhaltet 24 kurze Lektionen, die in acht Modulen mit je drei Lektionen zusammengefasst sind.

Sechsbändige Ausgabe: Jeder Teilband beinhaltet 12 kurze Lektionen, die in vier Modulen mit je drei Lektionen zusammengefasst sind.

Aufbau eines Moduls

Jedes Modul besteht aus drei Lektionen; vier zusätzliche Seiten (*Lesemagazin, Film-Stationen, Projekt Landeskunde* und *Ausklang*) runden jedes Modul ab und wiederholen den Stoff der vorangegangenen Lektionen.

Aufbau einer Lektion

Die Kursbuchlektionen umfassen je vier Seiten und folgen einem transparenten, wiederkehrenden Aufbau:

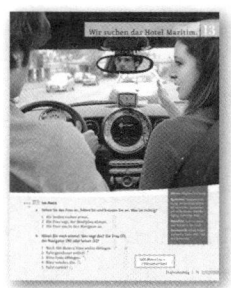

Einstiegsseite

Der Einstieg in jede Lektion erfolgt durch ein interessantes Foto, das meist mit einem Hörtext kombiniert wird und in die Thematik der Lektion einführt. Dazu gibt es erste Aufgaben, die immer auch an die Lebenswelt der TN anknüpfen. Die Einstiegssituation wird auf der folgenden Doppelseite wieder aufgegriffen und vertieft. Auf der Einstiegsseite befindet sich außerdem ein Kasten mit den Lernzielen der Lektion. Ideen für die Einsatzmöglichkeiten der Einstiegsseite im Unterricht finden Sie im Kapitel „Praktische Tipps" (Seite 8).

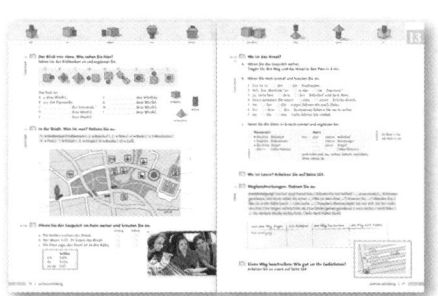

Doppelseite mit Einführung der neuen Strukturen und Redemittel

Ausgehend von der Einstiegssituation werden auf der Doppelseite die neuen Wortfelder, die Strukturen und die Redemittel der Lektion mithilfe von Hör- und Lesetexten eingeführt und geübt. Das neue Wortfeld der Lektion wird in der Kopfzeile prominent und gut memorierbar als „Bildlexikon" präsentiert. Übersichtliche Grammatik-, Redemittel- und Infokästen machen den neuen Stoff bewusst. In den folgenden Aufgaben werden die Strukturen und Redemittel zunächst meist in gelenkter, dann in freierer Form geübt. In die Doppelseite sind zudem Übungen eingebettet, die sich im Anhang auf den „Aktionsseiten" befinden. Diese Aufgaben ermöglichen echte Kommunikation im Kursraum und bieten authentische Sprech- und Schreibanlässe. Vorschläge für die Einsatzmöglichkeiten der Aktionsseiten im Unterricht finden Sie im Kapitel „Praktische Tipps" (Seite 8).

Abschlussseite

Auf der vierten Seite jeder Lektion ist eine Aufgabe zum Sprechtraining, Schreibtraining oder zu einem Mini-Projekt oder Spiel zu finden, die den Stoff der Lektion nochmals aufgreift. Als Schlusspunkt jeder Lektion werden hier die neuen Strukturen und Redemittel systematisch zusammengefasst und transparent dargestellt. Ideen für die Einsatzmöglichkeiten der Grammatik- und Redemittelübersichten im Unterricht finden Sie im Kapitel „Praktische Tipps" (Seite 8).

Aufbau der Modul-Plus-Seiten

Vier zusätzliche Seiten runden jedes Modul ab und bieten weitere interessante Informationen und Impulse, die den Stoff des Moduls unter Einsatz unterschiedlicher Medien und über verschiedene Lernkanäle verarbeiten und wiederholen lassen:

 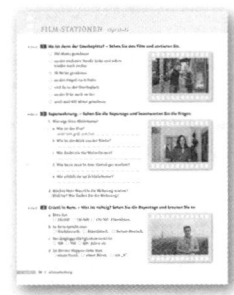 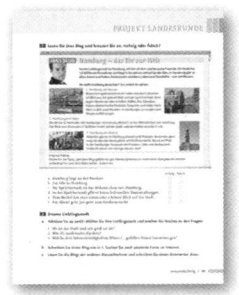 

Lesemagazin: Eine Magazinseite mit vielfältigen Lesetexten (z.B. Blogs, Webseiten, Zeitschriftentexte, Briefe, Zeitungstexte, Reiseführer und vieles mehr) und dazu passenden Aufgaben.

Film-Stationen: Fotos und Aufgaben zu den drei Filmen des Moduls – passend zu den drei Lektionen –, die einen Einblick in den Alltag in Deutschland, Österreich und der Schweiz bieten. Die Filme zeigen eine breite Vielfalt an Genres: Reportagen, Städteporträts, Interviews, Spielszenen etc.

Projekt Landeskunde: Ein informativer Hintergrundtext mit Anregungen für ein Projekt. Hier liegt der Schwerpunkt auf handlungsorientiertem Lernen, das zu echter Kommunikation führt.

Ausklang: Ein Lied mit Anregungen für einen kreativen Einsatz im Unterricht.

Ideen für die Einsatzmöglichkeiten der Modul-Plus-Seiten im Unterricht finden Sie im Kapitel „Praktische Tipps" (Seite 8).

Aufbau und Inhalte der DVD-ROM

Die integrierte DVD-ROM bietet individuelle Erweiterungs- und Vertiefungsaufgaben sowie Memorierungsübungen für das selbstständige, zusätzliche Arbeiten zu Hause. Die unterschiedlichen Inhalte und Übungsformen bieten Differenzierungsmöglichkeiten für verschiedene Teilnehmerprofile. Mithilfe der transparenten Verweise im Kursbuch können die Teilnehmenden selbst entscheiden, ob und wann sie welche Aufgaben und Übungen auf der DVD-ROM bearbeiten möchten.

KONZEPTBESCHREIBUNG

Folgende Verweise im Kursbuch führen zur DVD-ROM:

interessant?	… ein Lese- oder Hörtext (mit Didaktisierung) oder Zusatzinformationen, die das Thema aufgreifen und aus einem anderen Blickwinkel betrachten
noch einmal?	… hier kann man den Kursbuch-Hörtext noch einmal hören und alternative Aufgaben dazu lösen
Spiel & Spaß	… eine kreative, spielerische Aufgabe zu den neuen Strukturen, den Redemitteln oder dem neuen Wortschatz
Film	… eine kurze Filmsequenz, die an das Kursbuch-Thema anknüpft und Lust auf die deutsche Sprache macht
Beruf	… erweitert oder ergänzt das Thema um einen beruflichen Aspekt
Diktat	… ein interaktives Diktat (Hör-, Seh-, Lücken-, Vokal- oder Konsonantendiktat)
Audiotraining	… Automatisierungsübungen für zu Hause und unterwegs zu den Redemitteln und Strukturen
Karaoke	… interaktive Übungen zum Nachsprechen und Mitlesen

Das Material der DVD-ROM kann auch als Zusatzmaterial im Unterricht eingesetzt werden. Dafür bieten sich besonders das Audiotraining, die Karaoke-Übungen und die Filme an. Je nach Interessen der Lernenden können auch die Aufgaben zu den Berufs- und den Interessant-Verweisen gemeinsam im Kurs bearbeitet werden.

Die DVD-ROM-Inhalte stehen auch im Lehrwerkservice unter www.hueber.de/menschen/lernen zur Verfügung. Dieser Bereich ist passwortgeschützt, den Zugangscode finden Sie im Kursbuch auf Seite 2.

1.3.2 Das Arbeitsbuch

Das separate Arbeitsbuch bietet im Basistraining vielfältige Übungen zu den Kursbuchaufgaben – als Hausaufgabe oder für die Still- und Partnerarbeit im Kurs. Darüber hinaus enthält das Arbeitsbuch Übungen zur Phonetik, eine Übersicht des Lernwortschatzes jeder Lektion und ein Fertigkeitentraining, das auf die Prüfungen vorbereitet. Zudem bietet es Lernstrategien und Lerntipps sowie zahlreiche Wiederholungsübungen und Tests. Alle Hörtexte des Arbeitsbuchs finden Sie auf der im Arbeitsbuch integrierten Audio-CD. Für den Einsatz in Zuwandererkursen gibt es eine gesonderte Arbeitsbuchausgabe: *Menschen hier*.

Die Lösungen zu allen Aufgaben im Arbeitsbuch finden Sie im Internet unter www.hueber.de/menschen bzw. www.hueber.de/menschen-hier (für die Arbeitsbuchausgabe *Menschen hier*). Die Lösungen zu den Selbsttests finden die TN zur Selbstkontrolle im Anhang des Arbeitsbuchs.

2 Praktische Tipps für den Unterricht

2.1 Die Arbeit mit den Einstiegsseiten

Aufgaben und Tipps zur Arbeit mit den Einstiegsseiten:

Hypothesen bilden
Die TN sehen sich das Foto an und spekulieren in ihrer Muttersprache bzw., soweit die Sprachkenntnisse es zulassen, in der Zielsprache darüber, was hier passiert. (Wer? Wo? Was? Wann? Wie? Warum?). Verweisen Sie die TN ggf. auch auf den Titel der jeweiligen Lektion. So können Sie neuen Wortschatz vorentlasten bzw. mit zunehmenden Sprachkenntnissen bekannten Wortschatz aktivieren.

Assoziationen sammeln
Die TN sammeln Wörter, Situationen oder Redemittel, die ihnen zu dem Foto und/oder dem Hörtext einfallen. Der Fantasie der TN sind dabei keine Grenzen gesetzt.

Geschichten erzählen
Mit zunehmenden Sprachkenntnissen arbeiten die TN in Gruppen und erzählen – mündlich oder schriftlich – eine Geschichte zu dem Bild. Sie können sich gemeinsam auf eine Geschichte einigen oder eine Geschichte abwechselnd weitererzählen.

Rollenspiele
Im Anschluss an die Einstiegsaufgaben schreiben die TN ein zu dem Foto oder zu dem Hörtext passendes Rollenspiel und spielen es im Kurs vor. Im Anfangsunterricht können die TN die Situation alternativ pantomimisch nachspielen.

Wortschatzarbeit
Nutzen Sie die Einstiegsseiten auch für die Wortschatzarbeit. Die TN suchen in Gruppen- oder Partnerarbeit passenden Wortschatz zum Thema im Wörterbuch. Ab der Niveaustufe A2 können die TN passenden Wortschatz wiederholen. Verweisen Sie die TN auf die Lernziele und die dort genannten Wortfelder sowie auf das Bildlexikon.

Bezug zur eigenen Lebenswelt
Bevor sie auf der folgenden Doppelseite weiterarbeiten, verknüpfen die TN die Situation auf der Einstiegsseite mit ihrer eigenen Lebenswelt. Sie bewerten die Situation, äußern ihre eigene Meinung oder erzählen von eigenen Erfahrungen, soweit sprachlich möglich. In sprachhomogenen Lerngruppen bietet sich auch die Nutzung der gemeinsamen Muttersprache an, um einen emotionalen, teilnehmerorientierten Einstieg in die Geschichte bzw. die Lektion zu gewährleisten und so den Lernerfolg zu steigern.

2.2 Die Arbeit mit den Aktionsseiten

Auf den Aktionsseiten werden die Redemittel und/oder die neuen Strukturen der Lektion in Partner- oder Gruppenarbeit angewendet. Sie finden hier Wechsel- und Rollenspiele sowie spielerische Aktivitäten mit dem Ziel echter Kommunikation im Kursraum.

KONZEPTBESCHREIBUNG

Die Aufgaben variieren von sehr gelenkten Aufgaben, in denen der neu eingeführte Stoff erstmalig angewendet wird, bis hin zu sehr freien Aktivitäten, in denen es in erster Linie um die selbstständige Kommunikation geht. Vermeiden Sie bei den freien Aktivitäten Korrekturen. Sammeln Sie stattdessen während dieser Arbeitsphasen typische Fehler der TN, um sie nach Beendigung der Gruppen- bzw. Partnerarbeit im Plenum bewusst zu machen und zu korrigieren.

Hinweise und Tipps, mit denen Sie bei Bedarf das freie Sprechen vorbereiten und erleichtern können:

- Die TN nutzen als Hilfe die Übersichtsseiten mit den Redemitteln.
- Schreiben Sie die relevanten Redemittel an die Tafel / auf eine Folie / ein Plakat.
- Schreiben Sie zusammen mit den TN ein Beispielgespräch an die Tafel. Entfernen Sie im Laufe der Aktivität nach und nach einzelne Passagen, bis die TN den Dialog ganz frei sprechen.
- Die TN schreiben einen Musterdialog auf ein Plakat und markieren die relevanten Redemittel farbig. Die Plakate werden anschließend im Kursraum aufgehängt.
- Die TN bereiten Karten mit den wichtigsten Redemitteln vor und nutzen die Karten zur Unterstützung beim Sprechen. Jede verwendete Karte wird umgedreht und die TN sprechen so lange, bis alle Karten umgedreht sind.
- Die TN schreiben zunächst gemeinsam einen Dialog, korrigieren ihn gemeinsam, lernen ihn dann auswendig und spielen ihn anschließend frei nach.
- Die TN machen sich vor der Aktivität Notizen und üben halblaut.
- Nutzen Sie das Audiotraining auf der integrierten DVD-ROM zum Automatisieren, bevor die TN die Redemittel frei anwenden. Die TN bewegen sich im Kursraum und sprechen die Redemittel nach.

2.3 Die Arbeit mit den Grammatik- und Redemittelübersichten

Mit den Übersichten zu Grammatik und Kommunikation können die TN sowohl direkt im Anschluss an die Lektion und als auch später zur Wiederholung arbeiten:

- Erstellen Sie Lückentexte aus den Übersichtsseiten. Die TN ergänzen in Partnerarbeit die Lücken und vergleichen anschließend mit dem Original.
- Erstellen Sie ein Satzpuzzle aus den Redemitteln einer oder mehrerer Lektionen. Die TN sortieren die Redemittel.
- Die TN schreiben kurze Gespräche mithilfe der Redemittel.
- Sofern die Sprachkenntnisse es schon zulassen, erweitern die TN die Redemittel um eigene Beispiele.
- Die TN erarbeiten ihre eigenen Übersichten. Sie sammeln die wichtigen Redemittel und Grammatikthemen der Lektion und vergleichen ihr Resultat anschließend mit der Übersichtsseite. Die Ergebnisse können die TN im Portfolio aufbewahren.
- Die TN ergänzen die Grammatikzusammenfassungen um eigene Satzbeispiele.
- Ein TN liest die Überschrift der Redemittelkategorie und dann das erste Wort des ersten Eintrags vor. Der TN links versucht, das zweite Wort zu erraten. Wenn falsch geraten wird, liest die Vorleserin / der Vorleser das erste und das zweite Wort vor und der nächste TN versucht, das dritte Wort zu erraten. Wenn ein TN das Wort richtig errät, liest der vorlesende TN den ganzen Satz. Der TN, der das Wort richtig erraten hat, wird der nächste Vorleser.

- Nutzen Sie das Audiotraining und die Karaoke-Übungen auf der eingelegten Kursbuch-DVD-ROM auch im Unterricht. Die TN sprechen nach und bewegen sich dabei frei im Kursraum.
- Die TN nutzen bei Bedarf die Übersichtsseiten als Hilfsmittel bei den kommunikativen Aufgaben.

2.4 Die Arbeit mit den Modul-Plus-Seiten

2.4.1 Das Lesemagazin

Aufgaben und Tipps zur Arbeit mit den Lesetexten:

- Nutzen Sie Bilder und Überschriften, um Erwartungen an den Text zu wecken und das Vorwissen der TN zu aktivieren.
- Verweisen Sie auf Fremdwörter und Wörter mit Ähnlichkeiten in anderen Sprachen. Diese können beim Textverständnis helfen.
- Stellen Sie W-Fragen zum Text (Wer?, Was?, Wann?, Wo?, Wie?, Warum?).
- Die TN erarbeiten die wichtigsten Textsortenmerkmale.
- Die TN erstellen Aufgaben füreinander, beispielsweise Richtig-/Falsch-Aufgaben, Fragen zum Text, Lückentexte (mit und ohne Schüttelkasten) o.Ä.
- Erstellen Sie ein Textpuzzle aus dem Text, das die TN sortieren.
- Die TN formulieren zu jedem Textabschnitt eine Überschrift (bei Texten in der dritten Person) bzw. eine Frage (bei Texten in der ersten Person).
- Die TN formulieren die Texte um (von der ersten Person in die dritte Person bzw. umgekehrt, vom Präsens in die Vergangenheit bzw. umgekehrt, vom Aktiv ins Passiv etc.)
- Die TN schreiben eine Zusammenfassung des Textes.
- Wortschatzarbeit: Die TN suchen wichtige Wörter aus dem Text und sortieren sie nach Wortfeldern.

2.4.2 Die Film-Stationen

Aufgaben und Tipps zur Arbeit mit den Filmen:

- Nutzen Sie die Fotos und die Filmüberschriften, um Erwartungen an die Filme zu wecken und das Vorwissen der TN zu aktivieren.
- Stellen Sie W-Fragen zum Film (Wer?, Was?, Wann?, Wo?, Wie?, Warum?).
- Die TN erstellen Aufgaben füreinander, beispielsweise Richtig-/Falsch-Aufgaben, Fragen zum Film, Zuordnungsaufgaben etc.
- Die TN erzählen den Film – mündlich oder schriftlich – nach.
- Die TN spielen die Filmszenen pantomimisch nach.
- Die TN schreiben und spielen Rollenspiele zu dem Film.
- Die TN nutzen die Filmvorlage für entsprechende eigene Filme. Sie können dabei z.B. ihre Foto-Handys verwenden. Anschließend stellen die TN ihre Filme auf die Lernplattform oder zeigen sie im Kurs.
- Nutzen Sie die Filme als Anregung, um Projekte innerhalb und außerhalb des Klassenraums durchzuführen.

KONZEPTBESCHREIBUNG

2.4.3 Das Projekt Landeskunde

Tipps und Hinweise zur Arbeit mit den Projekten:

- Bereiten Sie die Projekte zusammen mit den TN gut vor. Wiederholen bzw. erarbeiten Sie mit den TN die benötigten Redemittel.
- Sammeln Sie mit den TN Ideen, in welcher Form sie ihre Ergebnisse veranschaulichen wollen (Plakate, Collagen, Folien, Dateien, Filme, Tonaufnahmen etc.)
- Weisen Sie die TN ggf. auch auf vorhandene Textvorlagen und Textbeispiele hin.
- Wenn Sie im Präsenzunterricht nicht genügend Zeit haben, können Sie die Projekte auch als Hausaufgabe bearbeiten lassen.
- Die TN präsentieren ihre Ergebnisse im Kurs. Bei der Verwendung von neuem Wortschatz wird dieser den anderen TN vor Beginn der Präsentation an der Tafel vorgestellt. Die Gruppen sollten am Ende ihrer Präsentation Raum für Fragen und Kommentare der anderen TN einplanen.
- Die TN sammeln die Ergebnisse der Projekte ggf. in Ordnern oder stellen sie auf die Lernplattform.

In Verbindung mit den Projekten schreiben die TN häufig auch Texte. Die einführenden Lesetexte dienen dabei in der Regel als Muster für die eigene Textproduktion. Das Schreiben ist eine komplexe Tätigkeit. Trainieren Sie daher mit den TN die unterschiedlichen Aspekte des Schreibprozesses auch einzeln:

- Die TN sammeln Ideen und notieren dabei zunächst nur Stichwörter (z.B. als Mindmap).
- Die TN sortieren ihre Ideen. In welcher Reihenfolge wollen sie auf die Aspekte eingehen?
- Vor dem Schreiben überlegen die TN, welche Textsortenmerkmale für den jeweiligen Text zu beachten sind.
- Die TN korrigieren ihren Entwurf. Dabei sollten sie den Text mehrmals mit jeweils unterschiedlichem Fokus lesen. Auf der Niveaustufe A1 sind beispielsweise folgende Fragestellungen relevant: inhaltlicher Fokus, Wortstellung, Konjugation und Rechtschreibung.

2.4.4 Der Ausklang

Auf diesen Seiten haben die TN die Möglichkeit, mit Musik und Bewegung zu lernen. Je begeisterter Sie selbst mit- und vormachen, desto eher werden die TN bereit sein, mitzumachen und sich auf diese Art des Lernens einzulassen.

Aufgaben und Tipps für den Umgang mit Liedern und Musik:

- Wenn Ihr Kurs daran Spaß hat, dann machen Sie das Singen zu einem Ritual: Singen Sie immer am Anfang und/oder Ende einer Stunde gemeinsam. Fordern Sie die TN auf, auch selbst deutsche Lieder mit in den Kurs zu bringen.
- Singen Sie zu vorhandenen Musikaufnahmen. Das vermindert die Hemmungen bei den TN.
- Zeigen Sie Videos zu den Musikaufnahmen aus dem Internet.
- Die TN klatschen oder trommeln den Rhythmus der Lieder mit oder bewegen sich zu den Liedern im Raum.
- Jeder TN bekommt einen Liedausschnitt und hält ihn hoch, wenn dieser gespielt wird. Beim zweiten Hören stellen die TN sich in die richtige Reihenfolge. Beim dritten Hören wird mitgesummt.

- Erstellen Sie Liedpuzzle, die die TN in Gruppenarbeit sortieren.
- Erstellen Sie Lückentexte aus Liedtexten, die die TN ergänzen.
- Die TN spielen ein Lied pantomimisch nach.
- Die TN hören Musik und schließen die Augen. Sprechen Sie anschließend über die Assoziationen und/oder inneren Bilder der TN. Das können Sie sowohl ganz frei als auch unter Vorgabe bestimmter Themen machen, z.B.: An welches Wetter denken Sie? Wo sind sie? Was machen Sie?

2.5 Förderung unterschiedlicher Lerntypen

2.5.1 Aktivitäten mit Bewegung

Aktivitäten, bei denen sich die TN im Kursraum bewegen dürfen, sind nicht nur etwas für Lerntypen, die auf diese Weise den Lernstoff besser verarbeiten und erinnern. Generell lässt sich sagen: Je mehr Kanäle angesprochen werden, desto besser werden Wörter und Strukturen behalten. Bewegung ist besonders in Intensivkursen empfehlenswert, damit die TN mal wieder etwas Sauerstoff tanken und sich wieder besser konzentrieren können. Hier ein paar Vorschläge:

- Die TN „tanzen" neue Grammatikphänomene. Schon mit einfachen Tanzschritten (Schritt nach vorn, nach hinten, nach rechts bzw. nach links) können Sie alle Grammatikthemen mit bis zu vier Auswahlmöglichkeiten abbilden. Beispielsweise die Genuswahl: maskulin = Schritt vor, neutral = Schritt zurück und feminin = Schritt nach rechts.
- Die TN bewegen sich frei im Kursraum und klatschen/trommeln Betonungsmuster von Wörtern und kommunikativen Redemitteln.
- Die TN bewegen sich frei im Kursraum und sprechen die Redemittel des Audiotrainings nach.
- Arbeiten Sie mit Bällen oder Tüchern. Dies bietet sich insbesondere im Anfängerunterricht an, in dem sich die Kommunikation auf kurze Sequenzen mit Fragen und Antworten beschränkt.
- Lassen Sie die TN Rollenspiele nicht nur sprechen, sondern auch darstellen. Dafür müssen die TN in der Regel aufstehen!
- Aktivierung von Vorwissen: Die TN bilden zwei Gruppen, laufen abwechselnd an die Tafel und notieren um die Wette bekannten Wortschatz.
- Die TN stellen sich nach bestimmten Kriterien in eine Reihe (z.B. nach dem Geburtsdatum oder dem Alphabet).
- Gelebte Anweisungen: Die TN geben sich gegenseitig Anweisungen und führen diese aus.
- Lebendige Sätze: Jeder TN bekommt eine Karte und stellt sich an die richtige Position im Satz.
- Konjugationsübung: Legen Sie Karten mit den Personalpronomen auf den Boden. Die TN laufen die Karten ab und konjugieren dabei verschiedene Verben.

2.5.2 Weitere Aktivitäten für unterschiedliche Lerntypen

Auch folgende Aktivitäten berücksichtigen die Vorlieben unterschiedlicher Lerntypen besonders gut:

- Die TN stellen einen Satz pantomimisch dar. Die anderen TN erraten und rekonstruieren den Satz Wort für Wort.
- Die TN einigen sich auf ein System akustischer Signale, mit denen sie Satzzeichen in einem Text ergänzen können. Jeder TN bekommt ein Satzzeichen zugeordnet. Ein TN liest einen Text vor und die anderen geben an den entsprechenden Stellen das jeweilige akustische Signal oder Zeichen.

KONZEPTBESCHREIBUNG

- Die TN schließen beim Hören eines Textes oder Dialoges die Augen und stellen sich die Situation bildlich vor. Anschließend beschreiben sie sich gegenseitig ihre mentalen Bilder.
- Vereinbaren Sie mit den TN Bewegungen und/oder Signale für bestimmte grammatikalische Phänomene. Sie und die TN können diese dann z.B. auch bei der Fehlerkorrektur bzw. der Bewusstmachung von Fehlern nutzen (Beispiel: Scherenbewegung für trennbare Verben).
- Nutzen Sie Farben für bestimmte grammatische Phänomene. Verwenden Sie z.B. die Farben aus dem Bildlexikon für Genus und Numerus. Vereinbaren Sie mit den TN auch Farben für die Verwendung der Kasus.
- Verwenden Sie Sprachrätsel im Unterricht. Lassen Sie die TN eigene Sprachrätsel erstellen: Die TN zeichnen z.B. einen oder mehrere Teile von zusammengesetzten Wörtern, die anderen erraten das Wort.
- Lassen Sie die TN Texte und Gespräche auswendig lernen: Hängen Sie ein paar Kopien des Textes an die Wand. Die TN prägen sich den Text ein und gehen dann langsam durch das Klassenzimmer und murmeln den Text leise vor sich hin. Wenn sie sich an einzelne Abschnitte nicht erinnern können, gehen sie zurück zu den Kopien und prägen sich den entsprechenden Abschnitt noch einmal ein.
- Aktivität zur Wiederholung: Die TN spielen (pantomimisch oder summend statt sprechend) oder musizieren einen Dialog aus *Menschen*. Die anderen TN erraten, welcher Dialog vorgespielt bzw. musiziert wird.
- Erstellen Sie einen Lückentext, in dem Silben und/oder Buchstaben fehlen. Die TN erraten die fehlenden Buchstaben bzw. Silben.
- Ein TN zeichnet die Umrisse eines Gegenstandes in der Luft. Die anderen TN erraten den Gegenstand.
- Schrittweise zeichnen: Ein TN zeichnet nach und nach einen Gegenstand. Die anderen TN erraten, um welchen Gegenstand es sich handelt.
- Ein TN zeichnet einen Gegenstand aus einer ungewöhnlichen Perspektive (z.B. eine Mütze von oben). Die anderen TN erraten, um was es sich handelt.

2.6 Wortschatz

Zahlreiche der folgenden Vorschläge eignen sich für kurze Einstiegsaufgaben am Anfang bzw. kurze Wiederholungsübungen am Ende einer Stunde oder für die Auflockerung zwischendurch.

Aufgaben und Tipps für Wortschatzübungen:

- Führen Sie im Kurs einen gemeinsamen Vokabelkasten. Die TN versehen die Vokabelkärtchen mit Zeichnungen und Beispielsätzen.
- Die TN sortieren/sammeln Wortschatz nach Wortfeldern oder zu vorgegebenen Kriterien und bewahren ihre Sammlungen im Portfolio auf.
- Ermuntern Sie die TN, sich Wortschatzparallelen und -unterschiede zu anderen ihnen bekannten Sprachen bewusst zu machen.
- Die TN sammeln Assoziationen zu bestimmten Wörtern, Themen oder Situationen.
- Die TN sammeln Wortschatz zu abstrakten Bildern.
- Geben Sie ein langes Wort vor. Die TN finden in Gruppenarbeit andere Wörter, die sich aus den Buchstaben des vorgegebenen Wortes bilden lassen.
- Umschreiben Sie Wörter. Die TN raten das passende Wort.
- Die TN bilden Wortketten: Ich packe meinen Koffer. Oder: Endbuchstabe eines Wortes = neuer Anfangsbuchstabe.

- Die TN erstellen Wortschatzübungen füreinander: Welches Wort passt nicht in die Reihe? Kreuzworträtsel, Silbenrätsel, Memo-Spiele, Buchstabensalate etc. (vgl. hierzu auch die Kategorie „Aufgaben füreinander" im Arbeitsbuch).
- Erstellen Sie eine Folie des Lernwortschatzes. Geben Sie den TN eine Minute Zeit, die Wörter zu memorieren. Anschließend notieren die TN allein, in Partner- oder Kleingruppenarbeit alle Wörter, die sie behalten haben. Wer konnte die meisten Wörter mit richtiger Rechtschreibung behalten?
- Die TN tauschen Eselsbrücken aus, die ihnen helfen, Wörter zu memorieren.
- Wortschatz raten: Die TN erzählen, was man mit dem zu erratenden Ding machen kann. Diese Übung macht am meisten Spaß, wenn die TN auch fantasievolle und untypische Dinge nennen.
- Wortschatzwettspiel: Die TN notieren einzeln, in Partner- oder in Gruppenarbeit Wortschatz zu bestimmten Themen: alles, was rot ist, alles, was die TN an Regen erinnert, etc.
- Lesen Sie bekannte Texte mit Wortschatzfehlern vor, ohne dass die Sätze sprachlich falsch werden. Die TN geben ein Zeichen, sobald sie einen Fehler erkennen.
- Lesen Sie einen Text vor und machen Sie jeweils vor einem Schlüsselwort eine Pause. Die TN notieren das fehlende Wort.

2.7 Schreibtraining

Allgemeine Aufgaben und Tipps für ein Schreibtraining:

- Verweisen Sie die TN auf die Diktate auf der DVD-ROM.
- Lassen Sie die TN gemeinsam Texte schreiben.
- Die TN korrigieren sich gegenseitig und kommentieren ihre Texte. Achten Sie auch hier darauf, dass die Korrekturen jeweils einen bestimmten Fokus haben.
- Ermutigen Sie die TN, auch in ihrer Freizeit auf Deutsch zu schreiben. Sie können sich z.B. gegenseitig SMS und E-Mails schreiben.
- Die TN erstellen Textsammlungen oder veröffentlichen die Texte auf einer Lernplattform. Es ist motivierend, nicht nur für den Kursleitenden zu schreiben.
- Geben Sie den TN auch kreative Schreibanlässe: Lassen Sie die TN beispielsweise Gedichte und/oder Geschichten verfassen. Bieten Sie TN mit weniger Fantasie Bildergeschichten als Puzzle an: Die TN sortieren zunächst die Bilder und schreiben dann zu jedem Bild einen Satz.

2.8 Binnendifferenzierung

Tipps und Hinweise für die Binnendifferenzierung:

- 70%-Regel: Von zehn Aufgaben machen lernungewohnte TN nur sieben. Die restlichen drei können sie als Hausaufgabe machen.
- Begrenzen Sie den Zeitumfang für das Lösen von Aufgaben. Achten Sie dann beim gemeinsamen Vergleichen darauf, dass Sie mit den lernungewohnten TN anfangen.
- Schnelle TN notieren ihre Lösungen auf einer Folie / an der Tafel.
- Schnelle TN erstellen zusätzliche Aufgaben füreinander.
- Die TN variieren den Umfang ihrer Sprachproduktion. Während sich beispielsweise lernungewohnte TN auf die Produktion neuer Verbformen konzentrieren, formulieren Lerngewohnte ganze Sätze.

KONZEPTBESCHREIBUNG

- Reduzieren Sie die Vorgaben und Hilfestellungen für lerngewohnte TN. Entfernen Sie beispielsweise vorhandene Auswahlkästen.
- Setzen Sie lerngewohnte TN als Co-Lehrer ein. Sie helfen anderen TN oder bereiten den nächsten Arbeitsschritt vor, sodass Sie Zeit für einzelne TN haben.
- Ermuntern Sie die TN, die Zusatzübungen auf der integrierten Kursbuch-DVD-ROM nach Interesse zu wählen.
- Bieten Sie Wiederholungseinheiten zu unterschiedlichen Themen an, die die TN frei wählen können (beispielsweise zu den unterschiedlichen Fertigkeiten und Teilfertigkeiten oder zu unterschiedlichen Grammatikthemen).
- Lassen Sie die TN auf den Filmseiten ein Thema wählen, zu dem sie einen eigenen Film erstellen wollen.
- Zu einzelnen Aufgaben finden Sie in diesem Lehrerhandbuch Hinweise zu alternativen Aufgabenstellungen. Lassen Sie die TN die Aufgabenstellung selbst wählen.
- Die TN wählen selbst die Sozialform, in der sie Aufgaben lösen möchten. Achten Sie darauf, dass Sie entweder den zeitlichen Rahmen begrenzen oder zusätzliche Aufgaben für TN, die die Aufgabe in Einzelarbeit bearbeiten, bereithalten.
- Die TN wählen selbst, in welcher Form sie die neue Grammatik aufbereiten wollen: Kognitive TN erstellen Tabellen und formulieren einfache Regeln, kommunikative Lernende üben die Grammatik in gelenkten, kommunikativen Übungen, visuell orientierte TN erstellen Plakate und markieren die Phänomene in unterschiedlichen Farben.

2.9 Lernerautonomie

Aufgaben und Hinweise, um die Sprachbewusstheit der TN zu fördern:

- Ermuntern Sie die TN, Hypothesen über die grammatischen Regeln zu bilden, zu überprüfen und ggf. zu revidieren.
- Die TN vergleichen ihre Hypothesen und tauschen Eselsbrücken aus, mit denen sie sich Phänomene merken.
- Die TN notieren grammatische Regeln, so wie sie sie verstanden haben. Sie können dafür auch ihre Muttersprache nutzen.
- Die TN vergleichen die Grammatik mit der Grammatik in anderen Sprachen und machen sich Parallelen und Unterschiede bewusst.
- Die TN nutzen beim Wortschatzlernen Parallelen und Unterschiede zu anderen Sprachen.
- Die TN erstellen Aufgaben füreinander: Grammatikübungen, Lückentexte, Dialogpuzzle etc.

Aufgaben und Hinweise, um die Reflexion über das Sprachenlernen zu fördern:

- Reservieren Sie eine feste Zeit in der Woche, in der die TN sich mit dem Thema Sprachenlernen auseinandersetzen können.
- Für die Arbeit mit den Portfolioseiten (www.hueber.de/menschen/lernen) schaffen sich die TN einen Ringbuchhefter an.
- Setzen Sie die Portfolioseiten im Unterricht ein.
- Die TN tauschen sich in Kleingruppen aus und verwenden dabei ihre Muttersprache.
- Die TN probieren die Lerntipps aus und bewerten sie.
- Verweisen Sie auch regelmäßig auf die Lerntipps auf den Fertigkeiten- und den Lernwortschatzseiten.

- Die TN führen ein Lerntagebuch, in dem sie ihre Erfahrungen festhalten. Was habe ich ausprobiert? Was hat mir geholfen?
- In einem Lerntagebuch notieren die TN regelmäßig, was sie gelernt haben, und dokumentieren so ihren Lernfortschritt.
- Regen Sie die TN an, sich auch zu notieren, was sie außerhalb des Unterrichts gelernt haben.

Aufgaben und Hinweise, um den Lernzuwachs zu evaluieren und das Lernen zu planen:

- Die TN bearbeiten die Rubrik „Selbsteinschätzung" im Arbeitsbuch. Lassen Sie die Selbsteinschätzung nach einiger Zeit wiederholen. Was können die TN noch? (Tipp: Damit die Selbsteinschätzung mehrfach eingesetzt werden kann, sollten die TN sie mit Bleistift ausfüllen.)
- Besprechen Sie die individuellen Lernziele der TN und deren Umsetzung im Kurs oder individuell.
- Die TN überprüfen regelmäßig, ob sie ihre Lernziele erreicht haben, und dokumentieren ihre Auswertungen.
- Lassen Sie die Selbsttests des Arbeitsbuches im Unterricht bearbeiten und verweisen Sie die TN als Hausaufgabe auf die entsprechenden Online-Aufgaben unter www.hueber.de/menschen/lernen.
- Die TN korrigieren ihre Selbsttests gegenseitig.
- Prüfen Sie den Lernfortschritt mithilfe der Tests zu den Modulen in diesem Lehrerhandbuch ab Seite 162.

UNTERRICHTSPLAN ERSTE STUNDE

FORM	ABLAUF	MATERIAL	ZEIT
PA, PL	Die TN schlagen die Bücher auf. Falls die TN sich bereits aus dem ersten Kurs kennen, teilen Sie die Paare so ein, dass TN zusammenarbeiten, die sich nicht ganz so gut kennen. Die Paare befragen sich gegenseitig nach dem Muster im Buch und notieren die Antworten der Partnerin / des Partners im Fragebogen. Mit ungeübten TN können Sie vorab zu den Stichwörtern im Buch noch einmal die passenden Fragen wiederholen. Halten Sie die Fragen an der Tafel fest. Dann stellen die TN ihre Partnerin / ihren Partner dem Kurs vor. Auch wenn die TN sich sehr gut kennen, ist das Partnerinterview eine gute Übung zur Wiederholung. Denn die TN müssen bei der Vorstellung des Partners längere Zeit am Stück sprechen. Alternativ können Sie alle Fragebögen einsammeln und neu verteilen. Jeder TN stellt eine Person vor, sagt aber den Namen nicht. Die anderen raten, wer das ist.		

Verwendete Abkürzungen in diesem Lehrerhandbuch:

TN = Teilnehmer/-in
PL = Plenum
EA = Einzel-/Stillarbeit
PA = Partnerarbeit
GA = Gruppenarbeit

FORM	ABLAUF	MATERIAL	ZEIT
1 ggf. EA, GA, PL	a Tipp: Um an *Menschen* A1.1 anzuknüpfen, lassen Sie die TN zu Beginn einen Minutentext über den gestrigen Tag, das letzte Wochenende oder die Ferien schreiben. Bei Bedarf könnte das mit einer kurzen Wiederholung des Perfekts verbunden werden. Begrenzen Sie die Zeit auf fünf Minuten, denn der Text soll nur ein Schlaglicht sein. Die Texte sind als Warm-up gedacht, lassen Sie deshalb einige freiwillige TN ihre Texte vorlesen. Korrigieren Sie nur die Fehler, die mit dem Perfekt zu tun haben. Sollten Sie die TN nicht gut kennen, weil es ein neuer Kurs ist, können Sie die Texte auch einsammeln, um sich einen Überblick über die Kenntnisse der TN zu verschaffen. Alternativ tauschen die TN ihre Texte. Einige Texte werden vorgelesen, die TN raten, von wem der Text ist. Solche Minutentexte eignen sich generell gut zum Einstieg in die Stunde, weil sie den TN erlauben, eine Brücke zwischen ihrem Alltag und dem Kurs zu bauen. Den Themen sind keine Grenzen gesetzt. Am Ende dieser Lektion bietet sich z. B. eine kleine Wegbeschreibung an (zum nächsten Café oder der Weg zur Freundin / zum Freund usw.). Die Bücher bleiben zunächst geschlossen. Geben Sie an der Tafel die Wörter *Auto, Weg, suchen, Navigator, Stadtplan, Straße, Hotel* vor. Die TN verständigen sich in Kleingruppen und, wenn nötig, mithilfe des Wörterbuchs über die Bedeutung der Wörter und suchen für die Nomen den Artikel (evtl. auch den Plural) heraus. In Kursen mit überwiegend lernungewohnten TN schreiben die Gruppen außerdem einen Satz oder auch eine Frage zu jedem Wort, z. B. *Ich habe ein Auto. Wo ist das Hotel?* Die Gruppen tauschen die Sätze und korrigieren sie. Führen Sie ein kurzes Einstiegsgespräch auf Deutsch zu dem Foto. Was denken die TN über Männer und Frauen am Steuer? Die TN lesen die Aussagen. Erklären Sie die Bedeutung von *anmachen* mithilfe von Geräten im Kursraum (z. B. CD-Spieler, Handy). Die TN sehen das Foto an, hören das Gespräch und kreuzen an. Anschließend Kontrolle. *Lösung:* 1; 2	Wörterbuch, CD 3.01	
PL	b Die TN lesen die Aussagen und sehen sich die Pfeile an. Wenn nötig, verdeutlichen Sie die Bedeutung der Aussagen zusätzlich durch Gesten oder mithilfe eines Spielzeugautos. Erklären Sie insbesondere den Unterschied zwischen *wenden* und *zurückfahren*. *Wenden* meint hier das Drehen des Autos in die entgegengesetzte Fahrtrichtung. Erst nach dem Wenden fährt man zurück, sodass das Wenden nur das erste Manöver des Zurückfahrens ist. Die TN hören das Gespräch noch einmal so oft wie nötig und notieren ihre Lösungen. Anschließend Kontrolle. Weisen Sie die TN auch auf den Infokasten hin. *Lösung:* 2 F; 3 k; 4 N; 5 k	ggf. Spielzeugauto, CD 3.01	

UNTERRICHTSPLAN LEKTION 13

2	EA/ PA, PL	Die TN sehen sich das Bildlexikon an. Dann vergleichen sie mit den Zeichnungen in der Aufgabe und ergänzen die Präpositionen. Ungeübte TN können das auch zu zweit versuchen. Für eher taktile und visuelle Lerntypen zeigen Sie den Perspektivwechsel anhand von Bauklötzen, die Sie auf ein Tablett stellen. Im Bildlexikon sehen die TN die Bauklötze von der Seite, in der Aufgabe von oben, was Sie mit den Klötzen auf dem Tablett vorführen können. Anschließend Kontrolle. *Lösung:* C unter; D neben; E vor; F zwischen; G auf; H hinter; I in Um die Bedeutung der Präpositionen einzuschleifen, bitten Sie die TN, ihre Taschen auf den Tisch zu stellen und einen beliebigen Gegenstand, z. B. das Handy, in die Hand zu nehmen. Nennen Sie eine Präposition, z. B. *neben*, die TN platzieren ihren Gegenstand neben der Tasche. Hier können Sie später auch noch *links* und *rechts* einfügen. Zur Kontrolle zeigen Sie die Lösung mit Ihrer Tasche und Ihrem Gegenstand. Erhöhen Sie nach und nach das Tempo und geben Sie schließlich die Führung an die TN ab.	Bauklötze, Tablett, Taschen und ggf. Handys	
3	EA, PA, GA	Einige der Wörter dürften den TN bekannt sein, weil es Internationalismen (z. B. *Post, Bank*) sind. Lassen Sie die TN deshalb zunächst allein zuordnen. Wenn sie nicht weiterkommen, vergleichen sie ihre Ergebnisse zu zweit und nehmen die Wörterbücher zu Hilfe. Anschließend Kontrolle. *Lösung:* (von oben nach unten) links: 5, 4, 7, 9, 8; rechts: 10, 1, 2, 3, 6 Zur Vertiefung des Vokabulars erhalten die TN zu zweit einen Spielplan der Kopiervorlage, einen Würfel und zwei verschiedenfarbige Zettel. Aus den Zetteln reißt oder schneidet sich jeder TN kleine „Spielsteine", mit denen er Felder des Spielplans abdecken kann. Der TN, der am nächsten an der Sprachschule wohnt, beginnt. Er würfelt, bei einer 1 darf er einen seiner Spielsteine auf ein Feld legen, auf dem ein Wort mit dem Artikel *die (Singular)* steht. Dann würfelt der zweite TN. Wer zuerst sechs Spielsteine waagerecht, senkrecht oder diagonal in einer Reihe hat, hat gewonnen. Bei 4 = *ein* kann ein Wort mit *der* oder *das* abgedeckt werden, bei 6 = *eine* ein Wort mit *die*. Zur Wiederholung und Erweiterung des Wortschatzes sammeln die TN in Kleingruppen Verben zu den Orten. Was kann man dort machen? (Dom: *ansehen, besuchen*; Bank: *Geld holen* usw.). Wenn Sie die Übung mehr lenken wollen, geben Sie die Verben vor, indem Sie sie auf Zettel schreiben und im Kursraum aushängen. Die TN ordnen diese den Orten zu.	Wörterbuch, KV L13|3, Würfel, farbige Zettel	

4	PL	Erinnern Sie die TN an das Gespräch im Auto. Die TN sehen sich das Foto an und beschreiben kurz die Situation. Dann hören sie das Gespräch. Stoppen Sie hinter *Bitte! Gerne.* Fragen Sie die TN, ob der Passant helfen kann. Erklären Sie *helfen,* indem Sie die Frage noch einmal anders stellen: *Kann der Mann den Weg erklären?* Die Antwort ist *Nein,* also kann er nicht helfen. Lassen Sie dann die CD weiterlaufen und fragen Sie anschließend, ob die Frau helfen kann. *Lösung:* a richtig; b falsch; c falsch Weisen Sie die TN auf den Vokalwechsel von *helfen* hin. Ggf. erstellen die TN ein Verbplakat dazu (vgl. *Menschen A1.1 Lehrerhandbuch,* Lektion 2).	CD 3.02	
5	PL	a Die Bücher sind geschlossen. Verteilen Sie die Symbolkärtchen der Kopiervorlage. Die TN hören das Gespräch. Kommt einer der Begriffe aus Aufgabe 3 im Gespräch vor, halten sie das entsprechende Symbolkärtchen hoch. Dann schlagen die TN die Bücher auf, sie hören das Gespräch noch einmal so oft wie nötig und zeichnen den Weg auf dem Plan in 3 ein. Zeigen Sie zur Kontrolle den Plan für alle (Folie/IWB) und lassen Sie einen TN den Weg eintragen. *Lösung:* vgl. Hörtext	KV L13|5a, CD 3.03, Stadtplan aus 3 (Folie/IWB)	
	PL	b Die TN hören das Gespräch noch einmal und kreuzen den richtigen Artikel an. Anschließend Kontrolle. *Lösung:* 1 der; 2 im; 3 dem; 4 einer; 5 der; 6 dem; 7 den Moodle-Tipp: Wiki „Entschuldigen Sie, wo ist …": Die TN fragen einander nach Orten in ihrer Stadt und beantworten die Fragen der anderen TN. Beteiligen Sie sich auch an dieser Aktivität. Korrigieren Sie nur sehr wichtige Fehler. Ansonsten können Sie zu häufigen Fehler ein zusammenhängendes Feedback im Nachrichtenforum geben.	CD 3.03	

UNTERRICHTSPLAN LEKTION 13

EA, PL, PA	c Die TN lesen die Sätze in b noch einmal und ergänzen die Artikel. Anschließend Kontrolle. *Lösung:* (von oben nach unten) dem; der; den Schreiben Sie Satz 1 aus b an die rechte Tafelhälfte und fragen Sie die TN, wie die passende Frage dazu lautet. Schreiben Sie die Frage links daneben und heben Sie das Fragewort *Wo* hervor. Erklären Sie, dass die Präpositionen *an, auf, neben* … hier auf die Frage *Wo?* antworten und als Kasus den Dativ nach sich ziehen. Weisen Sie darauf hin, dass die Endungen der definiten Artikel gleich den indefiniten (Ausnahme: Plural ist ohne Artikel) sind. 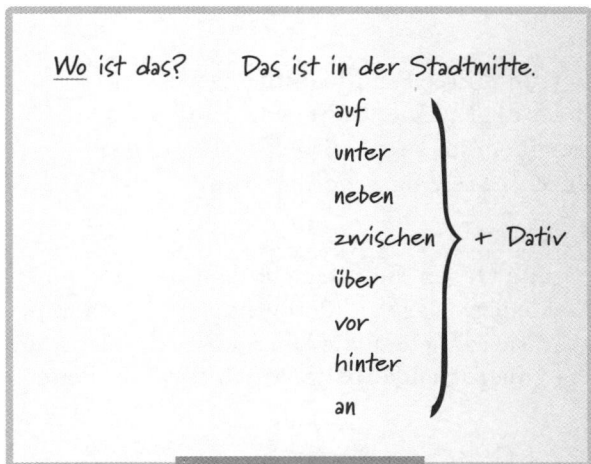 Die TN schreiben ein Plakat mit den Präpositionen, in das sie auch die Artikel im Dativ wie im Grammatikkasten mit eintragen. Erklären Sie, dass Nomen im Dativ Plural zusätzlich ein *-n* bekommen, außer Nomen, die ohnehin auf *-n* enden (Frau – Frauen) oder die auf *-s* enden (Auto – Autos). Weisen Sie die TN auch auf den kleinen Grammatikkasten rechts hin. Die Präpositionen *in* und *an* können mit dem Artikel *dem* verschmelzen. Zur Vertiefung spielen die TN das Stadt-Partnerspiel. Dazu sitzen je zwei TN Rücken an Rücken. Ein TN erhält den A-Teil, der andere den B-Teil der Kopiervorlage. Die TN fragen sich gegenseitig nach den gesuchten Orten und tragen sie in ihren Plan ein. Weisen Sie darauf hin, dass auch gezeichnet werden muss (Auto, *Fahrrad*) und die Reihenfolge der Wörter im Schüttelkasten am besten eingehalten wird, damit alle Antworten aufs erste Mal gegeben werden können. Am Ende vergleichen sie die Pläne.	Plakat, KV L13|5c	

6	PL, GA	Zeigen Sie das Bild (Folie/IWB). Die TN benennen die Gegenstände auf dem Bild mit Artikel. Ein TN notiert sie an der Tafel oder auf einem Plakat. Die TN geben den sechs Personen Namen, die ebenfalls notiert werden. Sie beschreiben das Bild: Wo ist wer?	Bild der Aufgabe (Folie/IWB), Familienfotos	
		Bitten Sie vier bis sechs TN, sich einen beliebigen Platz im Kursraum zu suchen. Die anderen beschreiben das entstandene „Bild". Dann baut eine andere Gruppe ein neues „Bild" usw.		
		Variante: Die TN finden sich in gleich großen Kleingruppen zusammen und überlegen sich ein „Bild". Einer aus der Gruppe liest die Bildbeschreibung vor, eine andere Gruppe „baut" das Bild, indem sie sich entsprechend platziert. Anschließend sagen die platzierten TN, wo sie sind, um auch die Ich-Form zu üben.		
		Zusätzlich können die TN Fotos von sich und ihrer Familie mitbringen. In Kleingruppen erzählen sie, wo sie oder die Familien(mitglieder) auf den Fotos sind. Das können Sie auch zu einem späteren Zeitpunkt als Wiederholung oder Stundeneinstieg durchführen, da es Vorbereitung durch die TN erfordert.		
7	EA/ GA, PA	Die TN übertragen die Tabelle ins Heft und tragen die Sätze aus dem Kasten ein. Verteilen Sie alternativ die Kopiervorlage an Kleingruppen: Die TN malen eine Tabelle auf ein Plakat, sie schneiden die kommunikativen Wendungen aus und kleben sie in die passende Spalte. Anschließend Kontrolle.	KV L13|7, Scheren, Klebstoff, Plakate	
		Lösung: nach dem Weg fragen: Können Sie mir helfen? Wo ist denn hier …? Kennen Sie …? Ich suche …		
		sich bedanken: Trotzdem: Dankeschön! Sehr nett! Vielen Dank!		
		den Weg beschreiben: … einen/zwei/… Kilometer geradeaus. Und dann sehen Sie schon … Wenden Sie. Das ist in der Nähe (von) … Sie biegen rechts/links ab. Sie fahren/gehen geradeaus / nach rechts / nach links. … die nächste Straße rechts/links.		
		den Weg nicht kennen: Ich bin auch fremd hier. Tut mir leid. Ich bin nicht von hier.		
		Verteilen Sie die Kopiervorlage noch einmal. Zu zweit legen die TN aus den Satzfragmenten ein Gespräch, in dem jemand nach dem Weg fragt und ein anderer nicht helfen kann. Anhand dieses Gerüstes schreiben die TN dann ein eigenes Gespräch. Genauso können die TN mit einem zweiten Gespräch verfahren, in dem ein kurzer Weg beschrieben wird. Weisen Sie auch auf den Infokasten hin.		

UNTERRICHTSPLAN LEKTION 13

8	GA, PA	Tipp: Zur Vorbereitung von Wegbeschreibungen eignen sich folgende Spiele:	Stadtpläne

– Die TN stehen in einer Reihe. Auf Ihr Kommando bewegen sich die TN einen, zwei, … Schritte geradeaus, nach links, nach rechts, biegen links oder rechts ab oder wenden. Wenn das Prinzip klar ist, können die TN selbst die Kommandos geben.

– Im Kursraum wird eine Wäscheleine so auf dem Boden ausgelegt, dass sich ein Weg mit Rechts- und Linkskurven und geraden Stücken ergibt, während einige TN vor der Tür warten. Dem ersten TN werden die Augen verbunden und er wird an den Anfang des Weges geführt. Ein anderer TN sagt ihm nun, wie er gehen muss: *Du gehst zwei Schritte geradeaus, dann biegst du links ab …* Ein TN sieht auf die Uhr und notiert die Zeit, die das Paar braucht, um das Ziel zu erreichen. Dann spielt das nächste Paar. Um die Spannung aufrechtzuerhalten, sollten Sie zwischendurch den Weg der Wäscheleine etwas ändern oder die Paare am Ziel beginnen lassen. Bei kleinen Räumen kann das Spiel auch draußen, in der Aula oder auf dem Flur gespielt werden.

– Alternativ können die TN ein Schachbrett mit Zahlen- und Buchstabenleiste zeichnen. Sie sitzen paarweise Rücken an Rücken und halten das Schachbrett so, dass sich das Feld A1 links unten befindet. Sie einigen sich auf ein Feld, an dem sie beginnen, z. B. A1. Ein TN beschreibt einen Weg: *Du gehst zwei Felder geradeaus, dann drei Felder nach rechts. Du wendest und gehst ein Feld zurück. Wo stehst du?* Der andere folgt der Beschreibung auf seinem Plan mit dem Finger und nennt das Feld, auf dem er nun steht: *Ich stehe auf B4.* Damit es nicht zu Missverständnissen kommt, geben Sie vor, dass *geradeaus* immer die Richtung vom Körper weg nach oben auf dem Brett ist.

Die TN sitzen in Kleingruppen zusammen und erhalten jeweils einen Stadtplan. Jeder TN beschreibt den anderen seinen Weg vom Kursort nach Hause oder, wenn der zu lang ist, den Weg bis zur nächsten Haltestelle oder zum Bahnhof. Achtung: Die Wegbeschreibung beginnt immer am Kursort. Die anderen verfolgen den Weg auf dem Stadtplan mit. Daraus können Sie auch ein Ratespiel machen: Ein TN überlegt sich ein Ziel und beschreibt den Weg von der Sprachenschule aus. Die anderen versuchen, das Ziel mithilfe des Stadtplans zu erraten.

Moodle-Tipp: Forum „Wie komme ich zu dir?": Die TN lesen die SMS in der Aufgabenstellung des Forums und beschreiben den Weg vom Kursort zu ihrem Wohnort. Eröffnen Sie das Forum. Ermuntern Sie die TN auch, andere Beiträge zu kommentieren. Korrigieren Sie keine Fehler. Schreiben Sie im Nachrichtenforum ein zusammenhängendes Feedback zu häufig vorkommenden Fehlern.

Die TN schlagen die Aktionsseite auf, sie arbeiten zu zweit. Partner A sieht sich zwei Minuten lang die Karte an und schließt dann das Buch. Partner B fragt nach einem Ziel. Partner A beschreibt den Weg. Dann tauschen die Partner die Rollen. Bei Bedarf können die TN den Weg zunächst auch mit geöffnetem Buch beschreiben. So können sie sich mehr auf die Wegbeschreibung konzentrieren.

Moodle-Tipp: Forum „Können Sie mir helfen?": Die TN sehen sich den Stadtplan von Hamburg an. Der Ausgangsort ist das Rathaus. Jeder TN

		stellt eine Frage im Forum und kommentiert mindestens eine Frage. Eröffnen Sie das Forum mit der ersten Frage. Beteiligen Sie sich auch an den Kommentaren. Korrigieren Sie keine Fehler. Geben Sie im Nachrichtenforum ein zusammenhängendes Feedback zu den häufigsten Fehlern.		
9	PL	a Die TN hören die Bitten und kreuzen an. Anschließend Kontrolle. *Lösung:* 1; 2; 5 Fragen Sie die TN, was die Bitten ihrer Meinung nach höflich macht (*Entschuldigung, bitte,* kleiner Einleitungssatz wie *Haben Sie Zeit?*). Moodle-Tipp: Test „Fragen, Fragen …": Die TN machen den Test als Hausaufgabe. Sie erhalten eine automatische Lösung. Überprüfen Sie, ob und mit welchem Ergebnis die TN die Aufgabe gelöst haben.	CD 3.04	
	PA, PL	b Die TN sehen sich die Fotos an und entscheiden, wohin sie möchten. Dann gehen sie im Kursraum herum, suchen sich eine zweite Person und fragen höflich nach dem Weg. Das können Sie auch mit Musik machen: Wenn die Musik stoppt, bitten die TN denjenigen, der ihnen am nächsten steht, höflich um Hilfe. Selbstverständlich antwortet der Partner höflich. Weisen Sie dazu auf die Beispiele aus Aufgabe 7 hin. Sprechen Sie mit den TN darüber, was die Äußerungen 3 und 4 unhöflich macht (z. B. schnelles Sprechen, monotone oder harte Sprechmelodie). Es bringt immer sehr viel Spaß, wenn TN auch einmal eine unhöfliche Variante ausprobieren dürfen. Dann wird die Hilfe natürlich immer verweigert. Zusätzlich überlegen die TN, welche Sehenswürdigkeiten es im Kursort gibt, und spielen damit weitere Gespräche, die sich auch mit einer Wegbeschreibung dorthin kombinieren lassen. Extra: Die TN malen zu zweit ein Bild nach Ihren Vorgaben. Die TN erhalten dazu zu zweit ein großes Blatt Papier und einen dicken Filzstift. Die Partner müssen den Stift zu zweit führen. Warten Sie nach jeder Angabe, bis die TN gemalt haben. Die Bildbeschreibung: *Im Zentrum / In der Mitte steht ein Tisch. Auf dem Tisch steht eine Flasche. Über dem Tisch hängt eine Lampe. Links neben dem Tisch steht ein Stuhl. Unter dem Stuhl sitzt ein Hund. An der Wand hängen zwei Bilder. Zwischen den Bildern steht eine Frau. Sie trägt eine Tasche. Die Tasche ist sehr groß.* Zum Schluss schreiben die TN zusammen ihre Namen auf das Bild. Hängen Sie die Bilder aus. Die Ergebnisse sind oft sehr erheiternd für alle. Tipp: Als kurze Wiederholung zu einem späteren Zeitpunkt bietet sich ein Minutentext über die Orte an, an denen die TN am Tag zuvor waren. Was haben sie dort gemacht? Wie lange waren sie dort? Bei Bedarf können Sie die Temporaladverbien *zuerst, dann, danach, später, anschließend, schließlich* zur zeitlichen Strukturierung der Texte einführen. Machen Sie dazu Beispielsätze über den letzten Kurstag: *Zuerst haben wir die Hausaufgaben besprochen. Danach haben wir …* Erklären Sie, dass diese Wörter auch hinter dem Verb auf Position 3 stehen können: *Wir haben zuerst die Hausaufgaben besprochen.*	ggf. Musik-CD, Blatt Papier (DIN A3), dicke Filzstifte	

UNTERRICHTSPLAN LEKTION 14

	FORM	ABLAUF	MATERIAL	ZEIT
1	PL	Malen Sie einen Wortigel mit dem Stichwort *Computerspiele* an die Tafel. Fragen Sie die TN, welche Computerspiele sie kennen. Regen Sie ein kurzes Gespräch über diese Spiele an: Was spielen die TN gern, was weniger gern? Vielleicht machen Sie eine Statistik, welches Spiel das beliebteste im Kurs ist. Die TN schlagen die Bücher auf, sehen sich das Foto an und stellen Vermutung über Vanilla und Otto an. Dann hören sie das Gespräch aus dem Spiel. Kennen die TN ein Spiel wie *Glückstadt*? Worum geht es wohl bei dem Spiel? Was verrät der Name?	CD 3.05	
2	PA, GA	Die TN sehen sich zu zweit die Häuser auf dem Bild an, lesen die Sätze und kreuzen an. Hilfe finden sie im Bildlexikon. Anschließend Kontrolle. *Lösung:* Vanilla: b, c, d; Otto: a, e, f Extra: In Kleingruppen sprechen die TN darüber, welche Hobbys Vanilla und Otto wohl haben oder was für Möbel es drinnen gibt. Schreiben Sie einige Kommunikationshilfen an die Tafel. Wenn die TN Lust haben, können sie für beide Personen einen Steckbrief schreiben, in dem sie auch den Familienstand und die eventuell vorhandenen Kinder berücksichtigen. Das dient auch der Vorbereitung von Aufgabe 4. Hängen Sie diese Steckbriefe auf, sodass sie wiederum Redeanlass für die anderen Gruppen sind. *Ich glaube, ...* *Ich denke, ...* *Ich vermute, ...* *Vielleicht ...*		
3	GA, EA, PA	Extra: Die Bücher sind geschlossen. Bereiten Sie zwei Plakate mit je einem Wortigel zu *Möbel* vor. Hängen Sie die Plakate in einiger Entfernung zueinander im Kursraum auf. Teilen Sie den Kurs in zwei Gruppen. Die TN jeder Gruppe stehen in einer Reihe hintereinander vor ihrem Plakat. Der erste TN in der Gruppe erhält einen Filzstift. Auf Ihr Kommando läuft der erste TN jeder Gruppe zum Plakat und schreibt ein Möbelstück mit Artikel auf. Dann läuft er zurück und gibt den Stift an den nächsten weiter. So entsteht eine Art Staffellauf. Lassen Sie dabei Musik laufen. Wenn die Musik stoppt, hören die TN auf zu schreiben. Für jedes richtige Wort mit richtigem Artikel gibt es einen Punkt. Welche Gruppe ist Möbelkönig? Das Wettspiel können Sie zu einem späteren Zeitpunkt als Wiederholung einsetzen. Alternativ verteilen Sie die Kopiervorlage an jeden TN. Die TN suchen die Wörter (hier Möbel) und ordnen sie den Artikeln in der Tabelle zu.	zwei Plakate, dicke Filzstifte, Musik-CD, Wörterbuch, KV L14|3	

Die TN schlagen die Bücher auf und sehen sich das Bild an. Zunächst arbeiten die TN zu zweit und ohne Wörterbuch, weil sich einige der Zimmer durch bekannte Wortteile erschließen lassen, z. B. kennen die TN *wohnen, arbeiten* usw. Einige klingen im Englischen ganz ähnlich, z. B. Flur – floor, Bad – bath usw. Wer nicht weiterkommt, kann das Wörterbuch zu Hilfe nehmen. Anschließend Kontrolle.

Lösung: B Schlafzimmer; C Bad; D Arbeitszimmer; E Toilette; F Küche; G Wohnzimmer; H Flur; I erster Stock; J Erdgeschoss

Die TN sitzen in Kleingruppen zusammen. Ein TN schließt die Augen und beschreibt ein Zimmer seiner Wohnung: *Da ist ein Sofa und ein Tisch.* Die anderen raten, um welches Zimmer es sich handelt (*Bist du im Wohnzimmer?*). Geübte TN machen Sätze mit *Ich sehe einen Tisch und ein Sofa.*

Alternativ befragen die TN sich, wo ihre Möbel stehen: *Wo steht/ist dein Bett? / Wo hast du dein Bett? – Im Wohnzimmer.*

Zusätzlich zeichnen sie zu zweit einen Plan von Vanillas Haus inklusive der Möbel. Anschließend besprechen sie ihren Plan mit einem anderen Paar.

Außerdem können die TN zu jedem Raum notieren, was sie dort machen. Wenn Sie weitere Verben zu häuslichen Aktivitäten einführen möchten (*duschen, einen Mittagsschlaf machen* usw.), schreiben Sie diese auf Zettel und verteilen Sie sie im Raum oder notieren Sie sie an der Tafel. Die TN ordnen sie mithilfe des Wörterbuches den Räumen zu. Mischen Sie bekannte und unbekannte Verben, damit jeder angeregt, aber niemand frustriert ist.

Moodle-Tipp: Die TN beschreiben im Forum ihre Wohnung / ihr Haus und laden ggf. auch ein Foto hoch. Sie fragen die anderen TN nach ihrer Meinung. Die anderen TN kommentieren die Beiträge. Beteiligen Sie sich auch am Forum. Eröffnen Sie das Forum. Korrigieren Sie keine Fehler. Im Nachrichtenforum können Sie ein zusammenhängendes Feedback zu den häufigsten Fehlern schreiben.

| 4 | PL, ggf. GA | Die Bücher sind zunächst geschlossen. Da das folgende Gespräch recht lang ist, können Sie einen vorbereitenden Zwischenschritt einfügen, indem Sie folgende Wortliste diktieren. Die TN schreiben die Wörter untereinander: *Otto hat ein Arbeitszimmer, eine Küche, zwei Schlafzimmer, zwei Kinderzimmer, einen Balkon, eine Garage, Autos, einen Garten, viele Blumen, eine Frau, Kinder, eine Nachbarin.* Die TN hören das Gespräch und markieren auf ihrer Liste, was Otto tatsächlich hat. Anschließend gemeinsame Kontrolle.

Die TN lesen die Sätze, hören das Gespräch so oft wie nötig und kreuzen an. Anschließend Kontrolle.

Lösung: a spielen ein Computerspiel; b Single und hat keine Kinder; b Ottos Nachbarin; d eine Frau

Achten Sie darauf, dass die TN vor dem Hören Zeit haben, die Sätze komplett zu lesen. Besprechen Sie ggf. die Bedeutung der Sätze oder schwieriger Wörter. Sonst können sie die Höraufgabe nicht bewältigen. | CD 3.06, Sack, Beutel |

UNTERRICHTSPLAN LEKTION 14

		Als Vorübung können die TN vor dem Hören alternative Formulierungen suchen, die im Gespräch vorkommen könnten, z. B. *nicht verheiratet* oder *ledig* für *Single*. Das ist zugleich ein gutes Wortschatztraining.	
		Weisen Sie auf den Grammatikkasten hin. Erklären Sie den TN, dass Namen im Genitiv einfach zusätzlich ein *-s* bekommen und vor dem Nomen stehen, auf das sie sich beziehen. Endet der Name auf *-s*, *-ss*, *-ß*, *-tz*, *-z*, *-x*, *-ce* wird kein *-s* ergänzt. Geschrieben wird dann ein Apostroph: *Thomas' Nachbarin*. Thematisieren Sie dies nur, wenn im Kurs Namen vorkommen, die auf einen Zischlaut enden. Machen Sie einige Beispiele aus dem Kurs, z. B. *Alan ist Rodrigos Nachbar*. Die TN machen weitere Beispiele.	
		Zusätzlich geben die TN Gegenstände in einen Sack oder Beutel. Anschließend zieht jeder TN einen Gegenstand und rät, wem der Gegenstand gehört: *Ich glaube, das ist Georgs Handy*. Die TN können auch in Kleingruppen Gegenstände auf den Tisch legen und raten.	
5	PL, PA, EA	a Weisen Sie die TN zunächst auf den Infokasten bei b hin. Üben Sie mit den TN, indem Sie zu den lokalen Adverbien Gesten einführen: *oben*: Die Hand wird über den Kopf gehalten; *unten*: Die TN bücken sich und legen die Hand auf den Boden; *vorn*: Die Hand wird vor den Bauch gehalten; *hinten*: Die Hand wird hinter dem Rücken versteckt. Auf Ihr Stichwort machen alle TN die entsprechende Geste. Erhöhen Sie nach und nach das Tempo.	Ottos Haus (Folie/IWB), CD 3.06
		Zeigen Sie Ottos Haus aus Aufgabe 3 (Folie/IWB). Die TN stellen sich vor, sie stünden im Flur. Die TN hören den Anfang des Gesprächs, dabei konzentrieren sie sich auf die Beschreibung des Hauses. Stoppen Sie nach *Wow, Ottos Auto sieht cool aus*. Die TN versuchen zu zweit die Beschreibung des Hauses. Dann lesen die TN die Aussagen im Buch, hören noch einmal und ergänzen die Possessivartikel. Die TN besprechen ihre Lösungen zunächst zu zweit. Geübte TN können bereits überlegen, wie die Regel ist. Anschließend Kontrolle im Plenum.	
		Lösung: 1 seine, sein; 2 sein; 3 Sein, seinen; 4 Seine; 5 seine	
		Zusätzlich beschreiben die TN ihre Wohnungen: *Meine Wohnung hat eine Küche und zwei Schlafzimmer*. Oder sie zeichnen einen Grundriss ihrer Wohnung, anhand dessen sie einen Gang durch ihre Wohnung beschreiben, beginnend an der Wohnungstür. Dabei werden die Ortsangaben aus Lektion 13 wiederholt: *Geradeaus ist meine Küche. Vor der Küche links ist das Bad*. Ihre Wohnungsbeschreibung können die TN alternativ schriftlich machen. Sammeln Sie Texte und Zeichnungen ein, um daraus eine Hörverständnisaufgabe zu machen. Kopieren Sie vier bis sechs Zeichnungen auf eine Seite. Jeder TN erhält eine Kopie. Lesen Sie die vier oder sechs passenden Texte vor. Die TN markieren, welche Zeichnung zu welchem Text passt. Anschließend gemeinsame Kontrolle. Weitere Texte können später (auch als Stundeneinstieg) zur Wiederholung präsentiert werden.	

	EA, PL, PA	b Die TN ergänzen die Tabelle. Anschließend Kontrolle. *Lösung:* (von oben nach unten) links: sein, seine, seine; rechts: sein Zeigen Sie den TN, dass die Endungen des Possessivartikels mit dem indefiniten Artikel bzw. dem Negativartikel übereinstimmen. Verdeutlichen Sie mithilfe eines Tafelbildes, dass sich der Possessivartikel nach der betreffenden Person richtet, die Endung aber nach dem nachfolgenden Nomen. Otto ist männlich, deshalb benutzt man *sein-*. *Garage* ist ein feminines Nomen, deshalb bekommt *sein-* die Endung *-e*. 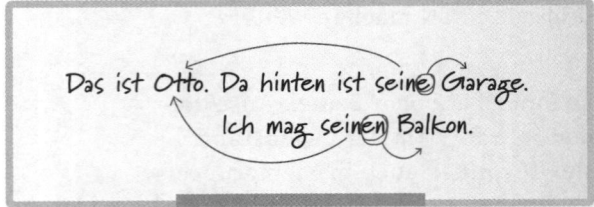 Zu zweit sehen sich die TN noch einmal das Bild in 3 an. Ein TN zeigt auf einen Raum oder ein Möbelstück und fragt: *Was ist das?* Der andere TN antwortet: *Das ist sein Sofa.*		
6	PL, PA	a Zwei TN lesen das Beispiel vor. Weisen Sie die TN auf den Kommunikationskasten hin. Notieren Sie ggf. zu jedem Verb ein Beispiel an der Tafel und rufen Sie den Unterschied von Subjekt (Nominativ) und Objekt (Akkusativ) in Erinnerung. 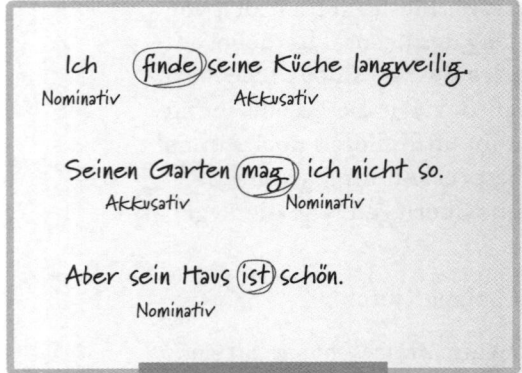 Die TN sprechen zu zweit nach dem Muster im Buch.		
	PL, PA, GA	b Zeigen Sie Vanillas Haus und Garten (Folie/IWB). Beschriften Sie Dinge in Vanillas Garten, die nicht im Bildlexikon stehen, hier *der Liegestuhl, ∺e, der Gartenteich, -e, das Blumenbeet, -e*. Zwei TN lesen das Beispiel vor. Schreiben Sie die beiden Sätze an die Tafel und markieren Sie wie in 5b mit Pfeilen. Erklären Sie den TN, dass Vanilla feminin ist und der Possessivartikel dann *ihr-* heißt. Weisen Sie die TN auf den Grammatikkasten hin. Die Endungen entsprechen ebenfalls dem indefiniten Artikel bzw. dem Negativartikel. Die TN sprechen zu zweit nach dem Muster im Buch.	Vanillas Haus (Folie/ IWB)	

UNTERRICHTSPLAN LEKTION 14

		Extra: Die TN arbeiten in Kleingruppen. Achten Sie darauf, dass in jeder Gruppe beide Geschlechter vertreten sind. Bitten Sie die TN, ihre Handys, Kugelschreiber, Taschen usw. durcheinander auf den Tisch zu legen. Die Gegenstände werden neu verteilt. Die TN erzählen nacheinander: *Ich habe Marias Tasche und ihren Kugelschreiber.*	
		Moodle-Tipp: Textproduktion „Das Haus von …": Die TN beschreiben das Haus oder die Wohnung einer anderen Person in einer Datei. Sie können die Beschreibung auch aufnehmen und als MP3-Datei abspeichern. Beide Dateien laden sie hoch und schicken sie Ihnen. Sie korrigieren bzw. kommentieren die Dateien. Wenn Sie wollen, können Sie mit allen Dateien eine Datenbank erstellen, damit alle TN Zugriff auf die Ergebnisse haben.	
7	PL, PA, GA	Die TN schlagen die Aktionsseite auf. Bitten Sie die TN zunächst, nur das Bild anzusehen und einige Gegenstände zu beschreiben. Wiederholen Sie dazu insbesondere Materialangaben (*aus Holz, Glas, Leder …*) und Farben. Die TN lesen zu zweit das Beispiel und arbeiten nach diesem Muster weiter.	Möbelprospekte
		Extra 1: Bringen Sie Möbelprospekte mit. Jeder TN schneidet drei verschiedene Möbelstücke aus. Die TN stellen sich vor, sie wollten mit drei anderen TN in eine WG ziehen. Jeder bringt seine Möbel mit. Die Kleingruppen beraten, welche Möbel in der WG Platz haben (*Fundas Sofa ist wirklich schön. Das nehmen wir.*).	
		Extra 2: Wer Lust hat, fotografiert ein Zimmer seiner Wohnung oder ein Lieblingsmöbelstück. Die Fotos werden anonym aufgehängt und die anderen TN beraten, von wem die Möbel bzw. Zimmer sind. Das können Sie auch zu einem späteren Zeitpunkt als Wiederholung machen, da es sicher einige Tage dauert, bis alle TN die Fotos gemacht und ausgedruckt haben.	
8	GA, EA, PL	a Schneiden Sie die Anzeigen der Kopiervorlage auseinander. Schreiben Sie links auf ein Plakat oder an die Tafel *1 Wer sucht eine Wohnung / ein Haus?* und rechts *2 Wer bietet eine Wohnung / ein Haus an?* Verteilen Sie je eine Anzeige an eine Kleingruppe. Gehen Sie noch nicht auf Wortfragen ein. Die Gruppen überfliegen ihre Anzeige und entscheiden, auf welche Seite des Plakats oder der Tafel sie gehört. Die TN lesen dann die Anzeigen im Buch und prüfen, ob alle Anzeigen richtig hängen. Fragen Sie die TN, woran sie erkannt haben, ob es sich um eine Suche oder ein Angebot handelt. Die TN unterstreichen die Signalwörter in den Anzeigen.	KV L14|8a, ggf. Plakat, Klebeband
		Lösung: 1 B; 2 C, D, E	

	PA, PL	b Zu zweit lesen die TN die Anzeigen noch einmal. Sie markieren die Wörter in den Anzeigen und ordnen die Erklärungen zu. Anschließend Kontrolle. Weisen Sie auch auf den Infokasten hin. *Lösung:* 2 c; 3 b; 4 a Die TN suchen im Internet auf einem Immobilienportal nach Wohnungen. Sie drucken Beispiele aus und bringen sie mit zum Kurs. Fragen Sie die TN nach der größten Wohnung, der teuersten, der mit den höchsten Nebenkosten usw. (Das klappt auch ohne Superlativ: *Welche Wohnung ist sehr teuer?* usw.) Welche Wohnung gefällt den TN? Warum? Extra: Die TN schreiben eine Anzeige für ihre eigene Wohnung oder eine Suchanzeige für eine neue Wohnung. Moodle-Tipp: Test „Anzeigen verstehen": Die TN bearbeiten diese Aktivität als Hausaufgabe. Sie bekommen ein automatisches Feedback. Überprüfen Sie, ob und mit welchem Ergebnis die TN die Aufgabe bearbeitet haben.	Wohnungs-angebote (Internet)	
9	EA, PA, PL	Die TN schlagen die Aktionsseite auf. Erklären Sie *Traumhaus*, indem Sie Ihres besonders übertrieben beschreiben. Die TN füllen a für sich aus und notieren, was sonst noch wichtig ist. Dann beschreiben sich die TN gegenseitig ihr Traumhaus. Der andere zeichnet. Machen Sie anschließend eine Ausstellung mit den Zeichnungen. Extra: Die TN suchen sich ein Bild aus, nicht das eigene, und schreiben dazu eine Anzeige. Die Anzeigen werden gemischt und wieder verteilt. Die TN müssen zu ihrer Anzeige das passende Bild suchen. Moodle-Tipps: Test „Was ist das?": Die TN machen diese Aktivität als Hausaufgabe. Es geht in dieser Aktivität hauptsächlich um den neuen Wortschatz. Die TN bekommen ein automatisches Feedback. Überprüfen Sie, ob und mit welchem Erfolg sie die Aufgabe bearbeitet haben. Im Forum „Mein Traumhaus" beschreiben die TN ihr Traumhaus. Die anderen TN kommentieren die Beiträge. Eröffnen Sie das Forum. Beteiligen Sie sich an der Diskussion, korrigieren Sie jedoch keine Fehler. Am Ende können Sie ein zusammenfassendes Feedback zu den häufigsten Fehlern ins Nachrichtenforum schreiben.	farbige Stifte	
10	EA	a Erklären Sie den TN die Bedeutung von *umziehen* (= von einer Wohnung in eine andere ziehen). Es ist ein trennbares Verb. Die TN sehen sich die Mind Map an und ergänzen sie mit ihren eigenen Angaben.		
	EA	b Die TN überlegen, in welcher Reihenfolge sie die Punkte aus a erwähnen wollen, und nummerieren sie entsprechend.		

UNTERRICHTSPLAN LEKTION 14

EA, GA	c Die TN schreiben ihren Namen auf einen Zettel. Mischen Sie die Zettel. Jeder TN zieht einen Namen. An diesen TN schreibt er seine E-Mail. Geben Sie das gern als Hausaufgabe auf, sodass die TN die E-Mail wirklich am Computer schreiben und abschicken können. Vielleicht hat auch jemand Lust, zu antworten, und es ist der Auftakt zu einem kleinen E-Mail-Wechsel. Der Empfänger druckt die E-Mail aus und bringt sie mit in den Kurs. In Kleingruppen berichten sich die TN von der Wohnungsbeschreibung, die sie erhalten haben (*Maria ist umgezogen. Ihre Wohnung ist …*).	Zettelchen, KV L14|10c	
	Tipp: Nicht jede Äußerung muss korrigiert werden. In solchen Texten, in denen die TN versuchen, sich und ihre Ideen auszudrücken, stoßen sie unweigerlich an die Grenzen ihrer Kenntnisse. Trotzdem ist der Versuch, das auszudrücken, was man sagen will, ein gutes Training. Denn in der realen Kommunikation ist das zunächst die Normalsituation. Korrigieren Sie deshalb solche Texte der TN moderat, Maßstab sollte die Verstehbarkeit sein. Da, wo es nicht anders geht, können Sie durchaus mal eine noch nicht behandelte Struktur vorgeben.		
	Extra: Wenn Sie zum Abschluss noch ein lustiges Spiel spielen wollen, verteilen Sie die Kärtchen der Kopiervorlage. Jede Kleingruppe erhält einen Satz Karten. Die Karten werden nebeneinander und untereinander verdeckt ausgelegt. Ein TN deckt drei beliebige Kärtchen auf. Zu diesen drei Dingen muss er eine kleine Geschichte erzählen, z. B. *Wohnzimmer, Käse, Sessel: Im Wohnzimmer steht mein Sessel. Dort sitze ich, sehe fern und esse Käse.* Die anderen TN beurteilen, ob die Sätze sprachlich korrekt sind. Dann werden die Karten wieder verdeckt und der nächste deckt drei auf.		
	Geübte TN spielen mit einer verschärften Regel: Schaffen sie es, alle drei Wörter in einem Satz unterzubringen, bekommen Sie einen Punkt, braucht der TN zwei Sätze, bekommt er zwei Punkte, bei drei Sätzen bekommt er drei Punkte. Wer am Ende die wenigsten Punkte hat, hat gewonnen.		
	Eine weitere Spielmöglichkeit, die Sie auch zu einem späteren Zeitpunkt noch einsetzen können: Die Kärtchen werden in der Kleingruppe mit den Wörtern nach oben ausgelegt. Der erste TN beginnt, indem er einen Satz sagt, in dem er möglichst viele Wörter der Kärtchen unterbringt. Die verwendeten Wortkärtchen darf er sich nehmen. Allerdings wird die Zeit zum Nachdenken auf dreißig Sekunden begrenzt. Wer bis dahin keinen Satz bilden konnte, bekommt nichts und der nächste ist dran.		
	Als kurze Wiederholung zu einem späteren Zeitpunkt oder als Stundeneinstieg bietet sich ein Minutentext (siehe Tipp in Lektion 13) über ein Zimmer an. Geben Sie den TN ein Zimmer vor, z. B. *Wohnzimmer* oder *Küche*: Wie ist der Raum eingerichtet? Was machen die TN dort? Was möchten die TN ändern? Was ist besonders schön?		

FORM	ABLAUF	MATERIAL	ZEIT
1 EA, PA	a Extra: Die TN erstellen vorab ein Assoziogramm zum Thema Stadt: Geben Sie den TN drei Minuten Zeit, stichwortartig alle Wörter zu notieren, die ihnen dazu einfallen. Anschließend vergleichen sie ihr Assoziogramm zu zweit und sprechen darüber, soweit sprachlich möglich. Mithilfe des Bildlexikons beschreiben sich die TN in Partnerarbeit, was sie auf den Bildern sehen. Gehen Sie hier noch nicht auf den Titel der Lektion ein.		
PL, GA	b Die TN hören die Beschreibungen so oft wie nötig und ordnen die Fotos zu. Geübte TN können auch die Städtenamen notieren. Anschließend Kontrolle. *Lösung:* 1 C (Hallbergmoos bei München); 2 F (Kassel); 3 B (Halle); 4 A (Kiel); 5 D (Hatzenbühl i. d. Pfalz); 6 E (Zürich) Die TN suchen die Orte und Regionen auf einer topografischen D-A-CH-Landkarte. Sprechen Sie mit den TN darüber, wie die Landschaft ist, in der die Städte liegen: Gibt es Berge, Flüsse, Seen, Meer, Wälder usw.? Alternativ können die TN die Städte auf der Karte in der Buchumschlagseite suchen. Helfen Sie mit der ungefähren Lage der Orte, die nicht dort angegeben sind. Die TN berichten in Kleingruppen, welchen Blick sie am schönsten finden und warum.	CD 3.07-12, Landkarte von D-A-CH	
2 EA, PA, GA	Die TN schließen die Augen und stellen sich ihr Fenster und ihren Ausblick vor. Sie öffnen die Augen wieder und notieren Stichpunkte. Dann beschreiben sie wechselnden Partnern, was sie aus ihrem Fenster sehen und ob sie den Blick mögen. Alternativ oder zusätzlich machen die TN ein Foto von ihrem Blick aus dem Fenster wie im Buch. Das kann als Hausaufgabe einige Tage vorab geschehen. In Kleingruppen legen die TN ihre Fotos zusammen. Ein TN beschreibt seinen Blick. Die anderen suchen das passende Foto. Für eine zweite Runde schreibt jeder TN seinen Namen auf sein Foto. Hängen Sie die Fotos im Kursraum auf. Die TN gehen zu zweit herum und beschreiben, was wer aus dem Fenster sieht. Moodle-Tipp: Forum „Der Blick aus meinem Fenster": Die TN beschreiben im Forum, was sie von ihrem Fenster aus sehen. Ermuntern Sie die TN, auch ein Foto hochzuladen.	ggf. Fotos von den Fenstern der TN	
3 PL, EA	a Führen Sie mit den TN ein kurzes Einstiegsgespräch zum Thema Bloggen. Wer von den TN hat einen Blog? Wer liest manchmal Blogs? Warum? Erklären Sie den Begriff *Stadtviertel*, es ist ein Teil der Stadt mit einem eigenen Namen, auch Stadtteil. Ein Viertel hat oft seine ganz eigene Atmosphäre, die sich von anderen Stadtvierteln derselben Stadt unterscheidet.		

UNTERRICHTSPLAN LEKTION 15

		Die TN überfliegen den Blog, das heißt, es geht nur um orientierendes Lesen. Begrenzen Sie, wenn nötig, die Lesezeit! Die TN kreuzen an, worüber Marlene schreibt. *Lösung:* über ihr Stadtviertel	
	EA, PL	b Die TN suchen die Begriffe im Kasten im Bildlexikon und/oder Wörterbuch. Dann lesen sie Marlenes Blog noch einmal und notieren sich, zu welchen Themen es Links gibt. Anschließend Kontrolle. *Lösung:* Reisebüro, Kino, Film, Jugendherberge, Wetter, Glückstadt, Fotos, Rezepte, Theater Weisen Sie die TN auf den Titel des Blogs *In Giesing wohnt das Leben!* hin. Sprechen Sie mit den TN darüber, was Marlene damit meint.	ggf. Wörterbuch
4	EA	a Die TN lesen den Blog und die Kommentare noch einmal intensiv und kreuzen an, was richtig ist. Bei Bedarf können ungeübte TN unterstreichen, wo sie die entsprechenden Informationen gefunden haben. Die TN vergleichen ihre Lösung zunächst zu zweit. Anschließend Kontrolle im Plenum. *Lösung:* 1; 2	
	EA, PA, GA	b Die TN lesen den Blog noch einmal und notieren, was es in Giesing gibt. Anschließend notieren sie, was es davon auch in ihrem Heimatort / in ihrem Stadtviertel gibt. Die TN beschreiben sich in Partnerarbeit kurz, was es in ihrem Stadtviertel gibt. Wer Lust hat, erfindet für seinen Heimatort / sein Stadtviertel einen Titel, wie Marlene ihn für Giesing gefunden hat. *Lösung:* Giesing: Läden, Werkstätten, Kneipen, Restaurants, Kindergarten, Schule, Friseur, Post Extra: In Kleingruppen suchen die TN sich aus der Lösungsliste drei Begriffe aus und schreiben auf, was es dort gibt, was man da machen kann, wie die Berufe heißen (z. B. Schule: *Dort sind Schüler und Schülerinnen, Lehrer und Lehrerinnen. Die Schüler lernen …*).	
	EA, PA, PL, GA	c Die TN überlegen, was für ein Mensch Marlene ist, und kreuzen an oder überlegen sich selbst etwas und notieren es. Danach vergleichen sie ihr Bild von Marlene mit dem ihrer Partnerin / ihres Partners. Sprechen Sie mit den TN darüber, in welchem Stadtteil der Stadt, in der die TN leben, Marlene auch leben könnte. Was würde ihr gefallen? Was nicht? Zusätzlich können Sie die TN mit den Themenkärtchen der Kopiervorlage zum Gespräch über sich selbst anregen. Die TN sitzen in Kleingruppen zusammen. Jede Gruppe erhält einen Satz Themenkärtchen, die verdeckt auf dem Tisch liegen. Ein TN dreht eine Karte um. Die Karte gibt das	KV L15|4c

		Thema vor, zu dem er etwas über sich erzählen soll, z. B. *Ruhe*: Liebt er die Ruhe oder eher nicht? Wie ist sein Stadtviertel diesbezüglich? usw. Ermuntern Sie die anderen TN, nachzufragen. Dann zieht ein anderer TN ein Kärtchen. Alternativ können die Kärtchen auf Stühlen ausgelegt werden. Die TN gehen zu dritt herum, stoppen an einem Stuhl, sehen auf das Kärtchen und sprechen über das Thema. Dann gehen sie weiter.	
		Ergänzend sehen sich die TN noch einmal die Fotos der Reisewerbung rechts in Marlenes Blog an. Sie überlegen, welches Foto sie am meisten mögen. Dann suchen sie TN mit demselben Lieblingsfoto und notieren, was man dort machen kann. Anschließend berichten sie im Plenum darüber.	
5	EA	a Die TN ordnen zu, was die markierten Wörter aus dem Blog bedeuten. Anschließend Kontrolle. *Lösung:* 2 c; 3 d; 4 a	
	EA, PL, GA	b Die TN ergänzen die Personalpronomen in der Tabelle. Schnelle TN, die schon fertig sind, schreiben Beispielsätze zu jedem Dativpronomen an die Tafel. Anschließend Kontrolle. Die TN notieren sich auch die Beispielsätze. *Lösung:* (von links nach rechts) dir, uns Weisen Sie die TN besonders auf die Personalpronomen in der 3. Person Singular hin. *Er, es* wird im Dativ zu *ihm*, *sie* zu *ihr*. Erklären Sie, dass die Verben *gehören, danken, helfen, gefallen* mit einem Dativobjekt stehen, im Gegensatz zu anderen den TN bereits bekannten Verben wie *lesen, sehen* usw., die ein Objekt im Akkusativ nach sich ziehen. Die Verben mit Dativ sollten von den TN als solche gelernt werden. Extra: Bringen Sie einen blickdichten Sack oder eine Plastiktüte mit in den Kurs. Bitten Sie jeden TN, einen Gegenstand in den Sack zu geben, aber so, dass die anderen TN nicht sehen können, was es ist. Dann nimmt jeder TN wieder einen Gegenstand heraus, der möglichst nicht der eigene sein sollte. Die TN gehen herum und suchen den Besitzer, indem sie fragen: *Gehört das Handy dir?* Antwort: *Ja, das gehört mir.* Oder: *Nein, das gehört mir nicht.* Ist die Antwort positiv, erhält der TN seinen Gegenstand zurück und bedankt sich. Die TN sitzen in Kleingruppen zusammen. Jede Kleingruppe erhält einen Spielplan und die acht Bildkärtchen der Kopiervorlage, dazu eine Münze und für jeden TN eine Spielfigur. Die Spielfiguren werden auf beliebige Felder gestellt, die Bildkärtchen gemischt und verdeckt ausgelegt. Der TN, dem ein grünes (oder gelbes, blaues, rotes) Fahrrad gehört, beginnt. Er wirft die Münze und zieht ein Fotokärtchen. Er zieht seine Figur ein oder zwei Felder im Uhrzeigersinn und bildet einen Satz nach folgendem Muster: *Brille, Bild der Frau: Die Brille gehört ihr.*	Sack/Tüte, KV L15|5b, Münzen, Spielfiguren, ggf. Hut

UNTERRICHTSPLAN LEKTION 15

		Zur Wiederholung in den folgenden Stunden bietet sich außerdem ein abgewandeltes Kinderspiel an: „Schnapp hat einen Hut gefunden". Die TN sitzen oder stehen im Kreis. Sie beginnen und sagen: *Schnapp hat einen Hut gefunden. Mir gehört er nicht. Er gehört ihr.* Zeigen Sie dabei auf eine Frau aus dem Kurs oder werfen Sie der Frau einen Hut zu. Nun ist sie an der Reihe: *Mir gehört er auch nicht. …* Dabei kann man auch auf zwei Personen zeigen, die dann zusammen antworten müssen. Steigern Sie das Tempo, sodass der Schwierigkeitsgrad ansteigt. Durch die Wiederholung schleift sich die Struktur ein. Denkbar sind auch Varianten mit den Verben *gefallen* (*Schnapp hat einen Hut gefunden. Mir gefällt er nicht. Aber ihr gefällt er.*) oder mit *schmecken* (*Schnapp hat einen Kuchen gebacken. Mir schmeckt er nicht. Aber ihr schmeckt er.*). Vielleicht fallen den TN weitere Varianten ein, die Sie in späteren Stunden einsetzen können.	
	PA, ggf. EA	**c** Die TN schlagen die Aktionsseiten auf und fragen die Partnerin / den Partner nach dem Muster im Buch. Sie ergänzen die fehlenden Informationen. **Extra:** Geübte TN überlegen sich Geschichten, warum eine bestimmte Person etwas mag, z. B. *Saskia liebt die Berge in der Schweiz. Sie kann dann im Café sitzen und ihr Mann wandert in den Bergen. Sie mag die Ruhe.* Sie schreiben kleine Texte. **Moodle-Tipp:** Test „Meine neue Wohnung": Die TN sehen sich das Video im Test an und beantworten die Fragen. Diese Aktivität kann auch allein zu Hause bearbeitet werden. Die TN bekommen ein automatisches Feedback. Überprüfen Sie, ob und mit welchem Ergebnis die TN die Aufgabe gelöst haben.	
6	PA, GA, PL	Die TN arbeiten zu zweit. Sie lesen den Blog noch einmal und suchen zu den Themen Natur und Stadt weitere Wörter. Sie ergänzen außerdem weitere bekannte Wörter (z. B. aus Lektion 13 und 14 sowie aus Aufgabe 5c). Vergleich im Plenum. Ergänzend bilden die TN Gruppen nach Lieblingsplatz: 1. Am Wasser; 2. In der Natur; 3. In der Stadt. Sie notieren die Aktivitäten, die sie dort machen (können). **Extra:** Spielen Sie eine Variante des Spiels „Stadt – Land – Fluss". Die TN erstellen folgende Tabelle im Heft: | Stadt in D-A-CH | Land | Gewässer in D-A-CH | Berg in D-A-CH | in der Stadt | in der Natur / auf dem Land | Erklären Sie *Gewässer* als Oberbegriff für *Fluss, See, Meer*. Nennen Sie einen Buchstaben. Die TN suchen zu den Oberbegriffen Wörter mit dem genannten Anfangsbuchstaben. Die TN können auch zu zweit oder in Kleingruppen arbeiten. Wer zuerst alle Spalten ausgefüllt hat, ruft *Stopp*.	topografische Karte von Mitteleuropa, Fotos

		Das Ergebnis wird kontrolliert. Ist alles richtig, bekommt der TN / die Gruppe einen Punkt. Tipp: Je nachdem, wie schwierig Sie die Aufgabe gestalten möchten, können Sie Spalten weglassen oder hinzufügen. Berg- und Gebirgsnamen kennen vielleicht nur TN, die im Inland leben, insbesondere in Österreich und in der Schweiz. Wenn vorhanden, hängen Sie die topografische Karte Mitteleuropas auf. Dann können Gewässer und Berge gezeigt werden.	
		Ein freies Gespräch in Kleingruppen über verschiedene Wohnsituationen können Sie anregen, indem Sie Fotos von Städten, Hochhäusern, einem Industrieviertel, einer Kleinstadt, einem einsamen Haus auf dem Land usw. mitbringen. Die TN sprechen über die jeweilige Wohnsituation und ob sie da wohnen könnten oder möchten.	
7	EA, GA	Extra: Die TN erstellen bei Bedarf eine grobe Skizze oder eine Collage von der Stadt, in welcher der Kurs stattfindet, mit ihren Stadtteilen. Sprechen Sie mit den TN über einzelne Viertel: Was wissen sie darüber, was gibt es Besonderes, ist es beispielsweise ein Studentenviertel. Notieren Sie Stichworte in der Skizze/Collage. Vielleicht haben die TN auch Lust, Fotos zu den Vierteln zu machen und sie in die Skizze/Collage zu integrieren.	Fotos über Lieblings-stadt-viertel, KV L15|7 (auch auf Folie/IWB)
		Die TN machen sich nach dem Muster im Buch Notizen über ihr Lieblingsstadtviertel. Alternativ kann es auch der Lieblings(urlaubs)ort oder die Geburtsstadt sein, wenn die TN in sehr kleinen Orten wohnen. Wenn möglich, bringen die TN dazu Fotos mit. In Kleingruppen stellen die TN sich gegenseitig ihren Lieblingsort vor. Regen Sie die TN dazu an, auch Fragen zu stellen zu dem, was erzählt wird, sodass ein Gespräch in Gang kommt. Ein weiteres mögliches Thema: In welchen Stadtteilen wohnen Studenten in Ihrem Heimatland? Was ist wichtig für Studenten?	
		Extra: Die TN spielen das „Stadtviertel-Bingo". Präsentieren Sie dazu auf Folie/IWB die erste Frage (*Was gibt es in Ihrem Viertel?*) und die möglichen Begriffe dazu. Die TN malen ein Quadrat mit drei mal drei Feldern in ihr Heft und wählen für jedes Feld einen Begriff aus der Tabelle. Nennen Sie nacheinander Begriffe aus der Tabelle in beliebiger Reihenfolge (Achtung: Streichen Sie jeden benutzten Begriff, damit Sie ihn nicht versehentlich zweimal benutzen). Die TN streichen die Begriffe, die sie auf ihrem Spielplan haben. Wer zuerst alle Felder streichen kann, ruft *Bingo* und hat gewonnen. Alternativ oder zusätzlich kann das Bingo-Spiel mit den anderen Fragen und Begriffen der Kopiervorlage gespielt werden. Sicher fallen Ihnen oder den TN noch andere Bingo-Fragen ein. Möglich wäre auch, dass einige TN eine weitere Bingo-Runde zu Hause vorbereiten und am nächsten Tag als Spielleiter präsentieren.	
		Moodle-Tipp: Textproduktion „Mein Stadtviertel": Die TN beschreiben ihren Stadtteil und gehen auch auf Vor- und Nachteile ein. Dann laden sie eine Datei mit ihrem Text hoch und schicken sie Ihnen. Drucken Sie die Texte aus und verteilen Sie sie ohne Namen. Die TN raten, von wem welcher Text ist. Hängen Sie die Texte im Kursraum auf.	

UNTERRICHTSPLAN LEKTION 15

		Tipp: Als kurze Wiederholung oder Stundeneinstieg zu einem späteren Zeitpunkt bietet sich ein Minutentext (siehe Tipp in Lektion 13) über eine Stadt an. Das kann die Heimatstadt sein, die Stadt, in der der Deutschkurs stattfindet oder auch die Stadt, die den TN am besten gefallen hat.	
8	EA	a Die TN überlegen, was sie von den anderen wissen möchten, und erstellen einen Fragebogen auf einem Zettel nach dem Muster im Buch. Dann tauschen sie den Fragebogen mit einer anderen Person.	Zettel
	PL, EA	b Bevor die TN die Fragebögen beantworten, wiederholen Sie die Redemittel zur Bewertung (besonders aus Lektion 7 und 14). Erstellen Sie dazu mit den TN eine Tabelle: *etwas bewerten* | + | - | | Das gefällt mir gut. | Das mag ich nicht besonders. | | … | … | Die TN beantworten die Fragen in Stichworten und schreiben ihren Namen auf den Fragebogen. Sammeln Sie alle Fragebögen ein und mischen Sie sie.	
	PL	c Ein TN zieht einen Fragebogen und erzählt nach dem Muster im Buch über die Person. Die anderen raten, von wem die Antworten sind. Tipp: Hier bietet sich eine Wiederholung von *ihr-* an: *Wie heißt die gesuchte Person? Ihre Lieblingsstadt ist …, ihr Lieblingsfilm heißt …* Extra: Die TN gehen herum und suchen nach Gemeinsamkeiten. Sicher gibt es TN, die die gleiche Lieblingsfarbe oder das gleiche Hobby haben. Paare, die eine Gemeinsamkeit entdeckt haben, tun sich zusammen und gehen auf andere Paare zu (*Uns gefällt Rot. Und euch?*). Sollte sich eine Gemeinsamkeit der Paare herausstellen, bildet sich eine Vierergruppe usw. Achtung: Die Possessivartikel *unser, euer* wurden noch nicht eingeführt. Achten Sie darauf, dass die TN *gefallen, mögen, gut/schön finden* usw. benutzen. Moodle-Tipp: Wiki „Das sind wir": Die TN tragen ihre Lieblingseigenschaften im Wiki ein. Das Forum „Wer ist das?" ist mit dem Wiki verlinkt. Die TN wählen eine Person aus dem Wiki aus und schreiben z. B. *Er isst gern … Wer ist das?* Die anderen TN raten und schreiben selbst auch eine Frage. Jeder TN muss mindestens eine Frage stellen. Eröffnen Sie das Forum. Beteiligen Sie sich, korrigieren Sie jedoch keine Fehler. Schreiben Sie abschließend ein zusammenfassendes Feedback ins Nachrichtenforum und gehen Sie auf häufige Fehler ein.	

Lesemagazin

	FORM	ABLAUF	MATERIAL	ZEIT
1	EA, PL	Die TN lesen zunächst bis Zeile 12. Stellen Sie Verständnisfragen wie: *Wie alt ist der Englische Garten? Wie groß ist der Park? Wo liegt er? …* Die TN lesen dann den kompletten Text und zeichnen in der nebenstehenden Karte Ludgers Weg ein. Besprechen Sie zuerst die Lösung (Folie/IWB), bevor Sie Gelegenheit zu Wortschatzfragen geben. Dann überfliegen die TN den Text noch einmal und ordnen die Bilder den fünf „Stationen" von Ludger zu. Gemeinsame Kontrolle. Stellen Sie wiederum Fragen, z. B.: *Wie hoch ist der Chinesische Turm?* Lesestrategie: Um bei der Informationsdichte eines Textes den Überblick zu behalten und das Verständnis zu sichern, bietet sich der Einsatz von unterschiedlichen Farben für unterschiedliche Themen an: Im vorliegenden Text können die TN z. B. Ludgers Wegbeschreibung in einer Farbe markieren, Ludgers Meinung zu den Sehenswürdigkeiten im Park in einer anderen usw. *Lösung:* 2 Monopteros; 3 Chinesischer Turm; 4 Teehaus; 5 Kleinhesseloher See	Karte des Textes (Folie/IWB)	
2	PL/ GA, EA	Je nach verfügbarer Zeit und Kursgröße erzählen die TN im Plenum oder in Kleingruppen über ihren Lieblingspark/-platz. Extra: Die TN gestalten ein Plakat mit Foto und einigen Fakten zu ihrem Lieblingspark/-platz. Die Plakate werden im Kursraum aufgehängt. Teilen Sie den Kurs in zwei Gruppen. Eine Gruppe steht bei ihrem Plakat, die andere Gruppe geht als „Ausstellungsbesucher" umher. Die TN aus der ersten Gruppe präsentieren den Besuchern ihr Plakat und erzählen, warum das ihr Lieblingspark/-platz ist. Danach wird getauscht.	Plakate, Fotos von Lieblings- parks/ -plätzen	

UNTERRICHTSPLAN MODUL-PLUS 5

Film-Stationen

	FORM	ABLAUF	MATERIAL	ZEIT
1	PL, PA	Die TN lesen die Aufgabe. Zeigen Sie dann den Film, die TN bringen die Wegbeschreibung in die richtige Reihenfolge. Das ist beim ersten Ansehen des Films machbar, denn die Angaben werden mehrmals wiederholt. Anschließend gemeinsame Kontrolle. Fragen Sie auch, warum Oliver die Touristin begleitet (Sie kann sich den Weg nicht merken.). *Lösung:* 2 an der Ecke nach rechts; 3 an der nächsten Straße links und sofort wieder nach rechts; 4 200 Meter geradeaus; 5 an der Ampel nach links; 6 noch mal 400 Meter geradeaus; 7 und da ist der Goetheplatz. Zur Vertiefung können Sie die Kopiervorlage zu Clip 13 einsetzen. *Extra:* Die TN wählen zu zweit einen Weg. Sie zeichnen auf großen Zetteln einfache Piktos (Pfeile nach rechts/links usw.) zur Wegbeschreibung. Dann beschreibt der eine TN dem Kurs den Weg, der andere hält das jeweils passende Schild hoch. Alternativ oder zusätzlich werden die Schilder einem anderen Paar gegeben. Es muss das jeweils passende Schild zur Wegbeschreibung hochhalten. Mit Fotohandy oder einer Digitalkamera mit Filmfunktion können die TN auch einen eigenen Clip drehen und zwischendurch die entsprechenden Plakate hochhalten. Präsentation der Mini-Filme im Kurs.	Clip 13, KV zu Clip 13, große Zettel	
2	PL	Die TN lesen vorab die Fragen zum Film, dann sehen sie den Film und notieren die Antworten. Anschließend gemeinsame Kontrolle. *Lösung:* b sehr schön; c gemütlich; d einkaufen; e sehr gut. Fragen Sie die TN, wie sie die Wohnung finden und ob sie sie mieten möchten. Soweit sprachlich möglich, können die TN auch von ihren Erfahrungen bei Wohnungsbesichtigungen berichten. Zur Vertiefung können Sie die Kopiervorlage zu Clip 14 einsetzen.	Clip 14, KV zu Clip 14	
3	PL	Die TN lesen die Aufgabe. Erklären Sie die Begriffe *Wappen* und *Bär*. Zeigen Sie den Film, die TN kreuzen an. *Lösung:* a 130 000; b Berner Deutsch; c 800; d einen Bären. Sprechen Sie mit den TN über Bern, soweit sprachlich möglich: *Wie gefällt Ihnen Bern? Kennen Sie Bern? Möchten Sie Bern kennenlernen?* Zur Vertiefung können Sie die Kopiervorlage zu Clip 15 einsetzen. *Extra:* Die TN stellen ihre eigene Stadt vor, indem sie einen kurzen Clip von den wichtigsten Sehenswürdigkeiten drehen und bei der Präsentation im Kurs dazu sprechen und erklären. Wenn der Kurs in einem deutschsprachigen Land stattfindet, können die TN sich mit Fotos ihrer Heimatstadt behelfen. Alternativ stellen sie eine deutsche (respektive österreichische/schweizerische) Stadt mit Fotos und Postkarten der Sehenswürdigkeiten vor.	Clip 15, KV zu Clip 15, ggf. Fotos, Postkarten	

Projekt Landeskunde

	FORM	ABLAUF	MATERIAL	ZEIT
1	EA	Die TN lesen den Blog und kreuzen an. Anschließend Kontrolle im Plenum. Weisen Sie dabei mithilfe der vorderen Umschlaginnenseite des Kursbuchs auf die Lage Hamburgs hin. *Lösung:* a falsch; b falsch; c falsch; d falsch; e richtig; f richtig		
2	PA/EA	a Zur Vorbereitung markieren die TN die Antworten zu den Fragen 1 bis 3 in Jans Blog. Dann machen sie zu zweit Notizen zu ihrer Lieblingsstadt. In nicht (sprach-)homogenen Gruppen können die TN auch allein arbeiten, wenn sich keine gemeinsame Lieblingsstadt findet.		
	PA/EA	b Die TN schreiben nach dem Muster von Jan einen Blog und schmücken ihn möglichst mit Fotos.	Fotos	
	EA	c Die Blogs werden als Plakate im Kursraum ausgehängt oder auf einer Lernplattform veröffentlicht. Die TN lesen die Blogs und schreiben zu mindestens einem Blog einen Kommentar. Weisen Sie dazu auf den Kommentar in Jans Blog hin. In großen Kursen genügt es, wenn die TN fünf Blogs lesen und einen beantworten. Moodle-Tipps: Glossar „Sehenswürdigkeiten in unserer Stadt": Jeder TN schreibt einen Satz zu einer Sehenswürdigkeit in seiner Stadt und lädt ein Foto hoch. Beteiligen Sie sich an dieser Aktivität und korrigieren Sie wichtige Fehler. Wiki „E-Mail aus dem Urlaub": Nachdem die TN Jans Blog gelesen haben, schreibt jeder TN einen Satz zu einer gemeinsamen E-Mail aus dem Urlaub in Hamburg. Wenn ein TN einen Fehler oder eine falsche Information entdeckt, kann er korrigieren. Wiki „Literatur – Wiedersehen in Wien": Die TN lesen zuerst den Text (Teil 1) im Arbeitsbuch und sammeln dann Informationen zu Wien. Test „Wiedersehen in Wien": Die TN bearbeiten den Test und bekommen eine automatische Lösung. (Wiki und Test zu „Wiedersehen in Wien" gelten nur für das allgemeine Arbeitsbuch, nicht für *Menschen hier*.)	ggf. Plakate	

UNTERRICHTSPLAN MODUL-PLUS 5

Ausklang

	FORM	ABLAUF	MATERIAL	ZEIT
1	PA	Die TN hören sich in den Rhythmus ein und üben dann zu zweit die Tanzschritte. Natürlich können sie sich auch eine neue Choreografie ausdenken.	CD 3.13	
2	PL, PA	a Die TN hören das Lied einmal und lesen mit. Sie entscheiden zu zweit, wer lieber am Meer und wer lieber in der Stadt ist. Spielen Sie das Lied noch einmal vor. Die TN konzentrieren sich beim stillen Mitlesen auf ihren Part.	CD 3.14	
	PA	b Die TN lesen den Text mit verteilten Rollen. Tipp: Wenn Sie Kopien des Liedes verteilen und den Satzakzent überall markieren, fällt die richtige Betonung leichter.		
3	EA, PA	Die TN hören das Lied noch einmal und entscheiden sich je nach Neigung fürs Mitsingen oder Mittanzen (allein oder zu zweit). Alternativ oder zusätzlich spielen Sie nur den Rhythmus des Liedes vor, die TN lesen oder singen mithilfe des Rhythmus mit. Tipp: Um auch TN, die nicht so gern singen, zum Mitmachen bei Liedern zu animieren, stellen Sie Perkussionsinstrumente (Tamburin, Triangel, Kastagnetten …) zur Verfügung. Perkussionsinstrumente lassen sich auch ganz leicht selbst bauen, indem man beispielsweise Reiskörner in eine Dose füllt. Die Dose wird dann rhythmisch geschüttelt. Aber auch alles andere, was klappert, rasselt oder klingelt, ist geeignet: Stifte, Löffel, Topfdeckel, Glöckchen, Kokosschalen, Holzstäbe und vieles mehr.	CD 3.13–14	

	FORM	ABLAUF	MATERIAL	ZEIT
1	PL, GA	a Die TN sehen sich das Foto an. Fragen Sie, wo die Personen sind, und erklären Sie, dass *Lift* auch *Aufzug* heißt. Die TN hören das Hörbild. Anschließend äußern sie in Kleingruppen ihre Vermutungen darüber, wer die Personen sind und was das Problem ist. Zur Vertiefung von Vokabeln spielen Sie das Hörbild noch einmal mit Pausen vor. Die TN notieren zu zweit oder dritt, was gerade passiert (*Die Aufzugtür geht auf. Die Personen steigen/gehen in den Aufzug. usw.*). Geben Sie ungeübten TN eine Hilfestellung, indem Sie die nötigen Infinitive (*laufen, halten/kommen, öffnen, fragen, antworten, schließen, fahren, ein Problem haben, feststecken*) an der Tafel vorgeben, allerdings in unsortierter Reihenfolge. Anschließend Vergleich im Plenum.	CD 3.15	
	PA, PL	b Die TN sprechen zu zweit darüber, mit wem sie im Aufzug stecken bleiben möchten. In kleinen Kursen bietet sich die Aufgabe natürlich auch im Plenum an. Tipp: Oft laufen solche Gespräche nicht so angeregt, wie Sie es sich wünschen. Sei es, dass die TN noch nicht ganz bei der Sache sind, weil der Kurs gerade begonnen hat, oder weil sie einfach keine Idee haben. Da sind Anregungen in Form von Fotos oder hier auch Namen bekannter Persönlichkeiten, die Sie im Kursraum verteilen, sehr hilfreich. Zur Belustigung können auch „Helden" wie Superman oder Obelix dabei sein.	ggf. Fotos von Prominenten, bekannten Figuren	
2	PA, PL	Die TN überlegen zu zweit, wie die Geschichte im Aufzug weitergeht, und kreuzen ihre Meinung an. Machen Sie eine kleine Kursstatistik/ Meinungsumfrage: Was glauben die meisten? Dann schreiben die TN ein kurzes Gespräch über die erste Reaktion der beiden. Anschließend spielen sie ihr Gespräch vor. Stellen Sie dazu drei Tische so auf, dass sich ein kleiner Raum ergibt, der den Aufzug darstellt. Zusätzlich können die TN auch Gespräche mit den Persönlichkeiten aus 1b spielen. Um die Spontaneität der TN zu trainieren, kann, wer mag, ohne Vorbereitung sprechen und spielen. (Sprach-)Fehler sind erlaubt!	Tische	
3	PL, PA	Erklären Sie die Wörter *kalt, Klimaanlage, Jacke, Licht*. Die TN hören dann das Gespräch so oft wie nötig und kreuzen an. Anschließend Kontrolle. *Lösung:* a rufen Hilfe; b Nur die Aufzugfirma; c in einer halben Stunde; d die Klimaanlage, das Licht und die Musik Sprechen Sie mit den TN über das Foto und fragen Sie: *Warum trägt die Frau die Jacke des Mannes?* Die beiden Personen müssen auf die Aufzugfirma warten. Was tun sie in der Zwischenzeit? Die TN schreiben zu zweit ein Gespräch und spielen es anschließend im Plenum vor. Bringen Sie dazu einige Requisiten wie Jacke, Handtasche, Handy, Schokolade oder Ähnliches, was man bei sich haben könnte, mit in den Kurs. Präsentieren Sie die Sachen auf einem Tisch, so dienen sie den TN als Anregung. TN, die kein Rollenspiel machen möchten, können alternativ beschreiben, was die beiden im Aufzug tun.	CD 3.16, Requisiten (Jacke, Handtasche, Handy, Schokolade ...)	

UNTERRICHTSPLAN LEKTION 16

		Fragen Sie die TN nach eigenen Erfahrungen mit nicht funktionierenden Aufzügen: *Sind Sie schon einmal im Aufzug stecken geblieben? Was haben Sie gemacht? Wie haben Sie reagiert?* In sprachhomogenen Kursen kann das Gespräch in der gemeinsamen Sprache erfolgen.		
4	PL	a Die TN hören das Gespräch noch einmal so oft wie nötig und markieren, welche Sätze sie hören. Anschließend Kontrolle. Fragen Sie auch, wer was sagt. *Lösung:* Was kann ich für Sie tun? – Ich komme sofort. – Ich kann das nicht selbst reparieren. Tut mir leid, das kann wohl nur die Aufzugfirma machen. – Eine Bitte noch: Können Sie die Klimaanlage ausmachen? Es ist sehr kalt hier.	CD 3.16	
	EA, PL	b Die TN übertragen die Tabelle ins Heft und ordnen die Sätze aus a zu. Anschließend gemeinsame Kontrolle. *Lösung:* <u>um Hilfe bitten:</u> Wir haben ein Problem hier: Der Aufzug steckt fest. – Wir brauchen Ihre Hilfe. Der Fernseher ist kaputt. – Entschuldigung, können Sie mir helfen? – Eine Bitte noch: Können Sie die Klimaanlage ausmachen? Es ist sehr kalt hier. <u>Hilfe anbieten / auf Bitten reagieren:</u> Was kann ich für Sie tun? – Ich kümmere mich sofort darum. – Ich komme sofort. – Kann ich Ihnen helfen? Verteilen Sie die Kopiervorlage. Die TN ordnen die Personen zu. Sie schneiden die Sätze aus und legen sie zu einem Dialog. Anschließend Kontrolle. *Lösung zur Kopiervorlage:* (H) Hallo. Was kann ich für Sie tun? (G) Entschuldigen Sie, mein Zimmer ist ganz kalt. Die Heizung funktioniert nicht. (H) Das tut mir leid. Ich komme sofort. (H) Darf ich hereinkommen? Ich möchte nach der Heizung sehen. (G) Ja, natürlich. Kommen Sie herein. (H) Oje, ich kann das leider nicht selbst machen. Das kann nur die Heizungsfirma reparieren. (G) Wie lange dauert das? Es ist wirklich sehr kalt. (H) Ich weiß es nicht. Aber ich sage Ihnen sofort Bescheid. Kann ich sonst noch etwas für Sie tun? (G) Nein. Oder doch, eine Bitte noch: Bringen Sie mir einen Tee, sehr heiß, bitte. (H) Natürlich, gern. Ergänzend schreiben die TN eine E-Mail an eine Freundin / einen Freund über den Vorfall, als sei er ihnen selbst passiert, und erfinden ein Ende.	KV L16|4b, Scheren	

43

5	EA	a Moodle-Tipp: Forum „Koffer packen": Hier bietet sich eine Wortschatzübung zum Thema Hotel an. Die TN schreiben je einen Gegenstand ins Forum, den sie auf Reisen auf jeden Fall mitnehmen. Im nächsten Präsenzunterricht können Sie dann das Spiel „Koffer packen" spielen. Die TN müssen die Wörter benutzen, die im Forum vorkommen.		
		Jeder TN macht mithilfe des Bildlexikons eine Liste mit fünf Dingen, die ihm im Hotel nicht so wichtig sind.		
	EA	b Die TN vergleichen in Partnerarbeit. Alternativ gehen die TN herum und suchen die Person, mit der sie die meisten Übereinstimmungen haben (*Ein Telefon im Zimmer finde ich nicht so wichtig. – Ich auch nicht. / Ich schon.*).	KV L16|5b, Münzen oder Streichhölzer	
		Ergänzend schreiben die TN eine E-Mail an einen Freund, der ein Hotel für ein gemeinsames Wochenende in Koblenz buchen will. Sie sollen schreiben, worauf der Freund bei dem Hotel achten soll bzw. was nicht so wichtig ist. Wer will, kann ein entsprechendes Hotel im Internet suchen und es im Kurs präsentieren.		
		Tipp: Zur Vertiefung der korrekten Artikel und Pluralformen des Lernwortschatzes spielen die TN „Lebendes Domino". Schreiben Sie jedes Wort aus dem Bildlexikon auf je einen großen Zettel, außerdem so viele der Wörter im Plural, dass jeder TN einen Wortzettel erhält. Dann schreiben Sie zu jedem Wortzettel einen Artikelzettel (Sie markieren den Pluralartikel *die* (Plural) durch Unterstreichung). Jeder TN erhält nun einen Wortzettel und einen Zettel mit einem beliebigen Artikel. Die TN befestigen sich das Wort mit Klebestreifen auf dem Rücken, der Artikel klebt auf dem Bauch. Auf Ihr Zeichen hin stellen sich die TN so Bauch an Rücken auf, dass zu jedem Bauchartikel ein passendes Rückenwort kommt. Zur Kontrolle sagen die TN der Reihe nach ihr Wort mit Artikel. Dieses Spiel kann für jedes beliebige Wortfeld und auch später zur Wiederholung eingesetzt werden. Je öfter die Artikel wiederholt werden, desto besser schleifen sie sich ein. Außerdem fördert das Bewegungsspiel die Merkfähigkeit.		
		Extra: Zur Vertiefung des Wortschatzes verteilen Sie an jeden TN einen Satz Bildkärtchen der Kopiervorlage und spielen Sie das „Bildlexikon-Drei-Gewinnt". Die TN suchen sich neun Kärtchen aus und legen sie zu einem Quadrat aus drei mal drei Kärtchen zusammen. Jeder TN sollte sieben bis acht Münzen (aus dem eigenen Portemonnaie) oder Streichhölzer zur Verfügung haben. Lesen Sie die Geschichte möglichst authentisch vor. Jedes Mal, wenn die TN ein Wort aus dem Bildlexikon hören, legen sie eine Münze oder ein Streichholz auf das passende Bild. Wer zuerst drei in einer Reihe oder in der Diagonale hat, ruft *Stopp* und hat das Spiel gewonnen.		

UNTERRICHTSPLAN LEKTION 16

6	PA, PL, (GA, EA)	Fragen Sie die TN, welche Probleme es in Hotels geben kann. Halten Sie diese an der Tafel fest. Greifen Sie das bekannte Problem *Der Aufzug funktioniert nicht* heraus und fragen Sie zur Wiederholung auch noch einmal, wie der Hotelangestellte reagieren kann. Notieren Sie die Antwortmöglichkeiten in Stichworten neben dem Problem.
		Zusätzlich können die TN darüber sprechen, welche Probleme sie schon einmal in Hotels / auf Reisen hatten. Das kann auch in Kleingruppen geschehen oder die TN schreiben einen kurzen Text darüber.
		Moodle-Tipps: Wiki „Probleme im Hotel": Die TN sammeln hier Probleme, die jeder Hotelgast haben könnte. Hinter das Problem müssen die TN ihren Namen schreiben, da diese Aufgabe mit der nächsten Forumsaufgabe verlinkt ist. Beteiligen Sie sich mit einem Beispiel. Forum „Probleme im Hotel": Die TN wählen aus dem Wiki ein Problem aus und schreiben in den Betreff die Nummer des Problems aus dem Wiki. Im Forum sprechen sie die Person an, die dieses Problem notiert hat, z. B.: *Sangeta: Entschuldigen Sie, die Klimaanlage funktioniert nicht. Können Sie einen Techniker schicken?* Die angesprochene Person antwortet. Korrigieren Sie keine Fehler. Sie können im Nachrichtenforum ein zusammenhängendes Feedback zu den häufigsten Fehlern schreiben.
		Die TN schlagen die Aktionsseite auf und wählen zu zweit eine Situation. Sie spielen ihr Gespräch. Die TN wechseln die Partnerin / den Partner und spielen neue Gespräche, dabei können auch die gemeinsam gesammelten „Probleme" gewählt werden. Ungeübtere TN schreiben das Gespräch zunächst auf, bevor sie es durchspielen.
7	EA	a Erklären Sie den TN die Bedeutung von *absagen/verschieben* und *vereinbaren*. Weisen Sie darauf hin, dass *absagen* ein trennbares Verb ist. Die TN überfliegen die E-Mails und ordnen sie den Themen zu. Anschließend Kontrolle.
		Lesestrategie: Oft ist es schwierig, die TN dazu zu bringen, einen Text wirklich nur zu überfliegen. Gerade in der Fremdsprache lesen viele sofort gründlich, aus Angst, sonst nicht alles oder nicht genau genug zu verstehen. Um das Überfliegen zu trainieren und den TN zu zeigen, dass sie dabei auch in der Fremdsprache genug verstehen, kopieren Sie die Texte aus dem Buch so, dass Sie sie leicht ausschneiden können. Sie brauchen alle drei Texte für jeden TN. Zusätzlich hängen Sie an die linke Wand ein Plakat mit *Termine absagen/verschieben* und rechts *Termin vereinbaren*. Die TN stehen im Kreis. Verteilen Sie an jeden TN den ersten Text. Erst auf Ihr Kommando dürfen die TN lesen. Nach einer halben Minute rufen Sie *Stopp*. Die TN legen die Texte weg und gehen nach links oder rechts, je nachdem, was sie für das Thema des Textes halten. Besprechen Sie dann mit den TN, warum sie sich so entschieden haben, und klären Sie, was die Schlüsselwörter waren. Verfahren Sie mit den anderen Texten ebenso.
		Lösung: Termine absagen/verschieben: C; Termin vereinbaren: B

EA	b Die TN lesen die E-Mails noch einmal und korrigieren die Sätze. Ungeübte TN markieren, wo sie die entsprechenden Informationen in den E-Mails finden. Anschließend Kontrolle.	
	Tipp: Eine gute Übung zwischendurch ist es für die TN, wenn sie etwas abschreiben. Hier bietet es sich an, die korrigierten Sätze komplett ins Heft zu schreiben.	
	Lösung: richtig: A 2 am Wochenende; B 1 geht nicht zu Massimo; 2 essen gehen; C 1 Gina Wallner; 2 nicht pünktlich	
	Erklären Sie, dass *Bescheid sagen* so viel wie *informieren* bedeutet.	
EA/ PA, PL, GA	c Die TN markieren zunächst nur die bekannten temporalen Präpositionen, das sind *am, um, von … bis.* Sie machen zur Wiederholung einige Beispiele mit diesen Präpositionen. Alternativ oder zusätzlich schreiben sie zu zweit einige Fragen und Antworten, z. B. *Wann gehst du wieder zum Deutschkurs? – Am Dienstag um 9 Uhr.*	Grammatikkästen (Folie/ IWB), Jahreskalender, KV L16|7c
	Die TN markieren *in, für, nach, vor* in den E-Mails und ergänzen die Grammatikkästen. Anschließend Kontrolle.	
	Lösung: in *einer* Stunde; vor *dem* Kurs; nach *der* Uni; für *eine* Woche	
	Zeigen Sie die Grammatikkästen (Folie/IWB) und erklären Sie, dass temporales *in* für einen bestimmten Zeitpunkt in der Zukunft gebraucht wird. *In einer halben Stunde, in einer Viertelstunde* sollten die TN sich zusätzlich merken. *Vor* und *nach* kennen die TN schon von den Uhrzeiten. Diese Präpositionen werden benutzt, um auf die Zeit vor oder nach einem bestimmten Zeitpunkt hinzuweisen. Da es sich meistens um ein bestimmtes Ereignis oder einen bestimmten Zeitpunkt handelt, nimmt man den definiten Artikel. In ihrer temporalen Funktion stehen die Präpositionen *in, vor, nach* immer mit Dativ. Temporales *für* benennt eine Zeitspanne (*Wie lange?*) und steht mit dem Akkusativ. Vielfach kann *für* weggelassen werden: *Wie lange bleibst du dort? – (Für) Eine Woche.*	
	Machen Sie mit den TN einige Beispiele, z. B. *Was machen Sie immer vor/ nach dem Kurs? In einer Woche hat Mike Geburtstag.* usw. Die TN schreiben weitere Beispiele.	
	Verteilen Sie ergänzend an die TN einen kleinen Jahreskalender. Gemeinsam tragen die TN die Geburtstage, Ferientermine, Anfang und Ende des Deutschkurses ein. Verteilen Sie dann an Kleingruppen die Kärtchen der Kopiervorlage. Die TN ziehen reihum Kärtchen und befragen sich gegenseitig (Achtung: Die Ordinalzahlen sind noch nicht bekannt, es genügt, bei Daten den Monat zu nennen: *im September, im Oktober …*). Dabei können die Kärtchen mehrfach benutzt werden. Schnelle TN ergänzen Kärtchen mit eigenen Fragen. Vielleicht gibt es noch andere wichtige Termine, die einbezogen werden können, z. B. Uni-Semester, Prüfungen, Mensa- und Caféöffnungszeiten usw.	
	Moodle-Tipp: Forum „Wann?": Die TN stellen Fragen mit „Wann?" und antworten mit den angegebenen Präpositionen. Eröffnen Sie das Forum mit einer Frage und antworten Sie auch auf eine Frage.	

UNTERRICHTSPLAN LEKTION 16

8	PA, PL	Die TN schlagen die Aktionsseite auf. Zu zweit lesen sie Carolas Kalender und ergänzen die Sätze. Anschließend Kontrolle. *Lösung:* 2 nach der, vor dem; 3 Am; 4 Vor; 5 Ab; 6 Für eine; 7 in einer Danach schreiben die Paare mithilfe des Kommunikationskastens eine E-Mail an Steffi. Geübte TN können in beiden Teilaufgaben auch allein arbeiten. Extra: Die Paare tauschen ihre E-Mail mit einem anderen Paar und schreiben eine Antwort. Dazu wählen die Paare eine der Alternativen, die Sie an der Tafel vorgeben. > 1. Sie haben an dem Tag Zeit. Aber nicht zu der Uhrzeit. Sagen Sie, warum, und schlagen Sie eine Alternative vor. > 2. Sie haben in dieser Woche keine Zeit mehr. Sagen Sie, warum, und schlagen Sie eine Alternative vor. Zusätzlich oder als Wiederholung zu einem späteren Zeitpunkt kopieren Sie den Wochenplan und tilgen die Eintragungen und die Uhrzeiten nach 22 Uhr. Kopieren Sie für jeden TN einen neutralen Wochenplan, in den die TN zunächst die eigenen Termine für diese Woche oder die nächste eintragen. Dann versuchen die TN, mit so vielen anderen TN wie möglich einen Termin für ein Treffen zu vereinbaren. Für jedes Treffen werden zwei Stunden eingetragen. Wer wird Verabredungskönig und hat die meisten Termine mit anderen TN?	Kopien des Wochenplans	
9	EA/ PA	a Fragen Sie die TN, ob sie schon einmal zu spät zu einer Einladung gekommen sind. Warum? Jeder TN schreibt dann drei Entschuldigungen. Hier darf jeder seiner Fantasie freien Lauf lassen. Alternativ können die TN auch zu zweit arbeiten.		
	EA, PL/ GA	b Die TN lesen die Beispiele und ordnen sie zu. Anschließend Kontrolle. *Lösung:* <u>Sie glauben die Entschuldigung</u>: Ach, das macht doch nichts. / Kein Problem.; <u>Sie glauben die Entschuldigung nicht</u>: Seltsam. Jetzt funktioniert deine Uhr. / dein … doch. / Ach, wirklich? Sammeln Sie mit den TN weitere mögliche Reaktionen, z. B. *Bestimmt schmeckt es jetzt auch noch.* oder *Na ja, schade, aber jetzt bist du ja hier.* In Kursen mit überwiegend lerngewohnten TN können weitere Reaktionen in Kleingruppen gesammelt werden.		

GA, PL	c Die TN spielen zu viert Gespräche nach dem Muster im Buch und bewerten jeweils die Entschuldigung. Extra: Wenn die TN Freude an der Aufgabe haben, können die besten Entschuldigungen aus der Gruppenarbeit dem Plenum vorgespielt werden. Die TN stimmen über die originellste/lustigste/… Entschuldigung ab. Setzen Sie einen Preis aus (Schokolade o.ä.). Moodle-Tipp: Forum „Vergessen": Die TN entschuldigen sich für etwas, was sie vergessen haben. Die anderen TN reagieren auf diese Entschuldigung. Korrigieren Sie keine Fehler und schreiben Sie abschließend ein Feedback zu den häufigsten Fehlern ins Nachrichtenforum. Tipp: Als kurze Wiederholung oder Stundeneinstieg zu einem späteren Zeitpunkt bietet sich ein Minutentext (siehe Tipp in Lektion 13) über die letzte Einladung zum Essen an. Was hat es zu essen gegeben? Wer war da? Was war der Anlass?	kleiner Preis (Schokolade)	

UNTERRICHTSPLAN LEKTION 17

	FORM	ABLAUF	MATERIAL	ZEIT
1	PL, PA	Die Bücher sind geschlossen. Fragen Sie die TN nach ihren Lieblingspopstars. Die TN sprechen auch darüber, wie man Popstar werden könnte (Castingshow, über ein Video im Internet usw.).	CD 3.17	
		Die TN schlagen die Bücher auf und sehen sich das Foto an. Zu zweit sprechen sie darüber, was das für Leute sind, was sie wohl gerade machen. Dann lesen sie die Aufgabe, hören das Hörbild und kreuzen die ihrer Meinung nach passende Anzeige an. Anschließend Vergleich.		
		Landeskunde: DSDS ist die Abkürzung für die Castingshow *Deutschland sucht den Superstar*, die seit 2002 nach dem Muster der britischen Sendung *Pop Idol* auf dem privaten Fernsehsender RTL läuft. (Stand 2013)		
2	GA, PL	Die TN sitzen in Kleingruppen zusammen und führen kleine Gespräche nach dem Muster im Buch. Nicht jeder möchte Popstar werden. Alternativ können die TN daher darüber sprechen, warum sich Menschen auf solche Anzeigen bewerben. Erweitern Sie bei Interesse der TN das Gespräch über Castingshows. Gibt es Formate wie DSDS in dem Land? Gucken die TN diese Formate? Wie finden sie sie? Möchten sie gern mal mitmachen?		
3	EA, PA	a Die TN überlegen, was zusammenpasst, und notieren die Ausdrücke. Anschließend Kontrolle.	ggf. Wörterbuch, KV L17|3a, Zettel	
		Lösung: 2 sich an einer Schule *anmelden*; 3 die Aufnahmeprüfung *schaffen*; 4 einen Studienplatz *bekommen*; 5 eine Berufsausbildung *abschließen*		
		In nicht sprachhomogenen Kursen können TN zusammenarbeiten, die die gleiche Sprache sprechen. Mithilfe des Wörterbuchs klären sie die Bedeutung der Ausdrücke. Weisen Sie darauf hin, dass *anmelden* und *abschließen* trennbar sind.		
		Verteilen Sie die Kopiervorlage. Die TN ordnen die Sätze zu. Dann suchen sie Personen aus dem Kurs zu den Tätigkeiten und notieren die Namen, zu jedem Satz einen Namen. Jeder TN darf einem anderen TN nur eine Frage stellen, dann muss eine neue Partnerin / ein neuer Partner gesucht werden.		
		Lösung zur Kopiervorlage: a gelesen; b geschafft; c abgeschlossen; d angemeldet; e bekommen		
		Tipp: Nutzen Sie neue Wörter und Wendungen für die Paarbildung bei der nächsten Partnerarbeit (hier z. B. Aufgabe 6b). Schreiben Sie die Wendungen auf Kärtchen und schneiden Sie sie auseinander, hier z. B. *einen Studienplatz* auf einem Teil und *bekommen* auf dem anderen. Mischen Sie die Kärtchen und geben Sie jedem TN eins. Die, deren Kärtchen zusammengehören, arbeiten zusammen. So können neue Vokabeln quasi nebenbei geübt werden.		

EA, PL	b Die TN lesen den Textanfang und kreuzen an. Anschließend Kontrolle. *Lösung*: 1 falsch; 2 falsch; 3 falsch; 4 richtig Sprechen Sie mit den TN darüber, was man an der IPA lernen kann (Zeile 6–13). Erarbeiten Sie mit den TN konkrete Antworten zu den Fragen, z. B. *Wie verkaufe ich mich? – Ich mache eine Internetseite. Ich verschicke Beispiel-CDs.* usw.	
EA, GA, PL	c Die TN lesen die Texte von Cherry, Fabian und Lisa. Sie kreuzen an, wer was sagt. *Lösung*: Fabian: 1, 6; Cherry: 3, 5; Lisa: 2, 4 Extra: Die TN suchen sich einen Text aus und schreiben sich vier bis fünf Stichwörter heraus. Bei ungeübten TN können die Stichwörter vorgegeben werden (Cherry: Sängerin, ohne Schule, Ausbildung – Chancen, Brille; Fabian: Liedermacher, texten, Deutsch, Gitarre; Lisa: andere Schulen, Profi, 24, Geld, Angst). Dann formulieren die TN für sich mit geschlossenen Büchern anhand der Stichworte eine Zusammenfassung ihres Textes. Sie finden sich mit zwei anderen TN zusammen, sodass immer alle drei Texte vorbereitet sind. Jeder TN trägt seinen Text den anderen vor. Führen Sie ein kurzes Gespräch zu den Personen: Wen finden die TN interessant? Warum? Wer schafft nach Ansicht der TN die Aufnahmeprüfung? Was für Lieder / Worüber singen die drei wohl? Extra: Die TN suchen sich einen der Texte aus und üben, ihn flüssig zu lesen. Dabei versuchen sie, sich in die Person hineinzuversetzen und den Text mit entsprechender Betonung vorzutragen. Das Üben kann auch als Hausaufgabe gegeben werden. Geübte TN können zusätzlich einen eigenen Text über eine Fantasie-Person schreiben, z. B. über jemanden, der Heavy-Metal-Sänger werden möchte. Die TN dürfen diesen Text dann vortragen. Bitten Sie sie, entsprechende Requisiten von zu Hause mitzubringen. Moodle-Tipp: Forum „Wie wird man Superstar?": Die TN sehen sich das Video an. Ihre Meinung schreiben sie ins Forum. Korrigieren Sie keine Fehler. Schreiben Sie ein abschließendes Feedback zu den häufigsten Fehlern ins Nachrichtenforum.	

UNTERRICHTSPLAN LEKTION 17

4	EA, PL, PA	a Die TN lesen die Sätze und kreuzen die richtigen Sätze an. Anschließend Kontrolle. *Lösung: richtig: 2* Die TN unterstreichen alle Satzglieder mit *ohne* und *mit* in den Sätzen sowie in den Texten aus 3c. Sammeln Sie diese an der Tafel in zwei Spalten. Die TN ergänzen jeweils das Äquivalent in den Spalten. | ohne + Akkusativ	mit + Dativ
ohne eine Berufsausbildung	mit einer Berufsausbildung
ohne seine Gitarre	mit meiner Gitarre
ohne ihre Starbrille	mit ihrer Starbrille	 Die Präposition *mit* steht mit Dativ, *ohne* mit Akkusativ. Wiederholen Sie kurz die Possessivartikel *mein, dein, sein, ihr*. Sie haben die gleichen Endungen wie der indefinite bzw. der Negativartikel. Notieren Sie bei Bedarf alle Endungen an der Tafel oder verweisen Sie auf die Lernplakate, sofern die TN zu den Possessivartikeln welche erstellt haben. Extra: Schreiben Sie folgende Stichwörter an die Tafel: *Gitarre, Sonnenbrille, Lehrer, Angst, Berufsausbildung, Hut, Schule*. Die TN schreiben zu zweit Sätze mit *mit* und *ohne* über Cherry, Fabian und Lisa. Fragen Sie die TN, was sie unbedingt mit in eine Prüfung nehmen würden oder bei früheren Prüfungen mitgenommen haben. Führen Sie ggf. das Wort *Glücksbringer* ein. Hier bietet sich als kurze Einschleifübung eine Variante des bekannten Spiels „Kofferpacken" an: Die TN stehen im Kreis. Der erste beginnt mit einem Beispiel: *Ich gehe nie ohne mein Handy weg.* Der zweite wiederholt und fügt einen zweiten Gegenstand an: *Ich gehe nie ohne mein Handy und meinen Hund weg.* Für *mit* bietet sich der Satz *Ich gehe immer mit meinem Bleistift zur Schule*. Für eine dritte, schwierigere Variante erhält jeder TN einen Zettel, auf den er ein Pluszeichen für *mit* oder ein Minuszeichen für *ohne* malt. Die TN halten den Zettel für alle sichtbar vor sich. Sie stellen sich vor, sie würden eine gemeinsame Reise nach Berlin unternehmen. Der erste TN beginnt entsprechend seines Zettels mit *mit* oder *ohne*: *Ich fahre mit meinem Fotoapparat nach Berlin.* Der zweite setzt entsprechend seines Zettels fort: *Ich fahre mit meinem Fotoapparat, aber ohne meine Schwester nach Berlin.* Bewahren Sie die Zettel auf, sie können später zur Wiederholung eingesetzt werden.	Zettel
	EA, GA	b Die TN schlagen die Aktionsseite auf und notieren zunächst, was sie immer bzw. nie mit in den Urlaub nehmen. Dann schreiben sie einen kurzen Text dazu. Anschließend führen sie in Kleingruppen Gespräche nach dem angegebenen Muster.	Wörterbuch

		Alternativ oder zusätzlich schreiben die Gruppen Sätze über andere TN, was diese immer oder nie mitnehmen, z. B. *Cilia kommt immer mit einem Regenschirm. Klaus kommt oft ohne die Brille.* In Kursen mit geübten TN können Sie die Übung auch mit den Possessivartikeln *sein/ihr* durchführen, z. B.	
		Moodle-Tipp: Test „Studium in Deutschland": In diesem Test geht es hauptsächlich um den neu erworbenen Wortschatz. Die TN machen die Aufgabe zu Hause und erhalten ein automatisches Feedback. Überprüfen Sie, ob und mit welchem Ergebnis die TN die Aufgabe bearbeitet haben.	
5	EA, PL	Die TN lesen die Sätze und ergänzen mithilfe des Grammatikkastens *wollen* in der richtigen Form. Anschließend Kontrolle. *Lösung:* a wollen; b will; c will; d wollen Erklären Sie den TN, dass *wollen* ein Modalverb ist, wie *können* und „möchte". Es drückt einen Wunsch aus, oft in Verbindung mit einem festen Plan, einer festen Absicht: *Ich will nächstes Jahr nach Lissabon fahren.* Damit hat es stärkere (Durchsetzungs-)Kraft als „möchte" (vgl. *Ich möchte nächstes Jahr nach Lissabon fahren.*). Für Bitten ist „möchte" das freundlichere Verb: *Ich möchte noch eine Tasse Kaffee.* Modalverben haben in der ersten und dritten Person Singular keine Endung. Erinnern Sie die TN auch an die Satzklammer. Sammeln Sie an der Tafel Aktivitäten, die man am Wochenende machen kann. Die TN werfen sich einen Ball zu und erzählen kurz, was sie am Wochenende machen wollen. Für ungeübte TN können Sie ein Dialoggerüst an der Tafel vorgeben. + Ich will am Wochenende … Und du? Was willst du machen? # Am Samstag will … Verteilen Sie an jeden TN einen kleinen Zettel. Die TN notieren darauf ihren Traumberuf. Sammeln Sie die Zettel ein und mischen Sie sie. Weisen Sie die TN noch einmal speziell auf die Sätze b bis d hin. Die Formulierung … *will* … *werden* weist in die Zukunft und wird gern für Berufswünsche benutzt. Weisen Sie die TN auf den Infokasten und den Vokalwechsel von *werden* hin. Verteilen Sie die Zettel. Jeder TN spielt den Beruf auf dem Zettel pantomimisch vor. Die anderen raten: *Willst du Astronaut werden?* In Kursen mit überwiegend jungen TN nehmen Sie Satz 4 zum Anlass, um über die Berufswünsche der TN zu sprechen. Wiederholen Sie ggf. schon bekannte Berufe. Noch nicht bekannte Berufe schlagen die TN im Wörterbuch nach. Moodle-Tipp: Wiki „Unsere Wünsche": Die TN sammeln ihre Wünsche im Wiki. Im nächsten Präsenzunterricht rufen Sie diese Seite auf und lassen Sie die TN die Wünsche versprachlichen, z. B.: *Sowmya will eine Weltreise machen. Was will Hasan machen?*	Ball, kleine Zettel, Wörterbuch

UNTERRICHTSPLAN LEKTION 17

6	GA, EA, (PA), PL	a Extra: Die TN sehen sich in Kleingruppen das Bildlexikon an. Zu jeder Aktivität suchen sie eine Person aus dem Kurs, von der sie glauben, dass sie das machen möchte oder später einmal macht. Die Kleingruppen schreiben entsprechende Sätze auf Plakate sowie eine kurze Begründung: *Claudio hat später bestimmt eine große Familie. Er liebt Kinder. Lin wird Politikerin. Sie redet so gern.* Hängen Sie die Plakate auf. Die TN gehen mit einem Stift herum und markieren die Sätze über sich mit dem Pluszeichen, wenn sie stimmen, mit dem Minuszeichen, wenn sie nicht richtig sind.	KV L17|6a	
		Die TN lesen die Aufgabe im Buch und notieren die Angaben über sich. Danach erzählen sie in Kleingruppen. Die TN können auch Personen suchen, mit denen sie die meisten Übereinstimmungen haben. Alternativ arbeiten sie mit der Kopiervorlage und machen ein Partnerinterview.		
		Nach dem Partnerinterview können die TN zusätzlich das freie Sprechen vor der Gruppe üben. Stellen Sie im Kursraum drei Stühle nebeneinander auf. Befestigen Sie an der Lehne des ersten Stuhls einen Zettel mit *unbedingt noch*, am zweiten Stuhl *vielleicht* und am dritten *auf keinen Fall*. Ein TN nimmt auf einem Stuhl Platz, z. B. auf *unbedingt noch*, und erzählt, was er unbedingt noch machen möchte.		
	EA, GA, PA	b Die TN schlagen die Aktionsseite auf und füllen das Raster für sich aus, Hilfe finden sie auch im Wörterbuch. Für schnelle TN können Sie die Themen erweitern, z. B. *Welche Sportarten willst du noch machen? Wen willst du (unbedingt einmal) kennenlernen?* usw. Danach erzählen die TN in Kleingruppen über ihre Pläne. Regen Sie die TN dazu an, nachzufragen, z. B. bei Schauspielerin: *Was möchtest du dann spielen? Theater oder Film? Goethe oder einen Tatort-Kommissar?* So kommt nach und nach ein Gespräch zustande.	Wörterbuch, KV L17|6b, Spielfiguren, Münzen	
		Zur Übung und Vertiefung der bis dato bekannten Modalverben *können* und *wollen* verteilen Sie die Kopiervorlage. Die TN spielen zu zweit und einigen sich, wer A und wer B ist, dann stellen sie ihre Spielfigur auf das Startfeld. Spieler/in A wirft die Münze und zieht die Figur entsprechend ein oder zwei Felder vor. Sie/Er liest das Satzbeispiel und ergänzt das Modalverb in der richtigen Form. Ist die Form falsch, rückt sie/er zurück auf das vorherige Feld, ist sie richtig, bleibt sie/er stehen. Dann ist Spieler/in B dran. Für geübtere TN kann außerdem „möchte" ins Spiel aufgenommen werden. Die TN müssen dann entscheiden, wann besser „möchte", wann besser *wollen* passt. Erklären Sie, dass „möchte" für Bitten (*Ich möchte bitte einen Tee.*), Angebote (*Möchtest du einen Tee?*) und Wünsche (*Ich möchte nicht mehr allein sein.*) benutzt wird und freundlicher bzw. nicht so stark wie *wollen* klingt, welches mehr das Ziel oder den Plan in den Vordergrund stellt.		
		Extra: Die TN stellen sich vor, sie seien 80 Jahre alt und würden einem anderen (dann ehemaligen) TN aus dem Kurs schreiben, welche ihrer Pläne sie in ihrem Leben tatsächlich verwirklicht haben. Geben Sie den Anfang vor (Tafel/IWB): *Erinnerst du dich noch an Lektion 17 aus Menschen? Wir haben über Pläne gesprochen. Heute bin ich 80. Und so war das damals: Mit 70 bin ich auf einen Berg gestiegen. Er war nicht hoch. …* So kann wieder einmal das Perfekt in Erinnerung gerufen werden!		

		Moodle-Tipp: Forum „Was wollen Sie noch lernen?": Die TN schreiben ins Forum, was sie in ihrem Leben gern noch lernen wollen. Eröffnen Sie das Forum mit einem Beispiel und gehen Sie auch auf die Kommentare der TN ein. Ermuntern Sie die TN, mitzumachen. Korrigieren Sie keine Fehler. Abschließend können Sie ein zusammenfassendes Feedback ins Nachrichtenforum schreiben.		
7	EA	a Die TN lesen die Gedichte zunächst still. Geben Sie ihnen Zeit, ein Gedicht auszuwählen und dieses Gedicht zu üben, sodass sie es richtig gut vortragen können. Text und Sprachmelodie/Ausdruck sollten sich dabei gegenseitig stützen. Anschließend lesen die TN die Anleitung. Hinweis: In der dritten Zeile können auch drei Wörter stehen (in der Schule), aber dann darf in der letzten Zeile nur ein Wort stehen.		
	PL, EA	b Schreiben Sie in Kursen mit überwiegend lernungewohnten TN zunächst ein Gedicht mit den TN zusammen. Das Thema Lernen bietet sich an. Die TN schreiben eigene Gedichte und gestalten die Zettel mit Buntstiften, Fotos usw. Wer mag, darf sein Gedicht vortragen. Hängen Sie die Gedichte auf. Alternativ können die TN einen Kalender mit ihren Gedichten und ggf. Fotos erstellen, der dann für alle kopiert wird. Das geht mit Word (Seitengestaltung) und Excel (Kalenderdaten) oder Freeware-Programmen im Internet. Tipp: Nutzen Sie Texte der TN oder auch Texte aus dem Buch, um das monologische Sprechen zu üben. Die TN sollten vorab die Gelegenheit haben, die Texte vorzubereiten, indem sie Sprachmelodie, Pausen usw. trainieren. Erst danach wird vorgetragen. Vielleicht lernen die TN ihre Texte auch auswendig, um sie richtig authentisch vorzutragen. Moodle-Tipp: Datenbank „Kreatives Schreiben": Die TN schreiben ein Gedicht nach dem Muster im Buch. Die Aktivitäten aus Zeile 1 können sie auch dem Forum oder Wiki entnehmen. Sie schreiben das Gedicht in eine Datei und laden ihre Ergebnisse in der Datenbank hoch. Dort lesen sie auch die Gedichte der anderen. Tipp: Als kurze Wiederholung oder Stundeneinstieg zu einem späteren Zeitpunkt bietet sich ein Minutentext (siehe Tipp in Lektion 13) mit dem Titel *Ein Tag in meinem Leben als Popstar* an. Der Text kann wiederum Grundlage sein zu einem Mini-Vortrag, den die TN nach dem Schreiben vorbereiten und dann im Plenum oder Kleingruppen vortragen.	Buntstifte, alte Zeitschriften, Fotos	

UNTERRICHTSPLAN LEKTION 18

	FORM	ABLAUF	MATERIAL	ZEIT
1	PA, PL	a Die TN sehen sich zu zweit das Foto an und beschreiben, was sie sehen. Unbekannte Wörter schlagen sie im Wörterbuch nach. Alternativ zeigen Sie das Foto (Folie/IWB) und erarbeiten Sie mit den TN gemeinsam den Wortschatz, indem Sie die Dinge im Foto markieren und die Vokabeln eintragen (*Korb*, *Harke* usw.). Anschließend beschreiben die TN zu zweit in ganzen Sätzen das Foto. Dazu können Sie die Fragen *Wer?*, *Was?*, *Wann?*, *Wo?* vorgeben. Extra: Die TN decken Aufgabe b ab. Zu zweit schreiben sie ein kurzes Gespräch zu dem Foto. Anschließend können einige vorgespielt werden.	Wörterbuch, Foto der Aufgabe (Folie/IWB)	
	PL	b Erklären Sie die Begriffe *krank* und *Kopfschmerzen*. Dann hören die TN das Gespräch und kreuzen an. Anschließend Kontrolle. *Lösung:* richtig: 2 Die TN spekulieren darüber, wohin Schwester Angelika mit Frau Brehm geht und was sie dort machen.	CD 3.18	
2	GA, PL, (PA)	a Extra: Um das Vokabular aus dem Bildlexikon zu üben, erhalten die TN zu dritt einen Satz des Gesundheits-Memo-Spiels der Kopiervorlage und spielen nach den bekannten Regeln. Es passen je eine Text- und eine Bildkarte zusammen. Zur Vereinfachung des Spiels können die Textkärtchen hinten mit einem Kreuz markiert werden. Lerngewohnte TN können nach einigen Runden auch eigene Beispielsätze zu den neuen Wörtern schreiben. Später lesen sie die Sätze im Plenum vor und ersetzen den gesuchten Begriff durch Klatschen. Die anderen raten das Wort oder notieren es. Anschließend Kontrolle. Die TN beschreiben mithilfe des Bildlexikons die Fotos. Weisen Sie die TN darauf hin, dass die Personen auf dem rechten Bild nicht in einer Apotheke stehen, sondern in einem Laden, in dem Kräuter und Tinkturen verkauft werden, hier Klosterladen, der von Nonnen betrieben wird. Sprechen Sie bei Bedarf mit den TN darüber, warum Frau Brehm lieber in den Klosterladen statt zur Apotheke geht (*Sie probiert zuerst Kräuter. Tabletten nimmt sie nicht so gern.* usw.). Die TN hören die zwei Gespräche und ordnen die Fotos zu. Anschließend Kontrolle. Geübtere TN wählen alternativ vor dem Hören ein Foto aus und schreiben zu zweit ein Gespräch. Erst dann hören sie die Gespräche und vergleichen mit ihrem Gespräch. *Lösung:* links: Gespräch 2; rechts: Gespräch 1	KV L18|2a, CD 3.19–20	
	PL	b Die TN hören die Gespräche so oft wie nötig und kreuzen an. Anschließend Kontrolle. *Lösung:* 1 keine; 2 nicht sehr; 3 gar nicht; 4 immer noch; 5 nicht mehr; 6 bleibt im Bett.		

Lenken Sie die Aufmerksamkeit der TN auf Satz 4 und 5. Fragen Sie nach dem Unterschied von *nicht mehr* und *immer noch*. Erklären Sie ihn ggf. (*nicht mehr: Das Fieber ist weg/vorbei, also nicht mehr da; immer noch: Ich habe seit zwei Tagen Fieber und jetzt auch. Es ist nicht weg/vorbei. Es ist immer noch da.*).

Schreiben Sie *Herr Brehm ist krank.* an die Tafel. Die TN lesen noch einmal die Sätze aus Aufgabe 1b und 2b und suchen nach Alternativen für die Formulierung *ist krank*. Ergänzen Sie sie an der Tafel und streichen Sie die entbehrlichen Satzteile, da es hier nur um die Formulierungen für *krank sein* geht.

> Herr Brehm ist krank.
> Herr Brehm hat ~~seit zwei Tagen~~ Kopfschmerzen.
> Herr Brehm hat ~~keine~~ Schmerzen in den Armen und Beinen.
> Sein Kopf tut ~~immer noch~~ weh.

3 EA, PL, GA

a Die TN ergänzen zunächst nur die linke Spalte.

Lösung: Trinken Sie viel! Gehen Sie zum Arzt!

Erklären Sie den TN, dass es sich hier um Ratschläge handelt. Der Imperativ wird auch für Aufforderungen benutzt, wie die TN sie aus dem Unterricht kennen, z. B. *Ergänzen Sie*. Weisen Sie die TN auf den Grammatikkasten hin und fragen Sie, woher die TN diese Satzstruktur (Verb auf Position 1) bereits kennen. Schreiben Sie dann zum Vergleich einen Imperativsatz und den gleichen Satz als Frage an die Tafel. Sprechen Sie den TN beide Sätze mit deutlicher Satzmelodie vor. Markieren Sie die Satzmelodie.

> Geben Sie ihm diesen Tee! ↘
> Geben Sie ihm diesen Tee? ↗

Schreiben Sie die anderen Beispiele aus dem Buch sowohl als Aufforderung als auch als Frage an die Tafel. Fragen Sie nach der Satzmelodie und markieren Sie sie. Zeigen Sie dann auf einen beliebigen Satz und lassen die TN die Sätze vorlesen, ggf. auch kontrastiv als Aufforderung und als Frage. Erklären Sie den TN, dass *doch* den Ratschlag verstärkt.

Zusätzlich können Sie Kärtchen mit Fragen und Aufforderungen vorbereiten. Präsentieren Sie einem TN ein Kärtchen. Er liest die Aufforderung bzw. Frage. Die anderen hören zu und überlegen, ob es eine Frage oder eine Aufforderung war. So verbessern die TN ihre Intonation, denn sie bekommen sofort eine Rückmeldung dazu.

Nun versuchen die TN zunächst allein, die rechte Spalte auszufüllen. Anschließend Kontrolle.

Lösung: … viel trinken. … soll zum Arzt gehen.

UNTERRICHTSPLAN LEKTION 18

	Dann sehen sich die TN das erste Beispiel der rechten Spalte an. Erinnern Sie die TN daran, dass Frau Brehm mit Schwester Angelika gesprochen hat und nun bei ihrem Mann zu Hause ist. Sie wiederholt („referiert") den Ratschlag von Schwester Angelika. Mit dem Modalverb *sollen* wird also ein indirekter Ratschlag gegeben. Weisen Sie die TN auf den Grammatikkasten hin. Wie alle Modalverben hat *sollen* in der ersten und dritten Person Singular keine Personalendung. Erinnern Sie die TN auch an die Satzklammer bei Modalverben.		
	Extra: Die TN sammeln typische Aufforderungen aus dem Deutschkurs: *Hören Sie das Gespräch!*, *Schlagen Sie die Bücher auf!* usw. an der Tafel. Dann erfinden Sie einen Teilnehmer „Karim Hörtniezu", der nie hört, was die Kursleiterin / der Kursleiter sagt. Immer muss ein TN es für Karim wiederholen. Zeigen Sie auf eine Aufforderung an der Tafel. Ein TN wiederholt sie mit *sollen* für Karim: *Wir sollen das Gespräch hören!*		
	Zusätzlich oder alternativ versuchen die TN in Kleingruppen, ihre Mitspieler ohne Worte, nur durch Gesten oder Zeigen, zu etwas aufzufordern. Die anderen raten, was sie tun sollen: *Aha, wir sollen nach draußen gehen.*		
	Moodle-Tipp: Wiki „Rat geben": Jeder TN schreibt ein Problem in das Wiki. Die anderen TN schreiben einen passenden Rat daneben und geben auch ihren Namen an. Der Name ist für die darauffolgende Übung im Forum „Was soll ich tun?" wichtig.		
EA/ PA, PL	b Die TN schlagen die Aktionsseite auf und lesen die Beiträge im Gesundheits-Forum. Mithilfe des Bildlexikons schreiben sie zu jedem Beitrag zwei Ratschläge.		
	Alternativ oder zusätzlich sammeln die TN kleine gesundheitliche Probleme und Tipps dazu (Tafel/IWB), es können natürlich auch mehrere verschiedene Tipps sein. Dann sammeln sie Familienangehörige, wie *meine Mutter*, *ich*, *meine Kinder* usw. Nach diesen Vorbereitungen machen die TN kleine Dialoge mit wechselnden Partnern.		
		direkt:	indirekt:
		---	---
		• Ich bin oft krank. Ich habe oft Kopfschmerzen.	• Meine Mutter ist oft krank. Sie hat oft Kopfschmerzen.
		• Oh, das tut mir leid. Nehmen Sie doch Tabletten.	• Oh, das tut mir leid. Sie soll Tabletten nehmen.
		• Das finde ich nicht gut.	• Das will sie nicht.
		• Hm, dann gehen Sie viel spazieren.	• Hm, dann soll sie viel spazieren gehen.		
	Moodle-Tipp: Forum „Was soll ich tun?": Die TN schreiben ihr Problem ins Forum und fragen, was sie tun sollen. Die anderen TN kommentieren. Beteiligen Sie sich auch an der Aktivität. Korrigieren Sie hier noch keine Fehler. Thematisieren Sie die Fehler entweder im nächsten Präsenzunterricht oder schreiben Sie ein zusammenhängendes Feedback im Nachrichtenforum.		

4	EA, PL, GA	Die TN sehen sich die Zeichnung an und ordnen mithilfe des Wörterbuchs die Körperteile zu. Anschließend Kontrolle, geben Sie dabei auch die Pluralformen an oder lassen Sie diese von den TN direkt mit aus dem Wörterbuch herausschreiben.	Wörterbuch, KV L18|4	

Lösung: 2 Auge; 3 Nase; 4 Mund; 5 Zahn; 6 Arm; 7 Hand; 8 Finger; 9 Bein; 10 Knie; 11 Fuß; 12 Ohr; 13 Hals; 14 Brust; 15 Bauch; 16 Rücken

Um das neue Vokabular zu festigen, bilden die TN einen Kreis. Nennen Sie ein Körperteil, z. B. *das Bein*, die TN fassen sich mit der Hand an das Bein usw. Haben die TN etwas Sicherheit gewonnen, beginnt ein neues Spiel. Sie fassen sich an den Kopf und sagen: *Mein Arm tut weh.* Der TN rechts von Ihnen muss sich nun an den Arm fassen, aber zugleich ein neues Körperteil nennen, das ihm wehtut, z. B. *Meine Brust tut weh.* Der nächste fasst sich an die Brust usw.

Alternativ können Sie auch einen Sprechgesang einstudieren. Die TN klatschen einen Rhythmus oder trommeln mit den Fingern. Sie beginnen: *Ich habe Schmerzen im Bein, oh Mann.*, dabei fassen Sie an Ihr Bein. Die ganze Gruppe antwortet und zeigt auf Ihr Bein: *Hey, was sagst du? Dein Bein tut weh?* Sie antworten: *Ja, mein Bein tut weh, so weh. Uh!* Dann beginnt ein anderer TN: *Ich habe Schmerzen im …* usw.

Extra: Um auch die Possessivartikel *sein* und *ihr* zu wiederholen, präsentieren Sie die beiden Personen der Kopiervorlage (Folie/IWB). Jeder TN erhält ein Kärtchen mit einem Körperteil. Die TN gehen herum, zeigen sich das Kärtchen und sagen: *Das ist ihr Kopf.* oder *Ich sehe hier seinen Kopf.* Dann tauschen sie die Kärtchen und suchen eine neue Partnerin / einen neuen Partner. Diese Übung kann auch sehr gut als Wiederholung der Körperteile zu einem späteren Zeitpunkt gemacht werden.

Für geübte oder schon etwas fortgeschrittenere Kurse bietet sich zusätzlich diese Wortschatzübung an: Die TN sammeln in Kleingruppen zu jedem Körperteil passende Verben (*Was macht man mit diesem Körperteil?*). Das ist auch als Wettspiel möglich, indem Sie ein Körperteil vorgeben und die TN eine Minute lang passende Verben notieren. Wer findet die meisten? Insbesondere bei *Hand* oder *Füße* sind die TN erfahrungsgemäß sehr einfallsreich.

Moodle-Tipp: Forum „Körperteile-Quiz": Die TN schreiben eine Aktivität ins Forum, die sie mit einem Körperteil ausüben (z. B.: *riechen*), die anderen TN sagen, welches Körperteil dazu gebraucht wird. Korrigieren Sie keine Fehler. Schreiben Sie ein zusammenhängendes Feedback ins Nachrichtenforum oder besprechen Sie häufige Fehler im nächsten Präsenzunterricht.

UNTERRICHTSPLAN LEKTION 18

5	PL, EA	**a** Die TN sehen sich den Text an. Sprechen Sie mit den TN darüber, was das für ein Text ist und wo man solche Texte findet. Erklären Sie, dass *heilen gesund werden* bedeutet, und zeigen Sie Fotos von Salbei und Baldrian. Dann lesen die TN den Ratgebertext und beantworten die Fragen. Anschließend Kontrolle. *Lösung:* 2 Salbei; 3 das Buch „Heilen mit der Natur" lesen Die TN berichten, ob sie wie Frau Brehm bei Schwester Angelika Rat suchen würden.	Fotos von Salbei und Baldrian
	GA	**b** Die TN erzählen in Kleingruppen nach dem Muster im Buch, was sie machen, wenn es ihnen nicht gut geht. TN, die nicht über gesundheitliche Beschwerden reden möchten, können stattdessen über Stress und/oder Wellness sprechen. Führen Sie bei Bedarf weiteren Wortschatz ein: *Aerobic, Yoga (machen), eine Massage bekommen ...* Alternativ verteilen Sie die Kopiervorlage an Kleingruppen. Jede Gruppe erhält einen Satz Karten. Drei Kärtchen können die TN mit eigenen Beschwerden beschriften oder mit einer Zeichnung versehen. Die erste Karte wird aufgedeckt. Ein TN erzählt anhand des Bild- oder Wortimpulses, was er tut, und fragt den nächsten usw., bis alle dran waren. Dann wird die nächste Karte aufgedeckt und ein anderer TN beginnt. Zusätzlich können die TN in Kleingruppen kurze Ratgebertexte wie im Buch schreiben, sie am Computer zu Hause gestalten und im Kursraum für alle aufhängen oder eine kleine Gesundheitsbroschüre gestalten. Mögliche andere Themen sind: *Was tun zur Entspannung?*, *Fit im Alltag* oder *Richtig essen*. Moodle-Tipps: Wiki „Gesund essen": Die TN sehen sich das Video an und schreiben ins Wiki, welche Lebensmittel gesund sind und welche ungesund. Diese Aufgabe ist für die nächste Aktivität, die Textproduktion „Was tun Sie für Ihre Gesundheit?", wichtig: Die TN schreiben einen Text über ihre Ernährung und darüber, ob sie Sport machen. Sie schicken Ihnen ihren Text zu. Korrigieren Sie die Texte und schicken Sie sie an die TN zurück.	KV L18|5b
6	GA	Die TN schlagen die Aktionsseite auf. Zu dritt ergänzen sie den Fragenkatalog. Dabei sollte sich jeder in der Gruppe die Fragen notieren. Dann sucht sich jeder TN einen TN aus einer anderen Gruppe, befragt ihn und notiert die Antworten. Anschließend finden sich die TN wieder in ihren ursprünglichen Gruppen zusammen und berichten über ihre Interviewpartner. Alternativ berichten die TN im Plenum und die anderen TN raten, um wen es sich hier handelt. Wer die meisten Punkte bekommt, gewinnt einen Kräutertee. Die TN könnten auch eine Kursstatistik erstellen mit den beliebtesten Methoden für einen gesunden Lebensstil.	ggf. Kräutertee als Preis

		Tipp: Zur Wiederholung kopieren Sie die Bilder aus dem Bildlexikon für jede Kleingruppe einmal. Die TN sitzen zu viert zusammen. Die Bilder werden verdeckt auf dem Tisch ausgelegt. Der erste TN deckt drei Kärtchen auf und erzählt eine Geschichte, in der diese drei Wörter vorkommen müssen. Das Geschichtenerzählen anhand von Lernwortschatz funktioniert natürlich auch mit anderen Wortfeldern gut, z. B. auch mit dem Bildlexikon von Lektion 16 und 17 oder auch Lektion 19 und 20. Möglich ist auch, die Bilder mehrerer Lektionen zu mischen. Diese Übungsform eignet sich gut als Stundeneinstieg zum Warmwerden oder als Auflockerung zwischendurch.		
7	PL, GA	a Wiederholen Sie mit den TN Adjektive, mit denen man Personen oder bestimmte Körperteile beschreiben kann, wie *groß, klein, dick, dünn, rund, eckig, senkrecht, waagerecht, lang, kurz, modern*. Die TN arbeiten zu dritt. Ein TN malt eine Fantasiefigur, welche die anderen beiden TN nicht sehen. Während er malt, beschreibt er, was und wie er es malt (*groß, klein, dick* usw.). Die zwei anderen TN fertigen nach dem, was sie hören, jeweils eine eigene Zeichnung an.	Papier, Stifte	
	GA	b Sammeln Sie die Zeichnungen ein und nummerieren Sie sie gut sichtbar. Dann mischen Sie die Zeichnungen aller Gruppen zusammen und hängen sie auf. Die Dreiergruppen aus a sehen sich die Bilder zusammen an und versuchen, jeweils die drei Bilder herauszufinden, die zusammengehören. Ihre Vermutungen halten sie auf einem Zettel fest. Anschließend Kontrolle. Welche Gruppe hat die meisten Bilder, die zu einer Gruppe gehören, gefunden? Alternativ oder zusätzlich kopieren Sie die Figuren der Kopiervorlage dreimal (für eine 9er-Gruppe) oder viermal (für eine 12er-Gruppe), jeder TN erhält eine Figurenkarte. Wenn Sie mehr als 12 TN haben, sollten Sie eine weitere „Großgruppe" aufmachen, bei 16 TN z. B. zwei Achtergruppen, in der sich je zwei Zwillinge und eine Drillingsgruppe suchen. Die TN müssen durch Fragen herausfinden, wer seine Drillinge sind, d.h. wer auf seiner Karte ein Wesen mit den völlig gleichen Merkmalen hat. Dazu gehen die TN im Kursraum umher und sprechen mit wechselnden Partnern, bis sich die passenden Drillinge gefunden haben (*Meine Figur hat keine Ohren. Und deine? – Meine hat ein Ohr. – Schade, dann passen wir nicht zusammen.*). Tipp: Zur späteren Wiederholung eines Wortfelds (hier Körperteile), erstellen Sie ein Rätsel. Lesen Sie den TN Definitionen zu den Körperteilen vor, z. B. *Kein Gespräch, kein Kuss ohne den … / Sie sitzen manchmal hinter Glas – die …* Die TN notieren das jeweilige Körperteil mit Artikel im Heft. Moodle-Tipps: Glossar „Gesundheitsratgeber": Jeder TN schreibt ein Problem und dazu passende Ratschläge ins Glossar. Die TN sollten dabei auf Aufgabe 3 oder auf das Wiki „Rat geben" und das Forum „Was soll ich tun?" zurückgreifen. Test und Abstimmung „Literatur – Wiedersehen in Wien" (im allgemeinen Arbeitsbuch, nicht in *Menschen hier*): Die TN lesen zu Hause den Text im Arbeitsbuch und bearbeiten den Test als Hausaufgabe. Projizieren Sie im nächsten Präsenzunterricht die Abstimmung an die Wand und sprechen Sie kurz über die Ergebnisse.	KV L18|7b	

UNTERRICHTSPLAN MODUL-PLUS 6

Lesemagazin

	FORM	ABLAUF	MATERIAL	ZEIT
1	PL, EA	Klären Sie vorab folgende Begriffe, um das anschließende Lesen zu erleichtern: *Betriebssystem, installieren/deinstallieren, Internetseite, Software, Online-Handbuch, Sachbearbeiter, Service-Abteilung, Telefon-Hotline, Festnetz.* Führen Sie ein kurzes Einstiegsgespräch zu Software und Telefon-Hotlines: *Installieren die TN Software selbst? Wer hilft ihnen dabei? Nutzen sie Online-Handbücher oder haben sie schon einmal bei einer Telefon-Hotline angerufen?* Die TN lesen die Fragen zum Text. Beantworten Sie bei Bedarf weitere Vokabelfragen, bevor die TN den Text lesen und ankreuzen. Anschließend gemeinsame Kontrolle. *Lösung:* richtig: a, b Lesestrategie: Folgende Strategien helfen, sich einen längeren Text zu erschließen: 1. Den Text in „Lese-Häppchen" einteilen, also in überschaubare Einheiten, sodass die Aufgabe leichter zu bewältigen ist. Machen Sie klare Vorgaben (*Lesen Sie bis Zeile/Wort …*). 2. Den Text strukturieren, indem die TN für die Sinnabschnitte Überschriften finden. Das kann in sprachhomogenen Kursen in der gemeinsamen Sprache geschehen, in nicht sprachhomogenen Kursen bietet es sich an, Überschriften vor-zu-geben oder Kategorien (*Thema, Problem, Beispiel, Lösungsvorschlag …*) einzuführen, die den einzelnen Abschnitten zugeordnet werden sollen. 3. Schlüsselwörter identifizieren. Das klingt leicht, ist aber gar nicht so einfach, wenn die Sprachkenntnisse noch gering sind. Hier können Sie Hilfestellung geben, indem Sie die Richtung vorgeben (*Unterstreichen Sie alle Wörter, die damit oder damit zu tun haben …*), indem Sie die Anzahl der Schlüsselwörter begrenzen (*Unterstreichen Sie maximal x Schlüsselwörter im Text/Abschnitt.*), indem Sie Vorschläge der TN sammeln und die Schlüsselwörter gemeinsam festlegen (*Machen Sie Vorschläge. Welche Wörter sollen wir markieren?*), oder indem umgekehrt nicht Schlüsselwörter gesucht und markiert werden, sondern die TN alles durchstreichen, was Ihnen entbehrlich, nicht relevant für das Verständnis oder die Kernaussagen erscheint (insbesondere Adjektive, Füllwörter, aber auch ganze Sätze oder sogar Teilabschnitte).		
2	PL, GA	Je nach verfügbarer Zeit und Kursgröße erzählen die TN im Plenum oder in Kleingruppen über ihre Online-Einkäufe und eventuelle Probleme damit. Bei Interesse der TN kann das Thema erweitert und allgemeiner werden: Die TN berichten, ob sie gern online einkaufen und wenn ja, welche Produkte vor allem und welche nicht. Wie finden sie zu den Produkten, die sie kaufen möchten (durch Empfehlung von Freunden, durch Empfehlung in sozialen Netzwerken …)?		

Film-Stationen

	FORM	ABLAUF	MATERIAL	ZEIT
1	PL, EA	Schreiben Sie *Hausmeister* an die Tafel und fragen Sie die TN, was ein Hausmeister ist und welche Aufgaben er hat. Sammeln Sie die Vorschläge. Wenn niemand das Wort kennt, zeigen Sie direkt den Film, damit die TN einen Eindruck von diesem Beruf bekommen. Die TN lesen die Aufgabe im Buch. Sie sehen den Film (noch einmal) und ergänzen die Angaben. Tipp: Verteilen Sie die Aufgabe auf die TN: Jeder konzentriert sich auf eine Information und notiert sie für alle. So vermeiden Sie, den Film noch weitere Male zeigen zu müssen. Filme sehen macht Spaß, aber selbst der interessanteste Film läuft sich tot, wenn er zu oft gesehen wird. *Lösung:* a 48; b gelernt; c 16; d Heizung; e Fenster; f Bäume; g Montag, Freitag, 8 bis 16 Uhr, 12 bis 12.30 Uhr; h Spaß Zur Vertiefung können Sie die Kopiervorlage zu Clip 16 einsetzen. Extra: Die TN schreiben Sätze zu den Aufgaben, die sie in ihrem Beruf haben. Die Sätze werden eingesammelt, gemischt und wieder an die TN verteilt. Schreiben Sie die Berufe aller TN an die Tafel. Ein TN liest seinen Zettel vor, die TN entscheiden, zu welchem Beruf der Zettel passt.	Clip 16, KV zu Clip 16	
2	PL	Zeigen Sie die Reportage. Die TN bewerten die Wünsche. Vergleichen Sie im Kurs durch Handzeichen: Welche Wünsche sind bei den TN besonders gut angekommen, welche weniger? Die TN notieren einen eigenen Wunsch auf einem Zettel. Die Zettel werden eingesammelt und in ein Körbchen oder eine Tüte gelegt. Gehen Sie herum und lassen Sie nacheinander einen Zettel ziehen. Dieser wird vorgelesen, die anderen raten, wer den Zettel geschrieben hat. Extra: Die TN gehen in der Sprachschule herum und befragen andere TN nach ihren Wünschen. Wenn Ihr Kurs in einem deutschsprachigen Land stattfindet, können die TN auch Kollegen, Nachbarn und Freunde befragen. Die TN notieren die Wünsche der befragten Personen auf einem Plakat. Alternativ filmen sie ihre Interviewpartner mit dem Fotohandy oder einer Digitalkamera mit Videofunktion. Mini-Präsentation im Kurs. Zur Vertiefung können Sie die Kopiervorlage zu Clip 17 einsetzen.	Clip 17, Körbchen oder Tüte, Plakate, KV zu Clip 17	
3	PL	Die TN sehen den Film und ordnen beim ersten Sehen zu. Alternativ stellen sie zuerst Vermutungen an, ordnen zu und sehen dann den Film zur Überprüfung. *Lösung:* b nicht sehr schnell; c in einer Elektronikfirma hier in Wien; d am Computer; e viel Sport machen; f auch Meditation; g für mich nicht nur Sport Zur Vertiefung können Sie die Kopiervorlage zu Clip 18 einsetzen. Extra: Die TN erstellen eine Kursstatistik: Was machen die meisten TN zur Entspannung, welche Aktivitäten sind nur wenig populär?	Clip 18, KV zu Clip 18	

UNTERRICHTSPLAN MODUL-PLUS 6

Projekt Landeskunde

	FORM	ABLAUF	MATERIAL	ZEIT
1	EA, PL	Hinweis: Dieses Projekt passt zu Lektion 17. Die TN lesen den Text. Helfen Sie bei Vokabelfragen und fragen Sie, ob die TN die Tradition des Wunschbaums kennen. In manchen Kulturen (wie Indien, Japan, China und Türkei) sind sie Bestandteil alter Tradition, sodass sicherlich einige TN etwas zum Thema beitragen können. Regen Sie in nicht sprachhomogenen Kursen an, dass die TN Fotos von Wunschbäumen aus ihrem Land mitbringen.	ggf. Fotos von Wunschbäumen	
2	EA	Bitten Sie die TN, noch einmal in eigenen Worten die Wünsche des Wunschbaums in 1 zu nennen. Dann lesen die TN die Texte und ordnen die passenden Wünsche zu. Abschlusskontrolle im Plenum. *Lösung:* oben: Karriere machen!; unten: Ich will Millionär werden!		
3	EA	Bringen Sie ein möglichst großes Plakat mit. Ein TN, der gern zeichnet, soll einen Wunschbaum mit Zweigen darauf malen. Die TN notieren ihre Wünsche auf Haftnotizzetteln und kleben diese auf das Plakat.	großes Plakat, Haftnotizzettel	
4	GA, EA	Die TN sprechen zu viert über ihre Wünsche. Sie geben Tipps nach dem Muster im Buch. Extra: Die TN schreiben einen Text über ihren Wunsch / ihre Wünsche. Sie erzählen, warum und wie lange sie diesen Wunsch schon haben und wie sie planen, diesen zu verwirklichen, sofern möglich. Moodle-Tipp: Forum „Meine Träume": Die TN sammeln Wünsche, die sie realisieren wollen, wenn sie sehr viel Geld im Lotto gewinnen würden. Nehmen Sie am Forum teil und kommentieren Sie auch die Beiträge der TN. Korrigieren Sie keine Fehler. Im Nachrichtenforum können Sie abschließend ein zusammenfassendes Feedback zu häufigen Fehlern schreiben.		

Ausklang

	FORM	ABLAUF	MATERIAL	ZEIT
1	EA, PL	Die TN lesen zuerst den Informationstext über dem Lied. Stellen Sie Fragen zum Verständnis: *Wer war Doktor Eisenbarth? War er ein guter oder ein schlechter Arzt? Wie ist er im Lied beschrieben?* Wenn Sie das Lied nicht kennen, hören Sie es vor dem Unterricht an, um die richtige Intonation des Refrains zu kennen. Üben Sie dann mit den TN das Lesen und Mitsprechen/-singen des Refrains. Die TN hören das Lied und singen den Refrain mit.	CD 3.21	
2	EA, GA, PL	Die TN lesen den Liedtext und markieren alle Probleme der Patienten sowie die Ratschläge des Doktors. Fragen Sie die TN, wie sie die Ratschläge finden. Die TN finden sich in Kleingruppen zusammen und dichten eine neue Strophe. Diese kann vorgesungen werden, der ganze Kurs singt jeweils den Refrain.	CD 3.22	

UNTERRICHTSPLAN LEKTION 19

	FORM	ABLAUF	MATERIAL	ZEIT
1	PL, PA	a Sprechen Sie mit den TN über typische Themen des Smalltalks (z. B. Wetter, Bekannte, Musik usw.) und halten Sie diese in Stichworten an der Tafel fest. Fragen Sie die TN, welche Party-Themen sie persönlich gut finden. Zusätzlich kann über typische Smalltalk-Situationen gesprochen werden: *Wo? Welche Themen?* (z. B. *im Bus – Über Wetter*). Die TN sehen sich das Foto an und hören die Geräuschkulisse. Zu zweit stellen sie Vermutungen an, über welches Thema die beiden Personen sprechen. *Landeskunde:* Smalltalk-Themen sind zunächst sehr allgemein und oberflächlich. Aber: Sie können der Öffner zu einem tieferen persönlichen Gespräch sein. Trotzdem gibt es Themen, die man besser nicht ansprechen sollte. Das sind Geld, Politik, Religion und (schwere) Krankheiten. Besonders das Thema Geld ist heikel, Fragen nach dem Gehalt oder nach dem Preis von Eigentum (Haus, Auto usw.) sollte man unbedingt vermeiden.	CD 3.23	
	PA, PL	b Zu zweit einigen sich die TN auf ein Thema und schreiben ein kurzes Gespräch. Anschließend spielen sie ihr Gespräch vor. *Extra:* Sammeln Sie mit den TN Einstiegssätze zu den Themen aus a und halten Sie sie an der Tafel fest, z. B. über Bekannte sprechen: *Da ist Bea. Ich habe sie lange nicht gesehen.*		
2	PL	Die TN sehen sich das Bildlexikon an. Um die neuen Vokabeln zu üben, beschreiben freiwillige TN sich kurz selbst. Dann hören die TN das Gespräch und kreuzen an. Anschließend Kontrolle. *Lösung:* a einen Freund; b schon lange; c Sie; d lange nicht gesehen.	CD 3.24	
3	EA, PL	a Die TN ordnen zu, wer was sagt. Spielen Sie bei Bedarf das Gespräch noch einmal vor. Anschließend Kontrolle. *Lösung:* links: Frau, rechts: Mann Stellen Sie zum besseren Verständnis Zusatzfragen (*Wo war die Frau mit Walter?*). Um auch Nonverbales verständlich zu machen, stellen Sie auch dazu Fragen (*Was meinen Sie: Mögen die beiden Walter? Warum (nicht)?*) Das sollten immer offene Fragen sein, damit die TN zu längeren Beiträgen angeregt werden.	ggf. CD 3.24	
	PL, PA, GA	b Die TN hören das Gespräch so oft wie nötig und ergänzen die Tabelle. Anschließend Kontrolle. *Lösung:* war; warst; war; hatte, hatten Das Präteritum von *sein* und *haben* ist den TN in der ersten und dritten Person Singular bereits aus den Lektionen 11 und 12 bekannt. Erinnern Sie die TN daran, dass *war* und *hatte* häufig statt *ist gewesen* und *hat gehabt* benutzt wird.	CD 3.24, verschiedenfarbige Würfel, KV L19|3b	

Die TN erhalten zu zweit zwei verschiedenfarbige Würfel. Ein Würfel wird den Personalpronomen zugewiesen. Der zweite Würfel steht für Satzteile, die sie an der Tafel vorgeben. Die TN würfeln und bilden Sätze, z. B. bei einer Drei und einer Fünf: *Er war glücklich*. Die Vorgaben für den zweiten Würfel können sukzessive durch neue ersetzt werden.

```
1 = ich          1 = Kopfschmerzen
2 = du           2 = in Wien
3 = er/es/sie    3 = ein tolles Hotel
4 = wir          4 = kein Geld
5 = ihr          5 = glücklich
6 = sie/Sie      6 = in Urlaub
```

Extra: Verteilen Sie die Kärtchen der Kopiervorlage an Kleingruppen. Die Karten werden gemischt und verdeckt auf den Tisch gelegt. Ein TN zieht eine Karte und stellt die Frage, indem er die richtige Form von *hatte* oder *war* einsetzt. Die anderen TN antworten. Dann zieht ein anderer TN eine Karte usw. Regen Sie lerngewohnte TN dazu an, auch Nachfragen zu stellen, um kleine Gespräche in Gang zu bringen.

Tipp: Kärtchen mit Sprechimpulsen wie die Kopiervorlage können auf verschiedene Art und Weise eingesetzt werden:
– Kursparty: Jeder TN erhält eine Karte. Die TN gehen im Kursraum umher. Wenn Sie dazu Party-Musik spielen, können auch schüchterne TN sich ungezwungen bewegen und miteinander sprechen. Die TN suchen sich eine Partnerin / einen Partner, stellen ihre Frage und beantworten die Frage des anderen. Dann werden die Kärtchen getauscht und die TN suchen sich neue Partner.
– Kugellager: Die TN stehen sich in einem Innen- und einem Außenkreis gegenüber. Jeder TN erhält eine Karte und stellt seine Frage dem Gegenüber. Dann werden die Karten getauscht und der Außenkreis rückt eine oder mehrere Personen weiter.
– Verteilen Sie die Kopiervorlage als Arbeitsblatt. Die TN ergänzen zunächst die Fragen, dann interviewen sie andere TN, indem sie jedem TN eine Frage stellen, die Antwort auf dem Arbeitsblatt notieren und dann weiter zum nächsten TN gehen. Diese Variante eignet sich besonders für nicht so geübte TN.

UNTERRICHTSPLAN LEKTION 19

4	PA, GA/ EA	a Zeigen Sie, wenn möglich, die Zeichnung vergrößert (Folie/IWB). Die TN sehen sie sich zu zweit an. Sie suchen sich eine Person aus und beschreiben sie. Die Partnerin / Der Partner rät, welche Person gemeint ist. Die TN können auch in Kleingruppen darüber spekulieren, wie die Personen auf dem Bild wohl früher ausgesehen haben. Oder sie schreiben kurze Texte dazu, die dann im Plenum verglichen werden. Alternativ oder zusätzlich bewegen sich die TN frei im Raum, finden sich zu zweit zusammen und beschreiben eine Person aus dem Kurs. Der andere rät, wer gemeint ist. Diese Variante sollten Sie nur anbieten, wenn ein gutes Kursklima herrscht bzw. die TN sich durch solche Beschreibungen nicht beleidigt fühlen.	Bild der Aufgabe (Folie/IWB)
	EA, PL	b Die TN lesen die Adjektive und ordnen ggf. mithilfe des Wörterbuchs zu, ob sie positiv oder negativ gemeint sind. Anschließend Kontrolle. *Lösung:* + nett, glücklich, freundlich, interessant, fröhlich, hübsch; – uninteressant, unsympathisch, seltsam, unfreundlich, langweilig, unglücklich/traurig Weisen Sie die TN auf den Grammatikkasten hin und schreiben Sie das Beispiel auch an die Tafel. Fragen Sie die TN nach weiteren Adjektivpaaren und ergänzen Sie sie. Erklären Sie, dass das Präfix *un-* das Adjektiv negiert. Allerdings kann man das Präfix nicht beliebig mit jedem Adjektiv kombinieren. Besonders bei frequenten einfachen Adjektiven wird ein vorhandenes Antonym benutzt, z. B. *dick – dünn/schlank, groß – klein* usw. Negative Adjektive können im Allgemeinen nicht durch *un-* in ihr Gegenteil verkehrt werden: Zu *hässlich* passt nicht *unhässlich*, sondern *hübsch*, zu *falsch* nicht *unfalsch*, sondern *richtig*. Sammeln Sie auch solche Adjektive, soweit die TN sie kennen, an der Tafel. + sympathisch – unsympathisch + glücklich – unglücklich + … – … Geben Sie bei Bedarf weitere Informationen zu den Adjektiven: *Komisch* kann sowohl *lustig* als auch in irgendeiner Weise auffallend im Sinne von *sonderbar* meinen. Bei einer Aussage wie *Er ist wirklich komisch.* sind es die nonverbalen Zeichen (Mimik oder Betonung), welche die Bedeutung angeben. Obwohl das Gegenteil von *gut schlecht* ist, kommt *ungut* in einigen festen Formulierungen vor: *Er hat ein ungutes Gefühl.* (*Es ist ihm nicht ganz geheuer, er hat eine böse Vorahnung.*) *Nichts für ungut, aber …* (Ausspruch im Sinne von *Das ist nicht böse gemeint, aber …*). Manchmal wird *ungut* umgangssprachlich auch in der Bedeutung von *schlecht* benutzt: *Das ist aber echt ungut.*	Wörterbuch
	GA (EA)	c Die TN sehen sich noch einmal die Personen auf der Zeichnung an. In Kleingruppen sprechen sie nach dem Muster im Buch über diese. Erinnern Sie die TN auch an Graduierungen durch *nicht so, ein bisschen, wirklich, sehr, super*.	ggf. Fotos von Personen

Zusätzlich suchen die TN zu jedem Adjektiv eine Person im Buch, die ihrer Meinung dazu passt. Anschließend Diskussion darüber in Kleingruppen. Das ist auch als Hausaufgabe möglich, die TN suchen dann im Internet oder in Zeitschriften nach Personen. Sie bringen die Fotos mit in den Unterricht, stellen ihre Personen in Kleingruppen vor und begründen ihre Wahl. Anschließend einigen sich die Kleingruppen auf drei Personen, die sie im Plenum vorstellen.

Moodle-Tipp: Forum „Teilnehmer-Quiz": Die TN beschreiben im Forum eine Person aus dem Kurs, ohne den Namen zu nennen. Die anderen raten, wer das ist. Beteiligen Sie sich auch. Korrigieren Sie keine Fehler. Schreiben Sie ein zusammenhängendes Feedback zu den häufigsten Fehlern ins Nachrichtenforum.

5 PA, EA

Die TN schlagen die Aktionsseiten auf und sprechen nach dem Muster im Buch über die Personen. Sie notieren die fehlenden Informationen. Anschließend füllen sie die Tabelle zunächst für sich aus, dann erzählen sie sich gegenseitig über sich.

Extra: Die TN schreiben einen kleinen Text über sich vor zehn Jahren. Sammeln Sie die Texte ein, mischen Sie sie und verteilen Sie sie neu. Ein TN liest einen Text vor, die anderen raten, wer das ist.

Moodle-Tipp: Textproduktion „Eine Person in meiner Familie": Die TN beschreiben eine Person im Textfeld. Sie erhalten den Text, geben Korrekturvorschläge ein und schicken den Text zurück.

6 PL, GA

a Extra: Die TN schauen sich noch einmal die Zeichnung aus Aufgabe 4 an. Sie sollen sich vorstellen, dass die Party am vergangenen Wochenende gewesen ist: *Was haben die Personen gemacht? Wie hat das Zimmer ausgesehen?* Achten Sie darauf, dass die TN im Perfekt antworten. Wenn nötig, notieren Sie einige Beispiele an der Tafel und wiederholen Sie kurz das Perfekt, besonders die Satzklammer.

CD 3.25–27

Zur Wiederholung der schon bekannten Perfektformen können die TN alternativ die Verben aus der Verbdose (siehe Tipp in *Menschen A1.1 Lehrerhandbuch*, Lektion 7) nach Perfekt mit *haben* und *sein* sortieren. In einem Wettspiel versuchen die TN in Kleingruppen dann, so viele Verben wie möglich in einen Party-Kontext zu bringen und Sätze im Perfekt zu schreiben (z. B. trinken: *Auf Angelas Party haben wir nur Cola getrunken.*). Welche Gruppe findet die meisten Sätze?

Die TN lesen die Aussagen. Erklären Sie vor dem Hören wichtige neue Wörter (*erkennen, vergessen, sich entschuldigen, sich beschweren, laut*). Dann hören die TN so oft wie nötig die drei Party-Gespräche und kreuzen an. Stellen Sie nach jedem Gespräch weitere Verständnisfragen, z. B. zu Gespräch 1: *Warum hat Peter Natascha so lange nicht gesehen? Warum erkennt er sie nicht?* usw. Anschließend Kontrolle.

Lösung: 1 Natascha hat Peter früher sehr gut gefallen. 2 Mark und Sylvie haben vor sechs Monaten ein Baby bekommen. 3 Mike Palfinger hat eine Diskothek gehört. Es gibt sie nicht mehr. Die Nachbarn haben sich beschwert.

UNTERRICHTSPLAN LEKTION 19

	EA, PL, PA	b Die TN lesen noch einmal die Aussagen, unterstreichen die Perfektformen und ergänzen den Grammatikkasten. Anschließend Kontrolle. *Lösung:* gefallen; bekommen; vergessen; entschuldigt; gehört; beschwert Zeigen Sie den Grammatikkasten (Folie/IWB). Fragen Sie die TN nach den Präfixen und markieren Sie sie. Erklären Sie, dass Verben mit den Präfixen *er-, ge-, be-, ver-, ent-* sowie *emp-, miss-, zer-* nicht trennbar sind. Das Partizip Perfekt wird ohne *ge-* gebildet und endet je nach Basisverb, von dem das Verb kommt, auf *-t* oder *-en*. Die TN notieren aus den vorhergehenden Lektionen weitere Verben mit nicht trennbarem Präfix (z. B. *erzählen, ergänzen, verschieben, verstehen* u.a.) und schreiben zu jedem Verb einen Beispielsatz im Präsens und im Perfekt. Ungeübtere TN können zu zweit arbeiten. Extra: Die TN spielen zu zweit das Silbenspiel. Dazu erhält jedes Paar einen Satz Kärtchen der Kopiervorlage. Jeder TN zieht acht Kärtchen. Der erste TN versucht, mit seinen Silbenkärtchen so viele Partizip-II-Formen zu bilden wie möglich und legt sie vor sich aus. Dann ist die Partnerin / der Partner dran. Wer nichts auslegen kann, zieht drei neue Kärtchen. Kann er immer noch nicht, ist wieder die Partnerin / der Partner am Zug. Das Spiel endet, wenn keine Kärtchen mehr zum Ziehen zur Verfügung sind. Wer die meisten Wörter ausgelegt hat, hat gewonnen. Moodle-Tipp: Wiki „Hast du schon gehört?": Die TN sammeln hier Klatschnachrichten, die sie in den Medien gehört haben. Wer hat geheiratet? Wer hat ein Kind bekommen? Im nächsten Präsenzunterricht können Sie dieses Wiki einblenden und im Plenum darüber sprechen.	Grammatikkasten (Folie/IWB), KV L19|6b
7	EA	a Die TN notieren nach dem Muster im Buch Stichpunkte zu ihrem Leben. Eine Sache sollte gelogen sein.	
	GA	b Die TN arbeiten zu dritt und erzählen den anderen ihre Geschichte.	
	GA, EA/PL	c Die TN raten, was in der jeweiligen Geschichte falsch ist. Extra: Die TN schreiben eine Lügengeschichte zu einer Person ihrer Wahl aus dem Kursbuch oder zu einer der Personen auf dem Bild aus 4a. Alternativ erzählen die TN gemeinsam im Plenum eine solche Geschichte. Tipp: Damit jeder das Gefühl hat, an dieser Geschichte mitzuweben, lassen Sie ein Wollknäuel von Erzähler zu Erzähler gehen. Jeder, der etwas erzählt hat, hält den Faden fest und gibt das Knäuel an den nächsten weiter. Sie können aus der Geschichte eine zusätzliche Einsetzübung machen, indem Sie die Geschichte mit dem Handy oder MP3-Player aufnehmen und sie zu Hause transkribieren. Die Struktur, die Sie besonders üben möchten, ersetzen Sie durch Lücken. Das können Artikel sein oder das Perfekt (*sein* oder *haben*, Partizip II). Oder es kann auch einfach eine Verständnisübung sein, indem Sie Wörter weglassen und unten in einem Schüttelkasten vorgeben. Diese Art von Übung ist besonders motivierend, da die TN selbst daran mitgearbeitet haben.	ggf. Wollknäuel

		Moodle-Tipp: Forum „Drei Wahrheiten – eine Lüge": Die TN schreiben drei Wahrheiten und eine Lüge über ihr Leben ins Forum. Eröffnen Sie das Forum mit einem Beispiel. Alle TN schreiben einen Beitrag und mindestens einen Kommentar. Korrigieren Sie keine Fehler. Schreiben Sie ein abschließendes Feedback über die häufigsten Fehler ins Nachrichtenforum.		
8	PL	a Die TN hören die Party-Gespräche noch einmal und ergänzen die Reaktionen. Anschließend Kontrolle. *Lösung:* 1 Ach was! Ach komm! Ach du liebe Zeit! 2 Wahnsinn! Echt?	CD 3.28–30	
	GA (EA, PL)	b Die TN spielen zu dritt kleine Party-Gespräche, in denen sie erstaunt auf Neuigkeiten reagieren. Lassen Sie dazu leise Musik laufen, um Party-Atmosphäre zu schaffen. Vielleicht bringen die TN auch Knabberzeug und Getränke mit. Zur Anregung können Sie einige Schlagzeilen oder Promi-Bilder im Kursraum aufhängen. Da hier nur Ausschnitte präsentiert werden, können Sie zur Einstimmung noch einmal die Gespräche aus der Lektion komplett vorspielen und/oder die Kopiervorlage verteilen. Die TN ergänzen zunächst *hatte* oder *war* in der richtigen Form. Nach der gemeinsamen Kontrolle geben Sie genug Zeit, den Dialog laut und mit guter Intonation zu lesen. Sprechen Sie ggf. den Dialog mit einem geübten TN vor. Wenn Sie anschließend die Party-Gespräche lenken wollen, schreiben Sie zu den gesammelten Smalltalk-Themen aus 1b Schilder und verteilen Sie sie im Raum. Die TN gehen von Schild zu Schild und sprechen zu den jeweiligen Themen.	Musik, ggf. Knabberzeug, Getränke, Schlagzeilen/ Fotos von Promis, KV L19|8b, Smalltalk-Themen auf Schildern	

UNTERRICHTSPLAN LEKTION 20

	FORM	ABLAUF	MATERIAL	ZEIT
1	PL, EA	Die TN sehen sich das Foto an und äußern Vermutungen darüber, was das Mädchen gerade macht. Fragen Sie auch, was wohl als Nächstes passiert.		
		Extra: Das Foto mutet sehr poetisch an, es lädt zum Träumen ein. Dazu passt als Einstieg sehr gut ein Elfchen-Gedicht (vgl. Lektion 17): Die TN lassen sich vom Einstiegsfoto inspirieren und schreiben das Gedicht nach folgendem Muster: 1. Zeile (ein Wort): ein Adjektiv 2. Zeile (zwei Wörter): etwas, was zu diesem Adjektiv passt 3. Zeile (drei Wörter): wo ist das Mädchen 4. Zeile (vier Wörter): mehr erzählen 5. Zeile (ein Wort): der Schluss Alternativ können die TN die erste Zeile auch auf Zettel schreiben, den Zettel dann weitergeben, der neue Besitzer schreibt die zweite Zeile und gibt den Zettel weiter usw. Anschließend werden die Texte vorgelesen. Geben Sie vorher etwas Zeit zum Einüben.		
		Tipp: Natürlich können Sie Elfchen-Gedichte auch bei anderen Themen zu kreativen Auflockerung einsetzen.		
2	PL, EA	Stellen Sie vorab sicher, dass alle das Wort *Tagebuch* verstehen. Die TN hören das Hörbild und kreuzen an. Anschließend Kontrolle.	CD 3.31	
		Lösung: 1 einen schlechten; 2 Tagebuch; 3 soll		
		Erklären Sie den TN das trennbare Verb *runterkommen*. Führen Sie bei Bedarf auch das Gegenteil *raufkommen* ein. Fragen Sie, mit welchen Verben man *rauf* und *runter* noch kombinieren könnte, z. B. *gehen, sehen, fallen* usw. Halten Sie die Ergebnisse an der Tafel fest. Die TN schreiben zu jedem Verb einen Beispielsatz.		
		Regen Sie ein Gespräch darüber an, warum Line ihr Tagebuch an einem so ungewöhnlichen Ort schreibt.		
3	GA, EA	Die TN erzählen sich in Kleingruppen, ob sie ein Tagebuch führen oder es früher getan haben. Warum haben sie (nicht) geschrieben? Wie oft? An welchem Ort haben sie normalerweise geschrieben? Worüber haben sie (meist) geschrieben?		
		Die TN überlegen sich, was Line wohl schreibt.		
		TN, die gern schreiben, können einen kurzen Tagebucheintrag verfassen und vorlesen. Fragen Sie auch, welche berühmten Tagebuchschreiber die TN (Anne Frank, Max Frisch, Samuel Pepys) kennen. Haben sie schon einmal ein Tagebuch gelesen?		

| 4 | EA, GA, PL | a Die TN lesen Lines Tagebucheintrag und markieren im Text, was Line im Haushalt alles machen soll. Hilfe finden sie im Bildlexikon. Anschließend Kontrolle: In Kursen mit überwiegend ungeübten TN lesen diese die Sätze aus dem Tagebuch vor. In Kursen mit geübteren TN geben diese die Antwort mit *sollen*: *Line soll den Tisch decken.*

Lösung: Deckt doch jetzt endlich den Tisch! Bringt doch auch mal den Müll raus! Räumt die Spülmaschine aus! Und mach endlich dein Bett! Sicher soll ich mein Zimmer aufräumen oder das Bad putzen.

Schreiben Sie das Partizip Perfekt der Verben aus dem Bildlexikon auf Zettel, die sie im Kursraum aufhängen. In Kleingruppen erzählen sich die TN, was sie als Kinder/Jugendliche im Haushalt gemacht haben und ob sie diese Tätigkeiten gern oder nicht gern gemacht haben.

Erklären Sie den TN, dass das Gegenteil zu *rausbringen reinbringen* ist. Sammeln Sie an der Tafel andere mögliche Verbkombinationen mit *rein* und *raus*. Weisen Sie die TN auch auf den Vokalwechsel bei *waschen* hin. | Partizip Perfekt der Verben (Bildlexikon) auf Zetteln |
| | EA, PL, PA | b Die TN lesen den Text noch einmal und kreuzen an, was Line allein und was Line und Melanie zusammen tun sollen. Dann ergänzen sie die Tabelle. Anschließend Kontrolle. In Kursen mit überwiegend ungeübten TN können Sie auch zuerst das Ergebnis der Personenzuordnung kontrollieren, dann ergänzen die TN die Tabelle.

Lösung: <u>Line</u>: Vergiss deine Hausaufgaben nicht! Mach dein Bett! <u>Line und Melanie</u>: Seid nicht so faul! Schlaft nicht so lange! Deckt den Tisch! Bringt den Müll raus! Räumt die Spülmaschine aus! <u>Tabelle</u>: du: Vergiss; ihr: Deckt, Schlaft, Räumt, Seid

Erklären Sie den TN, dass es sich hier um Aufforderungen und Bitten handelt. Die *Sie*-Form ist den TN bereits aus Lektion 18 bekannt. Erklären Sie nun den Imperativ bei der Anrede *du* bzw. *ihr*. Beginnen Sie mit dem Plural *ihr*: Der Imperativ wird gebildet wie die zweite Person Plural im Präsens, nur fällt das Personalpronomen weg: Aus *Ihr wascht Wäsche.* wird *Wascht Wäsche.*

Erklären Sie dann den Imperativ im Singular. Auch hier fällt das Personalpronomen *du* weg, es gibt auch keine Endung, nur die Stammform des Verbs bleibt erhalten. Bei Verben mit Vokalwechsel von *e* nach *i* bleibt das *i* erhalten: *Du sprichst.* → *Sprich!* Verben mit Vokalwechsel von *a* zu *ä* bleiben beim *a*: *Du fährst.* → *Fahr! Sein* und *haben* sind Sonderformen. Ergänzen Sie die *Sie*-Form von *sein* (*Seien Sie still!*), die ebenfalls noch nicht bekannt ist.

Tipp: Weil besonders frequente Verben (z. B. *sehen, essen, geben, vergessen, zuhören* usw.) oftmals einen Vokalwechsel haben, sollten Sie den TN empfehlen, diese als feste Formen zu lernen, um sie rasch parat zu haben, ohne Regelwissen abrufen zu müssen. | KV L20|4b, Kärtchen mit Kursaktivitäten |

UNTERRICHTSPLAN LEKTION 20

Extra: Teilen Sie an je zwei TN einen Satz Karten der Kopiervorlage (Seite 129 bis 130) aus. Die Paare mischen die Karten und teilen sie gleichmäßig unter sich auf. Der erste TN spielt eine beliebige Karte aus. Der zweite TN muss eine passende Karte (zu einem Bild eine passende Aufforderung bzw. zu einer Aufforderung ein passendes Bild legen). Der TN, dessen Karte den höheren Zahlenwert hat, bekommt beide Karten, legt sie vor sich ab und spielt seine nächste Karte auf der Hand aus. Bei gleichen Zahlenwerten bleiben die Karten liegen, wer in der nächsten Runde den höheren Zahlenwert hat, bekommt sie zusätzlich. Das Spiel endet, wenn ein TN keine passende Karte mehr ausspielen kann. Jeder TN zählt die Punkte seiner Karten zusammen. Gewonnen hat, wer die meisten Punkte hat.

Zusätzlich können Sie zu Hause Kärtchen vorbereiten mit Verben von Tätigkeiten, die sich gut und schnell im Kursraum erledigen lassen, z. B. *Vornamen an die Tafel schreiben, Tür öffnen* usw. Geben Sie einem TN eine Karte, er fordert einen anderen oder zwei andere TN auf, das zu tun. Sind alle Karten verbraucht, bitten Sie andere TN, die Taten rückgängig zu machen, d. h. *die Tafel putzen, die Tür schließen*. Geben Sie nichts vor, sondern helfen Sie nur bei fehlenden Wörtern. Die Kärtchen können Sie immer wieder zur Wiederholung einsetzen.

Moodle-Tipps: Wiki „Wer macht was in Ihrer Familie?": Die TN schreiben ins Wiki, wer bei ihnen in der Familie welche Tätigkeiten ausübt. Im nächsten Präsenzunterricht können Sie das Wiki einblenden und mit den Beispielen Imperative formulieren lassen: *Tarek, back doch auch mal einen Kuchen!* o. Ä. Forum „Probleme und Tipps": Die TN schreiben ein Problem ins Forum, das sie hatten oder haben. Die anderen TN geben ihnen Ratschläge (im Imperativ). Eröffnen Sie das Forum mit einem Beispiel. Alle TN schreiben ein Problem ins Forum und die anderen geben mindestens einen Rat. Korrigieren Sie keine Fehler. Die häufigsten Grammatikfehler thematisieren Sie im nächsten Präsenzunterricht.

5 — EA, PL, GA

Die TN sehen sich zwei Minuten lang das Bildlexikon an. Dann schließen sie die Bücher und notieren die Tätigkeiten, die sie behalten haben. Gewonnen hat, wer die meisten Tätigkeiten notiert hat. In Ihrem Kurs sitzen vorwiegend lerngewohnte TN und die Aufgabe erscheint Ihnen zu leicht? Lassen Sie die TN zusätzlich die Artikel der Nomen ergänzen.

Wenn nötig, weisen Sie bei Objekten auf den Akkusativ hin (<u>den</u> *Boden wischen*).

Zusätzlich befragen sich die TN in Kleingruppen, wann sie die Tätigkeiten aus dem Bildlexikon gemacht haben: *Wann hast du (in letzter Zeit) deine Fenster geputzt?* usw.

6 — PL, GA

Die TN stehen im Kreis. Ein TN wählt einen Ausdruck aus dem Bildlexikon und formuliert eine Bitte. Äußert er die Bitte mit *du*, macht seine rechte Nachbarin / sein rechter Nachbar die passende pantomimische Bewegung, äußert er die Bitte mit *ihr*, machen alle TN die passende Bewegung. Wenn das Prinzip klar ist, können die TN in Kleingruppen weiterspielen.

7	PL, EA, PA	a Erklären Sie den TN, was eine Wohngemeinschaft bzw. WG ist: Menschen, die nicht zu einer Familie gehören, wohnen zusammen in einer Wohnung. Jeder hat ein eigenes Zimmer, aber Küche und Bad werden meistens gemeinsam benutzt.	KV L20|7a (1 und/ oder 2), Scheren	
		In Kursen mit TN aus verschiedenen Ländern sprechen Sie mit den TN kurz über die im Heimatland bevorzugten Wohnformen. Gibt es WGs, wenn ja, wer wohnt in WGs? Warum?		
		Die TN lesen die Notiz und ordnen zu, was zusammengehört. Verteilen Sie alternativ die Kopiervorlage Lektion 20|7a (1). Die TN schneiden die Sätze aus und legen die passenden Sätze zusammen. Anschließend Kontrolle.		
		Lösung: 2 A; 3 D; 4 B; 5 F; 6 C		
		Die TN schreiben die Notiz in der richtigen Reihenfolge ab. Anschließend lesen sie sich diese in Partnerarbeit vor.		
		Fragen Sie die TN, wie in der Notiz Bitten freundlich gemacht werden, z. B. durch die Verwendung von *bitte*, aber auch durch die Formel *Sei doch so lieb und …* und Fragen mit *können* (*Kannst Du mich vielleicht abholen? …*).		
		Machen Sie die TN auf die Wörter *rauf, runter, rein, raus, auf, zu* in den Aufgaben 2, 4b und 7a aufmerksam. Die TN bearbeiten die Kopiervorlage Lektion 20|7a (2). Sammeln Sie im Anschluss weitere Verbkombinationen und notieren Sie Beispielsätze.		
	EA	b Die TN ergänzen die Personen oder Nomen. Anschließend Kontrolle.		
		Lösung: B Sara und Stephan; D Peter; E die Wäsche; F meine Fenster		
	EA, PL, GA	c Die TN ergänzen die Tabelle. Anschließend Kontrolle.	KV L20|7c, Spielfiguren, Münzen	
		Lösung: mich; ihn/es/sie; euch; sie		
		Erklären Sie den TN anhand des Tafelbildes die Objekt-Funktion der Personalpronomen im Akkusativ. Weisen Sie besonders auf die dritte Person Singular hin: Nur das maskuline Pronomen hat eine eigene Form *ihn*, aber *es* bleibt *es* und *sie* bleibt *sie*.		

Subjekt: Wer? NOM	Verb/Aktivität	Objekt: Wen?/Was? AKK	
Alex	putzt	das Bad.	
Er	putzt	es.	
Sara	ruft	Peter	an.
Sie	ruft	ihn	an.

UNTERRICHTSPLAN LEKTION 20

		Die TN stehen im Kreis. Ein TN fragt: *Hey, Ralph, hast du mein Handy gesehen?* Der angesprochene TN antwortet: *Nein, ich habe es nicht gesehen.* Er fragt einen anderen TN nach einem anderen Gegenstand usw.	
		Extra: Wenn Sie die Personalpronomen im Akkusativ noch weiter üben möchten, verteilen Sie einen Spielplan der Kopiervorlage, Spielfiguren und eine Münze an jede Kleingruppe. Die TN beginnen auf dem Startfeld. Der erste TN wirft die Münze, bei Kopf zieht er seine Figur ein Feld, bei Zahl zwei Felder vor. Ist das Feld bereits besetzt, stellt er seine Figur auf das nächste freie Feld. Er liest das Beispiel und ergänzt das Personalpronomen. Gewonnen hat, wer zuerst das Zielfeld erreicht.	
		Moodle-Tipp: Glossar „Unsere Gedichte": Jeder TN schreibt mit den Personalpronomen und Verben im Akkusativ oder Dativ mindestens ein Gedicht ins Glossar. Korrigieren Sie die Gedichte und geben Sie das Glossar dann für alle TN frei.	
8	PA	Die TN schlagen die Aktionsseite auf und sehen sich die Wohnung an. Sammeln Sie bei Bedarf mit den TN Wörter für den Zustand der Wohnung (*schmutzig, unaufgeräumt, durcheinander* usw.). Dann schreiben die TN zu zweit ihrer Mitbewohnerin / ihrem Mitbewohner fünf Sätze über den Zustand der Wohnung und was sie/er tun soll. Die Paare tauschen ihre Sätze und korrigieren sie. Schnelle Paare können zusätzlich wiederum einen Antwortzettel schreiben, dieser kann freundlich oder unfreundlich sein.	
9	PL, EA	a Bevor die TN die Anzeige lesen, sprechen sie über mögliche Probleme in einer WG. Die TN lesen den Anzeigentext und die E-Mail und kreuzen an. Anschließend Kontrolle.	
		Lösung: 1 ordentlichen; 2 sehr billig; 3 gern	
		Die TN sprechen darüber, warum für Franzi Sauberkeit und Ordnung so wichtig sind. Sie spekulieren auch darüber, ob Gert die Wahrheit schreibt.	
		Extra: TN, die gern schreiben, können eine Geschichte über Franzi und Gert schreiben. Dazu können Sie einen Anfang vorgeben: *Gert ist vor vier Wochen eingezogen. Franzi geht es gar nicht gut. …* Diese Geschichte kann auch als gemeinsame Geschichte erzählt werden (siehe Tipp in Lektion 19, 7c).	
	EA, PA	b Die TN überlegen, was sie selbst gern im Haushalt machen, und notieren drei bis vier Tätigkeiten. Sie schreiben eine E-Mail an Franzi nach dem Muster im Buch.	
		Extra: Die TN wohnen selbst in einer WG und suchen eine Mitbewohnerin / einen Mitbewohner. Sie überlegen zu zweit, was ihnen wichtig ist, und schreiben eine Anzeige. Hängen Sie die Anzeigen im Kursraum aus oder nutzen Sie ein Klassenforum (z. B. Moodle). Die anderen TN suchen sich eine passende Anzeige und antworten per E-Mail. Wer findet einen perfekten Mitbewohner?	

Moodle-Tipp: Textproduktion „Sie suchen ein Zimmer in einer WG": Die TN lesen die Anzeigen im Arbeitsbuch (Übung 9a). Anschließend schreiben sie eine E-Mail als Antwort und schicken sie Ihnen. Korrigieren Sie den Text und schicken Sie ihn an die TN zurück.

Tipp: Zur Wiederholung oder zum Stundeneinstieg zu einem späteren Zeitpunkt schreiben die TN einen Minutentext oder ein Elfchen zum Thema Hausarbeit.

UNTERRICHTSPLAN LEKTION 21

	FORM	ABLAUF	MATERIAL	ZEIT
1	PL, GA	Führen Sie anhand des Fotos die Wörter *Fußgänger, Bürgersteig, Straßenverkehr* ein. Die TN hören das Hörbild und besprechen in Kleingruppen die Situation.	CD 3.32	
2	GA, PL	Die TN sprechen in Kleingruppen darüber, wie sie sich bei einer roten Ampel als Fußgänger, Radfahrer, Autofahrer verhalten. Die TN lesen den Lektionstitel *Bei Rot musst du stehen, bei Grün darfst du gehen*. Es ist eine Merkregel für Kinder. Machen Sie anhand dieses Merkspruchs den Begriff *Regel* deutlich. Landeskunde: Wer in Deutschland als Fußgänger bei Rot über die Straße geht, muss damit rechnen, von der Polizei mit einem Bußgeld in Höhe von 5 Euro (Stand 2012) belegt zu werden, auch wenn die Straße frei war. Fußgängerampeln zeigen in Deutschland und Österreich in der Regel das Symbol eines stehenden (bei Rot) oder gehenden (bei Grün) Fußgängers. Gelbphasen, die auf die Grünphase folgen, kommen im deutschsprachigen Teil der Schweiz häufiger vor, sonst nur vereinzelt, z. B. in Düsseldorf. Obwohl sich hier ein Gespräch über die im Herkunftsland / in den Herkunftsländern üblichen Regeln anbietet, sollten Sie an dieser Stelle darauf verzichten, weil den TN die dafür benötigten Redemittel erst im Laufe der Lektion vermittelt werden.		
3	EA	a Die TN lesen nur die Überschrift und den ersten Satz und kreuzen ihre Meinung an.		
	EA	b Die TN lesen den ganzen Text und überprüfen ihre Vermutung. *Lösung für a:* gegen Landeskunde: Ein *Mofa* (kurz für: Motorfahrrad) ist ein Fahrrad mit Hilfsmotor. In Deutschland braucht man dafür eine Fahrerlaubnis, d.h. man muss mindestens 15 Jahre alt sein und eine Prüfung machen. Die Höchstgeschwindigkeit ist 25 km/h. In Österreich gilt ebenfalls das Mindestalter 15, aber mit dem Mopedausweis gelten 45 km/h als Höchstgeschwindigkeit. In der Schweiz darf man bereits ab 14 den Führerschein machen, die Höchstgeschwindigkeit liegt bei 45 km/h. (Stand: 2012; www.fahrtipps.de, www.help.gv.at, www.wikipedia.de)		
	EA, PL	c Die TN lesen den Text noch einmal und ordnen den Sätzen die passenden Schilder zu. Anschließend Kontrolle. *Lösung:* (von oben nach unten) 7; 3; 4; 5; 6; 2 Verteilen Sie die Bild- und Satzkärtchen der Kopiervorlage. Die TN legen zu jedem Schild zwei passende Sätze. Erklären Sie die Modalverben *dürfen* und *müssen* mithilfe der Schilder und Sätze. Weisen Sie auf den Grammatikkasten und die unregelmäßigen Formen im Singular hin. Erinnern Sie die TN auch an die Satzklammer bei Sätzen mit Modalverb (siehe Grammatikkasten rechts).	KV L21|3c	

		Extra: Wenn die TN Lust haben, können sie mit dem Handy selbst ein paar Verbotsschilder fotografieren. Diese Fotos können im Unterricht gezeigt (Folie/IWB) und besprochen werden. Eine Fundgrube für interessante Schilder ist auch das Internet.		
4	EA, PL, GA	Die TN lesen die Sätze und ergänzen *dürfen* oder *müssen* in der richtigen Form. Anschließend Kontrolle. *Lösung:* b müssen; c darf; d dürfen, müssen; e dürfen Weisen Sie die TN auf den Vokalwechsel von *tragen* hin. Ein TN malt ein Verkehrsschild. Die anderen sagen, was man hier darf, muss oder nicht darf. Danach malt ein anderer TN ein Schild. In Kleingruppen schreiben die TN ein Plakat mit Regeln, die im Kurs und in der Sprachschule gelten. Zusätzlich können sie sich über die Pflichten, die sie zu Hause *(Ich muss immer den Müll rausbringen.)* oder/und am Arbeitsplatz *(Ich darf im Büro nicht rauchen.)* haben, unterhalten. In Kursen, in denen viele TN Kinder haben, können die TN auch darüber sprechen, was die Kinder *müssen, dürfen* bzw. *nicht dürfen (Meine Kinder müssen um neun Uhr ins Bett gehen).* Moodle-Tipp: Wiki „Regeln im Sprachkurs": Die TN sammeln hier Regeln für den Umgang im Sprachkurs. Im Anschluss können Sie diese Regeln ausdrucken und im Klassenzimmer an die Wand hängen. Besprechen Sie auch, welche Regeln realistisch und sinnvoll sind und welche nicht. Extra: Die TN erhalten in Kleingruppen eine der vier Karten der Kopiervorlage und bilden passende Sätze mit *müssen, dürfen, können*. Dann tauschen die Gruppen ihren Ort mit einer anderen Gruppe und verfahren ebenso, bis jede Gruppe alle vier Orte besprochen hat. Ungeübtere TN können die Sätze auch schriftlich festhalten, geübtere TN suchen nach weiteren Beispielen und ergänzen sie in Stichpunkten auf den Karten.	Plakate, KV L21|4	
5	GA, PL	Die TN lesen das Beispiel und sehen sich den Kommunikationskasten an. Anschließend diskutieren sie zu dritt über die Regeln aus dem Text in 3. Machen Sie eine Kursstatistik. Schreiben Sie dazu die Regeln an die Tafel und in Spalten *richtig, nicht so gut, falsch, weiß nicht.* Gehen Sie die Sätze einzeln durch, die TN geben Handzeichen. Zusätzlich: In Kursen mit TN aus verschiedenen Herkunftsländern formulieren die TN Regeln, die in ihrem Land gelten. In homogenen Kursen formulieren die TN Regeln, die in dem Land gelten. Auch diese Regeln eignen sich für Diskussionen. Moodle-Tipp: Forum „Regeln, Regeln, Regeln ...": Die TN schreiben ins Forum, welche Regeln aus dem Text in 3 sie gut und welche sie nicht gut finden. Sie kommentieren auch die Beiträge der anderen. Eröffnen Sie das Forum und ermuntern Sie die TN, sich zu beteiligen. Korrigieren Sie keine Fehler. Im nächsten Präsenzunterricht können Sie häufige Fehler kurz thematisieren.	KV L21|5	

UNTERRICHTSPLAN LEKTION 21

		Extra: Wenn Sie mit Ihren TN zusätzlich einige lustige/seltsame Regeln diskutieren möchten, verteilen Sie die Kopiervorlage. Die TN diskutieren zunächst in Kleingruppen über diese Regeln und markieren ihre Meinung. Dann Kontrolle im Plenum. Kennen die TN weitere lustige Regeln aus anderen Ländern? Sammeln Sie an der Tafel oder bitten Sie sie, in Gruppen eine eigene Kopiervorlage zu erstellen.	
6	PL, PA, GA, EA	Erklären Sie den TN anhand des Bildes die Ausdrücke *auf Kinder achten, Hunde an die Leine nehmen, das Fahrrad schieben*. Weisen Sie die TN auf den Infokasten hin. Dann sprechen die TN zu zweit über Erlaubtes und Verbotenes. Zusätzlich stellen sich die TN vor, sie besäßen einen großen Park und wollten ihn für alle Leute öffnen. In Kleingruppen machen die TN Regeln für ihren Park und überlegen, was die Leute dürfen und was nicht. Die Kleingruppen malen entsprechende Schilder, die am Parkeingang stehen sollen. Im Plenum werden die Schilder gezeigt, die anderen raten, was in dem Park der jeweiligen Gruppe erlaubt und was verboten ist. Extra: Die TN suchen sich eine Person von dem Bild aus und schreiben zu ihr eine kleine Geschichte. Was ist das für eine Person, wo und wie lebt sie? Was hat diese Person vorher gemacht? Was tut sie nachher? Lernt sie im Park jemanden kennen?	
7	PA, PL	Die TN schlagen die Aktionsseite auf. Sie arbeiten am besten mit einer Person zusammen, die sie nicht ganz so gut kennen. Zuerst füllen die TN die Spalte für sich selbst aus, dann notieren sie Vermutungen über die Partnerin / den Partner. Danach sprechen die Partner über ihre Vermutungen. Wer schon fertig ist, kann sich weitere Situationen ausdenken und Vermutungen über andere TN anstellen. Fragen Sie abschließend exemplarisch einige TN nach ihrem Verhalten in den Situationen. Extra: Verteilen Sie die Kopiervorlage. Die TN ordnen zu zweit das Gespräch und anschließend die Redemittel. Zu den angegebenen Situationen spielen sie mithilfe der Redemittel kleine Streitgespräche. Alternativ oder zusätzlich können die TN auch zu den Verbotsschildern in 3c oder zu den Situationen auf dem Bild in 6 spielen. Moodle-Tipp: Wiki „Das muss, kann, darf ich jeden Tag.": Die TN sammeln im Wiki, was sie jeden Tag tun können, dürfen und müssen. Hier soll den TN die unterschiedliche Bedeutung der Modalverben klarwerden. Beteiligen Sie sich auch am Wiki, korrigieren Sie aber nur wichtige Fehler.	KV L21|7

8	GA	a Die TN stellen sich vor, sie lebten in Glückstadt. Sie erstellen in Kleingruppen Plakate mit Regeln für ihre Stadt. Dabei könnten auch neue Schilder für Glückstadt entworfen werden.	Plakate, Stifte	
	GA, PL, EA	b Die Gruppen stellen den anderen ihre Stadt vor. Anschließend stimmen die TN darüber ab, in welcher Stadt sie leben wollen. Variante: Hängen Sie die Plakate nach der Vorstellung auf und verteilen Sie an jeden TN einen Klebepunkt. Die TN kleben den Punkt auf das Plakat der Stadt, in der sie leben möchten. Die Stadt mit den meisten Punkten wird Superglückstadt. Extra: Die TN schreiben eine Geschichte über ihr Leben in Superglückstadt. Die Geschichten können ausgehängt oder in ein Klassenforum im Internet gestellt werden. Tipp: Solche Texte werden zunächst (im Klassenforum) von den TN selbst korrigiert. Dabei sollten sie nicht nur verbessern, sondern ausformulieren, was falsch ist, z. B. *Die Verbendung ist falsch.* oder *Nomen muss man großschreiben.* usw. Sie können mit den TN eine Liste von Korrekturzeichen vereinbaren, die jedem ausgehändigt wird (Achtung: Auf der Lernplattform müssen es Zeichen sein, die auf der Computertastatur vorhanden sind, also am besten Buchstabenkürzel). Diese Liste können Sie immer wieder zur Korrektur verwenden und nach und nach erweitern, wenn z. B. Nebensätze dazukommen. Vereinbaren Sie einen Termin, an dem Sie die Endkontrolle der Texte übernehmen. Zur Wiederholung zu einem späteren Zeitpunkt notieren die TN die Orte, an denen Sie am Wochenende oder im Laufe der Woche waren. Dann schreiben sie auf, was man dort machen kann, darf oder muss.	ggf. Klebepunkte	

UNTERRICHTSPLAN MODUL-PLUS 7

Lesemagazin

	FORM	ABLAUF	MATERIAL	ZEIT
1	PL, EA	Weisen Sie auf die Überschrift des Textes hin, die TN berichten kurz, was sie um diese frühe Zeit am Morgen üblicherweise tun.		
		Die TN lesen die Fragen zum Text. Dann lesen sie den Text und markieren – möglichst in verschiedenen Farben – die Antworten auf die Fragen. Anschließend gemeinsame Kontrolle.		
		Lösung: Adem Yilmaz: Krankenpfleger, kommt von der Arbeit, fährt nach Hause; Marlies Kretschmann: Polizeibeamtin, kommt vom Kindergarten, fährt zur Arbeit; Markus Hirsch: Zauberer, kommt aus Rom, fährt zum Messezentrum		
		Fragen Sie, was die Personen über ihren Beruf erzählen. Die TN lesen noch einmal und berichten anschließend in eigenen Worten.		
		Tipp: Um die Aufmerksamkeit der TN zu schärfen und Inhaltsangaben zu üben, teilen Sie Lesetexte wie diese auf mehrere TN auf. Jeder liest nur einen Text und markiert sich die wichtigsten Informationen. Dann finden sich die TN in Kleingruppen zusammen und geben den anderen die Informationen aus ihrem Text weiter. Achten Sie darauf, dass die TN in eigenen Worten sprechen (lernen), z. B. indem sie das Buch während der Gruppenarbeit schließen. Zusätzlich kann jeder als Hausaufgabe eine Zusammenfassung seines Textes schreiben. Wer Zeit hat, kann die Texte der anderen lesen.		
2	PL, GA, ggf. EA	Die TN notieren sich zu den Fragen in Aufgabe 1 einige Informationen und erzählen dann je nach verfügbarer Zeit und Kursgröße im Plenum oder in Kleingruppen über sich. Zusätzlich oder alternativ können die TN einen Text nach dem Muster des Lesetextes über sich schreiben.		
		Moodle-Tipp: Datenbank „Montagmorgen": Die TN schreiben ihren eigenen Montagmorgen-Text in eine Datei und laden sie hoch. Sie lesen dann die Texte der anderen und kommentieren diese.		

Film-Stationen

	FORM	ABLAUF	MATERIAL	ZEIT
1	PL	Schreiben Sie die vier Namen der Personen an die Tafel und fragen Sie, wer eine der Personen kennt und was die TN über diese wissen. Achtung: Möglicherweise kennen manche TN Johann Sebastian Bach. Weisen Sie ggf. darauf hin, dass er hier nicht gemeint ist. Das wird zwar auch im Film erklärt, kann aber im Vorgespräch relevant sein. Wenn die Personen allen unbekannt sind, zeigen Sie direkt den Film. Die TN lesen die Aufgabe im Buch. Sie sehen den Film (noch einmal) und ergänzen. *Lösung:* a schlank; b war dick; c war groß (1,85 m); d war klein (1,50 m) Zur Vertiefung können Sie die Kopiervorlage zu Clip 19 einsetzen. *Extra:* Die TN suchen Fotos von bekannten Persönlichkeiten (z. B. im Internet) und beschreiben deren Aussehen in Form eines kleinen Porträts. Die Porträts mit Foto werden im Kursraum zur Ansicht für alle ausgehängt oder auf einer Lernplattform ausgestellt.	Clip 19, KV zu Clip 19	
2	PL	Regen Sie zur Einstimmung auf das Thema ein Kursgespräch an: Was tun die TN für die älteren Personen in ihrer Familie? Sammeln Sie konkrete Tätigkeiten, welche die TN nennen. Dann lesen die TN die Aussagen im Buch und sehen den Film. Sie kreuzen an. Anschließend gemeinsame Kontrolle. *Lösung:* a Obst, Käse; b Er geht einkaufen. Er fährt mit ihr zum Arzt. c in ihrer eigenen Wohnung bleiben. d seine Oma morgen anrufen. Vertiefen Sie je nach Interesse der TN das Kursgespräch: Wie leben die Generationen in ihrer Familie zusammen? Wer hilft wem und wie? Zur Vertiefung können Sie die Kopiervorlage zu Clip 20 einsetzen.	Clip 20, KV zu Clip 20	
3	PL	Die TN lesen die Aufgabe. Klären Sie bei Bedarf Wortschatzfragen (z. B. *das Grundstück*). Zeigen Sie den Film, die TN ergänzen. Anschließend gemeinsame Kontrolle. *Lösung:* a gehen; b mitnehmen; c anlehnen; d gehen; e spazieren gehen Zur Vertiefung können Sie die Kopiervorlage zu Clip 21 einsetzen. *Extra:* Die TN achten in den nächsten Tagen verstärkt auf Verbots- und Gebotsschilder. Wenn Sie im deutschsprachigen Raum unterrichten, fotografieren die TN diese Schilder. Sie werden gemeinsam im Kurs besprochen. In Kursen im Ausland können ebenfalls Fotos von Schildern gesammelt werden. Die TN überlegen dann im Kurs, ob es diese Schilder auch in den deutschsprachigen Ländern gibt und wie sie auf Deutsch heißen würden.	Clip 21, KV zu Clip 21	

UNTERRICHTSPLAN MODUL-PLUS 7

Projekt Landeskunde

	FORM	ABLAUF	MATERIAL	ZEIT
1	PL, EA	Weisen Sie auf das Foto hin und fragen Sie, wer DJ Ötzi kennt. Die TN berichten ggf., was sie über ihn wissen. Sie lesen die Aussagen. Erklären Sie das Verb *jemanden an etwas erkennen*. Dann lesen die TN das Porträt über DJ Ötzi und kreuzen an. Anschließend gemeinsame Kontrolle. *Lösung:* a als Musiker; b auch im Ausland; c an seiner weißen Mütze Extra: Das Lied „Anton aus Tirol" ist auch heute noch ein beliebter Party-Hit, besonders bei Volksfesten wie dem Münchener Oktoberfest. Spielen Sie den TN ein Internetvideo des Liedes vor. Auch der Liedtext findet sich zum Download im Netz.	Internetvideo von und mit DJ Ötzi	
2	EA/ PA	a Die TN suchen sich allein oder zu zweit eine prominente Person aus einem deutschsprachigen Land aus und verfassen ein Porträt dazu. Außerdem drucken sie ein Foto aus. Insbesondere wenn Sie nicht im deutschsprachigen Raum unterrichten, kennen die TN möglicherweise nicht so viele Prominente. Helfen Sie mit Vorschlägen oder bringen Sie Zeitschriften der deutschen, österreichischen bzw. schweizerischen (Boulevard-)Presse mit. Die TN wählen eine Person aus, die ihnen interessant erscheint, und informieren sich mithilfe des Internets über diese.	Fotos, Zeitschriften	
	PL	b Die TN hängen ihre Fotos im Kursraum aus. Sie präsentieren ihre Person dem Plenum. Die anderen versuchen, die Person auf den Fotos zu finden. Moodle-Tipps: Glossar „Mein(e) Lieblingsschauspieler(in)": Die TN beschreiben ihre(n) Lieblingsschauspieler(in) im Glossar. Korrigieren Sie die Einträge und schalten Sie sie dann für alle TN frei. Forum „Literatur – Wiedersehen in Wien" (im allgemeinen Arbeitsbuch, nicht in *Menschen hier*): Die TN lesen den Text im Arbeitsbuch (Teil 3) und schreiben dann ihre Vermutungen ins Forum: Was ist wohl mit Lisa los? Beteiligen Sie sich auch am Forum. Korrigieren Sie jedoch keine Fehler.	Fotos	

Ausklang

	FORM	ABLAUF	MATERIAL	ZEIT
1	PL	Die TN hören das Lied und lesen im Buch mit. Alternativ können Sie das Lied kopieren und in drei Teile zerschneiden. Die TN legen dann die Strophen in die richtige Reihenfolge und vergleichen ihren Lösungsvorschlag beim anschließenden Hören. Fragen Sie, wo die Personen sind (Tanz-Café, Ball o.Ä.) und wer hier mit wem spricht. Die unterschiedlichen Farben der Schrift im Buch helfen. *Lösung:* ein tanzendes Paar spricht zu anderen Tänzern, zum Ober, miteinander; der Ober spricht mit dem Paar	CD 3.33, ggf. Liedtext als Puzzle	

2	EA, PA, PL	Die TN suchen so viele Beispiele wie möglich zu den Kategorien *um etwas bitten*, *auf Bitten reagieren*, *sich bedanken* und *auf Dank reagieren*. Dann vergleichen sie in Partnerarbeit, bevor im Plenum gesammelt und verglichen wird.		
		Alternativ kann die Aufgabe als Wettspiel gestaltet werden: Wer findet innerhalb einer festgelegten Zeit die meisten Beispiele?		
		Fragen Sie die TN auch, wie sie den Sprachstil im Lied empfinden, und machen Sie ggf. darauf aufmerksam, dass die Personen sich besonders höflich und gewählt ausdrücken, teilweise sogar altmodisch (*Schenken Sie mir diesen Tanz?*).		
3	PL	Teilen Sie den Kurs in zwei Gruppen: TN, die singen wollen, lesen den Text vorher noch einmal laut und üben die Aussprache. TN, die spielen wollen, bilden Dreiergruppen, verteilen die Rollen und überlegen sich, wie sie das Lied pantomimisch spielen wollen. Dann hören, singen und spielen die TN das Lied.	CD 3.33	

UNTERRICHTSPLAN LEKTION 22

	FORM	ABLAUF	MATERIAL	ZEIT
1	GA, PL	**a** Die Bücher sind geschlossen. In Kleingruppen sammeln die TN Feste und Partys, zu denen man besondere Kleidung trägt, z. B. Hochzeit, Abiturfeier, Karneval usw. Dann schlagen sie das Buch auf und sehen sich das Foto an. Die TN hören das Gespräch und kreuzen an. Anschließend Kontrolle. Alternativ öffnen die TN direkt ihr Buch und stellen Vermutungen zum Foto an: *Wer sind die Personen? In welcher Beziehung stehen sie zueinander? Worüber sprechen sie?* Dann hören die TN das Gespräch und lösen die Aufgabe. *Lösung:* 1 Sie gefällt ihr nicht. 2 Gut.	CD 3.34	
	GA, PL, EA	**b** In den Kleingruppen sprechen die TN darüber, wie sie Fabians Kleidung finden. Was vermuten sie, wohin er geht? Fragen Sie ggf. abschließend, ob die TN so etwas tragen würden oder schon einmal getragen haben. Warum? Warum nicht? Extra: Die TN schreiben eine kurze Geschichte zu dem Foto. Geben Sie den Anfang vor: *Nach dem Abendessen spült Fabians Mutter das Geschirr. Gleich ist sie mit der Arbeit fertig. Sie denkt: „Was Fabian wohl macht?" Seit einer halben Stunde ist er in seinem Zimmer und lacht. …* Ungeübtere TN können alternativ das Foto beschreiben: *Wo sind die Personen und was machen sie?*		
2	EA, PL	**a** Die TN notieren mithilfe des Bildlexikons, was sie oft, manchmal und (fast) nie kaufen. Dafür wird in der Regel die Pluralform benötigt, welche die TN in der Wortliste hinten im Kursbuch oder im Wörterbuch finden. Anschließend befragen sich die TN in Form einer Kettenübung: *Was kaufst du oft/manchmal/nie? – Ich kaufe …* Geben Sie dann die Frage *Was trägst du oft/manchmal/nie?* ins Plenum. Die TN stehen im Kreis. Nennen Sie ein Kleidungsstück, z. B. *T-Shirt*. Die TN zeigen auf ein T-Shirt, entweder ihr eigenes oder ein anderes. Wird ein Kleidungsstück genannt, das nicht vorhanden ist, heben die TN beide Arme und schütteln die Hände aus. Das Abfragen der Kleidungsstücke können schließlich die TN übernehmen. Und um den Plural einzubeziehen, fragen Sie: *Wie viele Hosen, Kleider usw. gibt es im Kurs?* Die TN zählen und notieren sich ihr Ergebnis. Extra: Ergänzend können die TN sich in Kleingruppen die Kleidung der Personen auf den Einstiegsfotos beschreiben. Daraus kann auch ein Ratespiel werden: Ein TN beschreibt eine Person, die anderen suchen sie im Buch.	ggf. Wörterbuch	

PL, (GA), PA	b Schreiben Sie das Beispiel aus dem Buch an die Tafel. *Tragen* und *anhaben* können synonym verwendet werden.	KV L22|2b	
	Wiederholen Sie ggf. die Farben, indem die TN die Farben der Kleidungsstücke im Bildlexikon benennen. Hinweis: Hier soll nicht die Adjektivdeklination eingeführt werden. Bleiben Sie bei der Formulierung: *Die Hose ist blau.* usw.		
	Die TN haben eine Minute Zeit, sich die Kleidung der anderen TN anzusehen. Dann schließen sie die Augen. Ein TN beschreibt, was eine andere Person aus dem Kurs trägt. Die anderen raten, wer das ist. In Kursen mit vielen TN kann das auch in Kleingruppen gespielt werden.		
	Extra 1: Die TN stehen im Kreis und stellen sich vor, sie machten zusammen eine Reise. Dazu packen sie den Koffer. Der erste TN beginnt: *Ich packe meine Hose in den Koffer.* Der zweite wiederholt das und ergänzt ein weiteres Kleidungsstück oder auch einen anderen Gegenstand, den er einpackt. *Ich packe meine Hose und meine Schuhe ein.* Der dritte wiederholt und ergänzt usw.		
	Extra 2: Die TN arbeiten zu zweit und sitzen Rücken an Rücken. Sie erhalten jeweils eine der beiden Figuren der Kopiervorlage. Sie versuchen, bis zu 12 Unterschiede herauszufinden, und markieren die Unterschiede. Weisen Sie ggf. darauf hin, dass auch die Farben Grau, Weiß, Schwarz wichtig sein können. Optional malen die TN anschließend ihre Figur farbig an und schreiben als Hausaufgabe noch mal einen Text über Kleidung und Aussehen (Lektion 19!) der Person (z. B. *Ihre Schuhe sind rot. Sie hat lange, braune Haare.* usw.).		
3 PL	a Die TN hören das Gespräch – es genügt auch der Anfang – und markieren. Anschließend Kontrolle.	CD 3.35	
	Lösung: 1 einer Party; 2 hässlich		
	Sprechen Sie mit den TN über Themenpartys. Waren die TN schon einmal auf einer? Welche Themen gibt es? Möchten sie so eine Party feiern?		
PL (EA)	b Die TN sehen sich die Farben im Infokasten an. Dann beschreiben sie die Kleidung, die die Personen auf dem Foto tragen. Sie hören das Gespräch so oft wie nötig und ergänzen die Namen. Anschließend Kontrolle.	CD 3.35	
	Lösung: (von links nach rechts) Vera; Jana; Jasmin; Harry		
	Wenn Sie zusätzlich den Genitiv bei Eigennamen wiederholen möchten, geben Sie eine Farbe vor. Die TN rufen ins Plenum oder notieren in Stillarbeit, wessen Kleidungsstücke diese Farbe haben, z. B. *Sabines Bluse, Georgs T-Shirt* usw.		
	Moodle-Tipp: Wiki „Lieblingsfarben": Die TN sehen sich den Werbefilm an und beschreiben die Personen und Gegenstände im Wiki. Sie äußern sich dort auch zu ihrer eigenen Lieblingsfarbe.		

UNTERRICHTSPLAN LEKTION 22

4	EA, PL, PA	a Die TN lesen die Tabelle und ergänzen die Sätze. Anschließend Kontrolle.	KV L22|4a

Lösung: 2 besser; 3 Am besten; 4 gern; 5 lieber; 6 Am liebsten

Komparativ und Superlativ von *gut* und *gern* sind unregelmäßig und sollten von den TN als feste Form gelernt werden. Veranschaulichen Sie mit einem Tafelbild, wie man Vergleiche bilden kann. Ist etwas gleich, benutzt man das Adjektiv und *so … wie*. Bewertet man etwas als nicht gleich, gibt man also einem den Vorzug, benutzt man *als* und den Komparativ. Geben Sie einige Beispiele.

> Janas Hose gefällt Maike genauso gut wie ihre Bluse.
>   +   +
>
> Elena findet Fabians Hose besser als sein Hemd.
>   ++   +

Weisen Sie darauf hin, dass *gut finden*, *gefallen* und *(gern) mögen* bedeutungsgleich sind. Die Verben unterscheiden sich in Rektion und Syntax.

> Ich finde Fabians Kostüm gut.
> NOM   AKK
>
> Fabians Kostüm gefällt mir.
> NOM   DAT
>
> Ich mag Fabians Kostüm (gern).
> NOM   AKK

Wenn Sie die drei Verben üben möchten, weisen Sie mithilfe des Tafelbilds auf die Unterschiede hin und verteilen Sie die Kopiervorlage. Die TN schreiben zu den Themen Sätze über sich. Regen Sie sprachlerngeübte TN dazu an, mit der Sprache zu spielen und verschiedene Möglichkeiten auszuprobieren. Wenn Sie die Vorlage auch in Kursen mit weniger geübten TN einsetzen möchten, akzeptieren Sie auch die Verwendung nur eines Satzmusters. Die Aufgabe ist ziemlich frei und dadurch nicht ohne Anspruch. Anschließend vergleichen sich die TN zu zweit. Schnelle TN können dann auch Sätze über die Erkenntnisse aus dem Vergleich schreiben (*Ich mag Blau, aber Linus findet Grün besser.* usw.).

	EA/ GA, PL	b Die TN schreiben zu dem Foto in 3 Sätze nach dem Muster im Buch. Wie viele Sätze finden sie in fünf Minuten? Der TN mit den meisten Sätzen liest seine Sätze langsam vor. Die anderen TN hören zu und korrigieren ggf. Gewertet werden nur die richtigen Sätze. Hat danach jemand mehr Sätze, weil z. B. drei Sätze fehlerhaft waren, liest dieser TN vor usw. Alternativ arbeiten die TN in Kleingruppen. Die Gruppe mit den meisten korrekten Sätzen „gewinnt" dann. Extra: Bringen Sie Fotos aus Modekatalogen und/oder Fotos von landestypischer deutscher, schweizerischer und österreichischer Kleidung mit. Hängen Sie die Fotos aus. Die TN gehen zu dritt herum und vergleichen und bewerten die Kleidung. In Kursen mit TN aus verschiedenen Herkunftsländern bringen die TN selbst Fotos von landestypischer Kleidung mit. Moodle-Tipps: Abstimmung „Wer möchte wo Urlaub machen?": Die TN stimmen ab, wo sie Urlaub machen wollen, und ordnen sich nach ihren Ergebnissen einer Gruppe zu. Wiki „Koffer packen": Anschließend schreibt jede Gruppe im Wiki, was sie für den Urlaub in den Koffer packt.	Mode-Fotos aus dem Internet, Zeitschriften
5	GA	a Die TN lesen in Gruppen die Texte im Forum und schreiben drei Fragen zu den Texten. Die Fragen werden mit einer anderen Gruppe getauscht. Die Gruppen beantworten die Fragen. Die Antworten werden dann an die Ursprungsgruppe zurückgegeben, die sie kontrolliert und ggf. wiederum kommentiert.	
	EA, PL, GA	b Die TN lesen die Texte noch einmal und markieren alle Adjektive. Danach ergänzen sie die Tabelle. Anschließend Kontrolle mithilfe des Grammatikkastens (Folie/IWB). *Lösung:* lustiger; am lustigsten; schöner; älter; am größten; klüger Erklären Sie den TN, dass der Komparativ die Endung *-er* hat, zusätzlich wechseln einsilbige Adjektive oft den Vokal: *a* wird *ä*, *u* wird *ü*, *o* wird *ö*. Der Superlativ wird mit *am ...-(e)sten* gebildet. Weisen Sie besonders auf *viel – mehr – am meisten* hin, diese Formen sollten als feste Formen gelernt werden. Fragen Sie die TN, wie ein T-Shirt noch sein kann, und ergänzen Sie die Antworten in der Tabelle, z. B. *kurz, lang, bunt, billig* usw. Extra: Die TN stehen in Kleingruppen zusammen. Ein TN beginnt mit einem beliebigen Gegenstand: *Mein Handy ist alt.* Der TN rechts neben ihm sagt den Satz im Komparativ, der nächste im Superlativ. Der nächste sagt etwas über einen neuen Gegenstand oder ein Kleidungsstück. Eine gute Unterstützung ist es, wenn die Gegenstände vorhanden sind und gezeigt werden können. Die Adjektive können ebenfalls durch Gestik und Mimik mitgezeigt werden, z. B. *klug* durch Tippen an den Kopf usw.	Grammatikkasten (Folie/IWB), Gegenstände, KV L22|5b

UNTERRICHTSPLAN LEKTION 22

		Tipp: Zur Vertiefung und späteren Wiederholung der Komparation eignen sich folgende Übungen und Spiele: 1. Teilen Sie je einen Satz Personenkarten der Kopiervorlage an jede Kleingruppe. Die Karten werden verdeckt ausgelegt. Die TN ziehen zwei Karten und vergleichen die Personen. Dabei nutzen sie nicht nur die schriftlichen Informationen, sondern auch die Fotos, z. B. *Tines Haare sind länger als Isabels*. Die Karten werden zurückgelegt und neue werden aufgedeckt. Nach einigen Runden können die TN auch drei Personen miteinander vergleichen. 2. Die TN erstellen nach dem Muster der Kopiervorlage eine eigene Personenkarte. Wenn die TN keine Angaben über sich selbst machen möchten, können sie auch Angaben zu einer Fantasieperson (ggf. Fotos aus Zeitungen/Internet mitbringen) machen und diese mit den Personen der anderen TN vergleichen. 3. Gut eignen sich zum Vergleichen auch Quartettspiele über Autos, Motorräder, Bauwerke u. Ä. 4. Die TN arbeiten zu dritt, jeder hat einen Zettel und einen Stift. Zunächst geben Sie die Kategorien vor, später können die TN sich selbst welche überlegen. Sagen Sie z. B. *Name* und *kurz*. Jeder TN notiert den kürzesten Namen, der ihm einfällt. In den Gruppen vergleichen die TN ihre Namen miteinander (*Lio ist kürzer als Liam. Ich habe gewonnen!*). Wer den kürzesten Namen findet, bekommt einen Punkt. Dann nennen Sie eine weitere Kategorie. Hier noch einige Anregungen: *elektrisches Gerät – teuer, deutsches Wort – lang, Land – klein, Tier – klein, Film – lang, Sänger – jung, Politiker – alt, Fluss – lang* usw.		
6	PA	a Verteilen Sie die Kopiervorlage, Scheren und Buntstifte. Die TN schneiden die T-Shirts aus und entwerfen zu zweit ihr eigenes T-Shirt.	KV L22|6a, Scheren, Stifte	
	PA	b Die TN machen mit den T-Shirts eine Ausstellung. Sie gehen zu zweit herum und sprechen darüber, welches ihnen am besten gefällt.		
7	EA	Die TN schlagen die Aktionsseite auf und überlegen, was ihr Lieblings-Kleidungsstück ist. Das kann auch etwas von früher oder aus der Kindheit sein, wenn die TN das Kleidungsstück noch haben. Die TN machen sich Notizen zu den Fragen und erstellen ein Plakat. Nach Möglichkeit fotografieren sie ihr Kleidungsstück und kleben ein Foto mit auf. Die TN entscheiden, ob sie den Text für alle zur Ansicht im Kursraum aufhängen möchten oder ob sie ihn an Sie zur Korrektur aushändigen möchten. Moodle-Tipps: Forum „Mein Lieblingskleidungsstück": Die TN schreiben ins Forum, welches Kleidungsstück sie am liebsten tragen. Sie laden auch ein Foto von dem Kleidungsstück hoch. Die anderen TN kommentieren den Beitrag. Korrigieren Sie keine Fehler. Schreiben Sie anschließend ein zusammenhängendes Feedback ins Nachrichtenforum und gehen Sie dort auf die häufigsten Fehler ein. Glossar „Unser Katalog": Jeder TN fotografiert ein Kleidungsstück, lädt es ins Glossar hoch und schreibt einen kurzen Werbetext zum Foto. Der Kurs erstellt gemeinsam einen Kleider-Katalog, der später auch ausgedruckt und im Portfolio abgelegt werden kann.	Plakate, Foto vom Lieblings-Kleidungsstück	

8	PL	a Die TN hören die Aussagen und ergänzen. Anschließend Kontrolle. *Lösung:* 1 wahnsinnig; 2 richtig; 3 Total Die Gradpartikeln verstärken das Adjektiv und werden vorwiegend in der gesprochenen Sprache benutzt. Die TN hören die Aussagen noch einmal und achten auf die Betonung. Die Gradpartikeln werden stark betont. Sie sprechen die Sätze nach und suchen weitere Beispiele, die sie gemeinsam sprechen, z. B. *Lea ist wahnsinnig verliebt.* Regen Sie die TN dazu an, passende Gestik und Mimik einzusetzen.	CD 3.36	
	PA, PL	b Die TN bringen Zeitschriften und Kataloge mit. Zu zweit sehen sie sich die Kleidung an und unterhalten sich darüber nach dem Muster im Buch. Extra: Feiern Sie im Kurs eine Themen-Party wie Fabian. Die TN bringen dazu die hässlichsten Kleidungsstücke mit, die sie zu Hause finden können. Wer damit nicht auf der Straße gesehen werden möchte, kann sich ja im Kursgebäude umziehen. Lassen Sie leise Musik laufen, die TN unterhalten sich über die Kleidung. Verteilen Sie Klebepunkte. Die TN bestimmen das beste Kostüm, indem sie ihren Klebepunkt an das Kostüm des jeweiligen TN heften. Moodle-Tipp: Textproduktion „Eine E-Mail schreiben": Die TN lesen die E-Mail in der Aufgabe. Dann schreiben sie nach den Vorgaben in der Arbeitsanweisung eine Antwort auf die E-Mail. Sie schicken Ihnen die E-Mail. Korrigieren Sie die Texte und schicken Sie sie an die TN zurück.	Mode-Zeitschriften und -kataloge, Musik, Klebepunkte	

UNTERRICHTSPLAN LEKTION 23

	FORM	ABLAUF	MATERIAL	ZEIT
1	EA, PA, PL	Extra: Zum Einstieg schreiben die TN einen Minutentext zum Thema *Wasser*. Wenn Sie möchten, können Sie ein paar Adjektive vorgeben (z. B. *groß*, *kalt*, *schön*), die im Text vorkommen sollen. Die TN können diese Adjektive auch im Komparativ oder Superlativ benutzen. Die TN schlagen die Bücher auf und sehen sich das Foto an. Sie besprechen das Foto zu zweit. Notieren Sie einige Schlüsselbegriffe an der Tafel, damit die TN sie in ihre Bildbesprechung aufnehmen können. > das Camping > campen = zelten > das Zelt > die Campingmöbel = der Campingtisch, die Campingstühle > die Pfütze = viel Wasser auf dem Weg, der Straße Die TN lesen die Aussagen. Sie hören das Hörbild und kreuzen an. Anschließend Kontrolle. Besprechen Sie, wenn nötig, *gute Laune* versus *schlechte Laune*. *Lösung:* oberer Satz Fragen Sie die TN, was der Ausdruck *Ins Wasser gefallen* ihrer Meinung nach bedeutet (ins Wasser fallen = nicht stattfinden / nicht gemacht werden (können)). Alternativ fertigen die TN zu zweit eine kleine Zeichnung zu der Wendung *Ins Wasser gefallen* an, mit der sie verdeutlichen, was diese Wendung heißt. Natürlich sollten Sie die übertragene Bedeutung noch nicht klären. Lassen Sie die TN im Glauben, es sei wörtlich gemeint. Danach schreiben die Paare eine kurze Geschichte über Laura und Sandra. Was ist wohl passiert? Lassen Sie einige Geschichten vorlesen. Klären Sie erst dann die Bedeutung der Redewendung. Gibt es diese Wendung auch in der Muttersprache der TN?	CD 3.37	
2	PA/GA	Die TN erzählen sich mit wechselnden Partnern oder in Kleingruppen, was sie im Urlaub machen und wie es ihnen geht, wenn es regnet.		
3	EA, PL	a Die TN sehen ins Bildlexikon und notieren die passenden Nomen. Anschließend Kontrolle. *Lösung:* 2 der Schnee; 3 die Sonne; 4 der Wind; 5 die Wolke; 6 der Nebel; 7 das Gewitter Weisen Sie die TN auf die Temperaturangaben im Bildlexikon hin. Fragen Sie sie nach den Temperaturen am Kursort: heute, im Winter, im Sommer usw. Bringen Sie Fotos aus Zeitungen und Zeitschriften mit und lassen Sie die TN das Wetter beschreiben. Wenn Sie passende Fotos haben, können Sie bei Bedarf weitere Wetterwörter wie *Sturm*, *stürmisch*, *Frost* usw. einführen.	Fotos (Naturaufnahmen, Menschen draußen …)	

	PL (GA), EA	b Die TN hören die Geräuschkulissen und notieren das Wetter dazu. Anschließend Kontrolle. *Lösung:* 2 Es regnet. 3 Es ist windig. 4 Es ist kalt. Wiederholen Sie kurz die Jahreszeiten und sprechen Sie mit den TN darüber, wie das Wetter üblicherweise zu den verschiedenen Jahreszeiten in Mitteleuropa ist. In Kursen mit TN aus verschiedenen Ländern berichten die TN, wie das Wetter in ihren Heimatländern in den verschiedenen Monaten ist. Dabei kann der Komparativ wiederholt werden, indem die TN das Wetter des Heimatlandes / der Heimatländer mit dem Wetter in Deutschland (alternativ: Österreich/Schweiz) vergleichen. In homogenen Kursen mit TN aus demselben Heimatland können alternativ Fotos mit unterschiedlichem Wetter eingesetzt werden, damit sich Vergleiche ergeben. Drucken Sie bei Bedarf eine aktuelle Wetterkarte von Europa oder den D-A-CH-Ländern aus dem Internet aus. Die TN beschreiben in Kleingruppen das Wetter. Extra: Die TN recherchieren als Hausaufgabe im Internet das Wetter zu verschiedenen Städten in den D-A-CH-Ländern und notieren. Die meisten Städte haben auf ihren Internetseiten auch eine Information zum aktuellen Wetter. In der nächsten Stunde berichten die TN darüber. Moodle-Tipp: Forum „Das Wetter an meinem Wohnort": Die TN beschreiben im Forum ihren Wohnort und das Wetter dort. Die anderen TN stellen Fragen und gehen auf die Beiträge ein. Eröffnen Sie das Forum und beteiligen Sie sich auch daran. Korrigieren Sie keine Fehler. Abschließend können Sie ein zusammenhängendes Feedback zu den häufigsten Fehlern im Nachrichtenforum schreiben.	CD 3.38–41, ggf. Fotos (Naturaufnahmen), Wetterkarten
4	EA, PL	a Die TN überfliegen die Texte, unterstreichen Schlüsselwörter (höchstens drei pro Text) und ordnen die Fotos zu. Sagen Sie den TN, dass es hier ums globale Verstehen geht. Anschließend Kontrolle. Sprechen Sie mit den TN darüber, anhand welcher Schlüsselwörter sie die Fotos zugeordnet haben. Lesestrategie: Machen Sie den TN bewusst, dass sie auch in ihrer Muttersprache oft so lesen, z. B. Zeitungsartikel. Anhand von Schlüsselwörtern informiert man sich rasch über das Thema und entscheidet, worum es geht und ob der Text von Interesse ist. Erst dann liest man genauer – oder eben nicht. Wenn Sie das Leseverstehen einmal anders erarbeiten wollen, kopieren Sie die Texte leicht vergrößert und schneiden Sie sie auseinander. Sie brauchen von jedem Text so viele, wie Sie TN haben. Die TN stehen sich zu zweit gegenüber, am besten in einem Außen- und einem Innenkreis. Verteilen Sie den ersten Text. Auf Ihr Kommando überfliegen die TN den Text. Rufen Sie nach kurzer Zeit Stopp. Die TN legen den Text weg. Präsentieren Sie die Fotos zum Text (Folie/IWB). Welches Foto passt? Fragen Sie nach den Schlüsselwörtern, welche die TN zu ihrer Entscheidung gebracht haben.	ggf. Lesetext in Kopie

UNTERRICHTSPLAN LEKTION 23

		Danach nehmen die TN den Text erneut zur Hand. Diesmal sollen sie ihn intensiv lesen. Wieder geben Sie die Zeit vor. Bei Stopp legen alle TN den Text zur Seite. Mit dem TN, der ihnen gegenübersteht, sprechen sie über das, was sie gelesen haben. Nach kurzer Zeit gehen die TN im Außenkreis eine Person nach rechts weiter. Noch einmal unterhalten sich die TN über den Text. Verfahren Sie mit dem zweiten und dritten Text ebenso. *Lösung:* (Fotos von oben nach unten) A; C; B		
	EA, PL, PA	b Die TN lesen den Blog noch einmal und kreuzen die richtigen Sätze an. Anschließend Kontrolle. *Lösung:* A 2; B 2, 3; C 1 Sprechen Sie mit den TN auch über eigene Urlaube mit Problemen. Wer Lust hat, kann im Klassenforum (Moodle) einen eigenen Beitrag schreiben. Zeigen Sie anhand des Infokastens die Himmelsrichtungen. Nehmen Sie dazu auch die Karte in der vorderen Umschlaginnenseite des Buchs zu Hilfe. Fragen Sie die TN, wo Kiel liegt. Auf die Frage *Wo?* folgt bei Himmelsrichtungen *im (im Norden)*. Nach einigen Beispielen fragen die TN sich in Partnerarbeit: *Wo liegt …?* Lenken Sie die Aufmerksamkeit der TN noch einmal auf *wolkenlos* (in der ersten Blog-Antwort, in A 2 und im Grammatikkasten). Mit dem Adjektiv-Suffix *-los* werden aus manchen Nomen Adjektive. Die Bedeutung ist *ohne: farblos = ohne Farbe*. Besprechen Sie mit den TN weitere mögliche Beispiele, z. B. *farblos, arbeitslos, kostenlos, kinderlos, glücklos* usw. Verteilen Sie dazu die Kopiervorlage. Die TN lösen die Aufgabe allein oder zu zweit oder als Hausaufgabe. Anschließend Kontrolle. Zusätzlich informieren sich die TN im Internet über weitere Urlaubsregionen und berichten, wo sie liegen, wie das Wetter ist, was es dort Besonderes gibt (Mosel, Mecklenburgische Seenplatte, Berlin, Potsdam, Eifel, Nordsee, Helgoland, Kärnten, Zillertal, Lago Maggiore). Hängen Sie dazu eine Karte der D-A-CH-Länder auf. Extra: Spielen Sie Radio-Wetterberichte vor und besprechen Sie diese im Kurs mithilfe von Verständnisfragen. Deutschsprachige Radio-Sender haben fast alle ein Web-Radio, sodass Sie leicht fündig werden und Originalnachrichten anbieten können.	D-A-CH-Karte, KV L23|4b	
5	EA, PL, GA	a Die TN ordnen die Satzteile zu und vergleichen dann mit den Texten A bis C. Anschließend Kontrolle. *Lösung:* 2 …, denn dann ist das Unwetter gekommen. 3 …, denn wir hatten ein Traumwetter. 4 …, denn dort ist es auch im Herbst noch schön warm. Erklären Sie den TN anhand des Grammatikkastens die Konjunktion *denn*. Sie gibt einen Grund (*Warum?*) an. Weisen Sie die TN darauf hin, dass *denn* einen Hauptsatz einleitet. *Denn* ist eine der wenigen Konjunktionen, die in der Position 0 stehen. Ergänzen Sie das Tafelbild mit weiteren Beispielsätzen aus dem Kurs.	Ball, große Zettel, KV L23|5a	

> Pos. 0   Pos. 2
> Unser Ziel war Südtirol, (denn) dort ist es im
> März schon oft sehr warm.
> Carol lernt Deutsch, (denn) sie möchte als
> Au-pair-Mädchen nach Deutschland gehen.
> Wen hat heute die Hausaufgaben nicht gemacht,
> (denn) ...

Wer findet den besten Grund? Die TN stehen im Kreis. Werfen Sie einem TN einen Ball zu und fragen Sie ihn: *Gehen Sie mit mir tanzen?* Der TN überlegt sich, warum er das nicht tut, und antwortet: *Nein, (ich gehe nicht mit dir tanzen), denn ich kann gar nicht tanzen.* Er wirft den Ball einem anderen TN zu und fragt seinerseits. Wenn einem TN kein neuer Grund mehr einfällt, muss er sich eine neue Frage ausdenken. In Kursen mit überwiegend weniger geübten TN sollten Sie anfangs die Fragen vorgeben, z. B. *Putzt du meine Wohnung?*, *Zeltest du im Sommer mit mir?* usw.

Zusätzlich raten die TN Urlaubspläne. Sie antworten schriftlich auf die Frage: *Wohin möchten Sie nächstes Jahr im Sommer / im Herbst / im Winter und im Frühling fahren?* und geben einen Grund mit *denn* an. Mischen Sie die Zettel und verteilen Sie sie neu. Die TN lesen nacheinander vor. Die anderen raten, wer diese Pläne hat.

Alternativ oder zusätzlich schreiben die TN in Kleingruppen Nomen, die ihnen gerade einfallen, auf ein großes Stück Papier. Geben Sie dazu eine Zeit vor. Wenn Sie die Zettel einsammeln und kopieren, können die TN mehrere Durchgänge machen mit den Zetteln der anderen Gruppen, oder Sie können die Übung später noch einmal einsetzen. Die TN sehen sich in den Gruppen die Nomen an und überlegen, was zusammen passt und warum, z. B. *Der Stuhl und der Tisch passen zusammen, denn es sind Möbel/sie stehen beide in der Küche.* Die beiden Nomen werden durchgestrichen. Die TN machen so lange weiter, bis nichts mehr zusammenpasst.

Extra: Zur Übung und Vertiefung von Sätzen mit *und, oder, aber, denn* verteilen Sie die Kopiervorlage. Die TN lösen die Aufgaben selbstständig. Anschließend Kontrolle. Machen Sie weitere Beispiele zum Thema Urlaub mit den TN und notieren Sie sie an der Tafel.

EA, PA, GA	b Die TN schlagen die Aktionsseiten auf und ergänzen die Spalte *Ich* mit eigenen Angaben. Dann befragen sie sich zu zweit nach dem Muster im Buch. Extra: Verteilen Sie an jede Vierergruppe einen Spielplan der Kopiervorlage, die Kärtchen, Spielfiguren und einen Würfel. Jeder TN stellt seine Figur auf ein beliebiges Feld des Spielplans. Jeder TN erhält sechzehn Kärtchen (gleicher Schriftart). Der erste TN beginnt. Er würfelt und zieht seine Figur entsprechend vor. Das Feld gibt das Thema seiner Äußerung vor. Zusätzlich sucht er sich eins seiner Kärtchen aus, z. B. *Freizeit* und *und*. Er muss nun etwas über seine Freizeit sagen und dabei	KV L23|5b, Würfel, Spielfiguren

UNTERRICHTSPLAN LEKTION 23

		die Konjunktion *und* benutzen, z. B. *Morgen gehe ich schwimmen und am Dienstag möchte ich ins Kino*. Dann darf er das Kärtchen ablegen und der nächste TN ist am Zug. Variante nur für geübte TN: Kärtchen mit einem Sternchen bedeuten, dass das jeweilige Wort nur Satzteile verbinden soll (*Am Morgen oder am Nachmittag gehe ich schwimmen*).	
		Tipp: Um Zeit zu sparen, nehmen Sie Scheren mit in den Kurs oder die TN bringen welche mit und schneiden Spielkärtchen selbst aus.	
		Moodle-Tipp: Test „Ausflug nach Starnberg": Die TN lösen als Hausaufgabe den Test zu den Konjunktionen und bekommen eine automatische Lösung. Überprüfen Sie, ob und mit welchem Erfolg die TN die Aufgabe bearbeiten.	
6	EA	a Sagen Sie den TN, dass sie nun Musikstücke hören und dazu träumen dürfen. Die TN hören mit geschlossenen Augen das erste Musikstück. Wenn es zu Ende ist, öffnen sie die Augen und tragen in die Tabelle ein, wie das Wetter war, was sie bei diesem Wetter machen und was ihnen sonst noch einfällt. Verfahren Sie mit den anderen drei Musikstücken ebenso.	CD 3.42–45
	PA, GA	b Die TN sprechen mit wechselnden Partnern oder in Kleingruppen mithilfe ihrer Notizen im Buch darüber, welche Melodie / welcher Rhythmus ihnen am besten gefallen hat und welche Assoziationen sie dabei hatten. Fragen Sie die TN, ob sie mit einer Musik ein bestimmtes Wetter verbinden. Bitten Sie sie, die Musik mitzubringen und dem Kurs vorzuspielen. Erraten die anderen, woran der TN gedacht hat? Alternativ oder zusätzlich können die TN auch über besondere Wettererlebnisse im Urlaub oder auf Ausflügen berichten.	Musik von den TN
7	EA/ PA, PL	a Die Bücher sind geschlossen. Verteilen Sie die Satzstreifen der Kopiervorlage. Die TN bringen die Sätze in die richtige Reihenfolge. Lernungewohnte TN können zu zweit arbeiten. Die TN vergleichen ihre Lösung mit dem Buch. Haben TN eine andere Reihenfolge, kontrollieren Sie, ob diese ebenfalls denkbar wäre. Die TN lesen den Brief noch einmal und machen Notizen nach dem Muster im Buch. Anschließend Kontrolle. *Lösung:* Wetter? – Sonne scheint; Aktivitäten? – Ausflüge, am Meer sein, essen gehen Weisen Sie auf die Anrede in Briefen hin: *Liebe Sabine*, aber *Lieber Gerd*. Nach der Anrede steht ein Komma, danach wird kleingeschrieben.	KV L23|7a
	EA	b Die TN machen Notizen zu ihrem Urlaub. Das könnte der letzte Urlaub oder ein fiktiver Urlaub sein.	
	EA	c Die TN schreiben eine Karte aus ihrem Urlaub an Hannes. Tipp: Kopieren Sie von Postkarten Vorder- und Rückseite so, dass sie die Kopien als Postkarten benutzen können. Es ist für die TN motivierender, wenn Sie Realien bekommen. Vielleicht haben Sie sogar Postkarten aus den D-A-CH-Ländern?	Postkarten

	Extra: Wenn Sie eine andere, schwierigere Aufgabe für lerngewohnte TN brauchen, lassen Sie die TN eine E-Mail schreiben. Die TN bekommen Besuch aus dem Ausland, z. B. aus Deutschland. Die TN informieren den Besuch über das Wetter, geeignete Kleidung, was sie zusammen machen können und was sonst noch wichtig ist.
	Moodle-Tipps: Abstimmung „Mein Lieblingswetter": Die TN stimmen über ihr Lieblingswetter ab. Textproduktion „Eine Karte aus dem Urlaub": Die TN schreiben eine Karte aus dem Urlaub. In ihrem Text erwähnen sie auch ihr Lieblingswetter. Korrigieren Sie die Texte und schicken Sie sie den TN zurück.
EA, PA, PL	d Die TN lesen ihre Karte noch einmal und kontrollieren Endungen und Rechtschreibung. Danach tauschen die TN die Karten und kontrollieren die Karte ihrer Partnerin / ihres Partners. Lassen Sie die Karten ruhig von mehreren TN nacheinander kontrollieren. Sammeln Sie dann die Karten ein und prüfen Sie, wie gut die TN im Fehlerfinden sind. Besprechen Sie typische Fehler im Plenum.
	Tipp: Schreiben Sie eine Karte, in der Sie die häufigsten Fehler einbauen. Die TN kontrollieren diese Karte zu zweit. Anschließend besprechen Sie die Fehler im Plenum. Auf diese Weise setzen sich die TN intensiver mit ihren Fehlern auseinander, als wenn sie lediglich die korrigierte Fassung bekommen. Lassen Sie die TN die korrigierte Fassung noch einmal abschreiben.
	Zur Wiederholung zu einem späteren Zeitpunkt schreiben die TN eine E-Mail über das letzte Wochenende. Wie war das Wetter? Was haben Sie (nicht) gemacht? Warum? Was war (nicht) besonders?
	Moodle-Tipp: Forum „Städte-Rallye": Die TN recherchieren über eine deutsche Stadt, die sie anschließend kurz im Forum vorstellen. Die anderen raten, welche Stadt das ist. Beteiligen Sie sich auch am Forum. Korrigieren Sie keine Fehler. Schreiben Sie ein zusammenhängendes Feedback ins Nachrichtenforum.

UNTERRICHTSPLAN LEKTION 24

	FORM	ABLAUF	MATERIAL	ZEIT
1	PA (EA), PL	**a** Die TN sehen sich zu zweit das Foto an und beschreiben die Situation. Helfen Sie ggf. mit Leitfragen (*Was macht die Frau? Warum? Was hat sie eingepackt?*). Unbekannte Wörter schlagen sie im Wörterbuch nach. Alternativ zeigen Sie das Foto (Folie/IWB) und erarbeiten Sie mit den TN gemeinsam den Wortschatz, indem Sie im Foto markieren und die Vokabeln eintragen (*Geschenkpapier, -band, Schere, schneiden, einpacken* usw.). Oder schreiben Sie zehn Wörter zum Foto an die Tafel. Alle TN sollten die Wörter kennen, erklären Sie neue Wörter anhand des Fotos. Die TN schreiben eine kleine Geschichte oder ein Gespräch zu dem Foto, in der/dem alle Wörter vorkommen sollen. Ungeübte TN arbeiten zu zweit. Wer möchte, liest seine Geschichte vor. Lenken Sie die Aufmerksamkeit der TN auf das Wort *Überraschungsparty*. Komposita sind den TN bekannt, sodass sie mithilfe des Wörterbuchs die Bedeutung zunächst zu zweit erarbeiten. Danach Klärung im Plenum. Dann hören die TN das Gespräch und kreuzen die richtigen Aussagen an. Anschließend Kontrolle. *Lösung:* Nick möchte Alisa zu Isabellas Überraschungsparty einladen. Alisa ist heute Abend schon eingeladen.	Wörterbuch, ggf. Foto (Folie/IWB), CD 3.46	
	PL	**b** Die TN hören das Gespräch so oft wie nötig und korrigieren die Sätze. Anschließend Kontrolle. *Lösung:* 1 ~~den Brief~~ die E-Mail; 2 ~~Drei~~ Zwei; 3 ~~September~~ Oktober Spielen Sie noch einmal den Anfang des Gesprächs vor. Alisas Frage *Was läuft so?* ist eine typische Gesprächseröffnung unter meist jüngeren Leuten. Es die umgangssprachliche Frage nach Neuigkeiten. Ähnlich sind: *Was steht an?, Was geht (ab)?*	CD 3.46	
2	PL, EA	**a** Die TN decken die Texte ab und sehen sich nur die Fotos an. Sie spekulieren darüber, auf was für ein Fest Alisa jeweils geht. Hinweise geben die Kleidung, die Geschenke, die Jahreszeiten usw. Fragen Sie ggf., was Alina trägt und welche Jahreszeit das wohl ist. Hilfe zu den Festen finden sie im Bildlexikon. Erinnern Sie die TN daran, ihre Meinung mit *denn* zu begründen. Dann überfliegen die TN die Texte und ordnen sie den Fotos zu. Anschließend Kontrolle. Fragen Sie, woran die TN festmachen, welches Foto zu welchem Text passt. *Lösung:* (von links nach rechts) A; D; B *Landeskunde:* Zum Einzug bringt man in vielen Regionen Salz und Brot mit. Damit möchte man den Bewohnern Glück wünschen. Früher waren Salz und Brot mit die wichtigsten, aber auch teure Lebensmittel, die jeder haben sollte. Sprechen Sie mit den TN über die Feste des Bildlexikons. Welche Feste aus dem Bildlexikon feiern die TN auch? In Kursen mit TN aus verschiedenen Ländern berichten die TN kurz, welche Feste in ihrem Heimatland wichtig sind. Zu welchen Festen schenkt man etwas?		

		Landeskunde: Im deutschsprachigen Raum ist es insbesondere zum Geburtstag, zu Weihnachten und bei Hochzeiten üblich, etwas zu schenken. In religiös geprägten katholischen Familien kann auch der Namenstag noch wichtig sein. Für Hochzeiten bieten viele Geschäfte und mittlerweile sogar Online-Shops sogenannte Hochzeitstische an, die die Geschenkwünsche des Brautpaars zeigen. Die Gäste wählen ein Geschenk von diesem Tisch.		
	EA, PA	b Die TN lesen die Texte noch einmal und kreuzen an. Anschließend Kontrolle. *Lösung:* A falsch; B richtig; C falsch; D richtig Ergänzend schreiben die TN zu zweit zwei oder drei weitere Aussagen zu den Texten wie in b. Sie tauschen diese mit einem anderen Paar und kreuzen an: richtig oder falsch. Extra: Zur Wiederholung und Vertiefung der Personalpronomen verteilen Sie die Kopiervorlage. Die TN ergänzen die Personalpronomen. Kontrolle im Plenum oder selbstständig mit der Lösung auf der Vorlage. Weisen Sie bei Bedarf auf die Großschreibung der Anredepronomen in den Einladungen hin. Es ist zwar mittlerweile Kleinschreibung erlaubt, jedoch wird im *Duden* nach wie vor Großschreibung empfohlen. Anschließend suchen die TN sich allein oder zu zweit ein Fest aus und schreiben eine Antwort. Wiederholen Sie vorab Redemittel für Zusagen und freundliche Absagen.	KV L24|2b	
3	EA, PL, GA	Die TN markieren das Datum in den Texten in 2 und ergänzen es dann in der passenden Form mithilfe des Grammatikkastens. Anschließend Kontrolle. *Lösung:* A fünfundzwanzigste; C vierten; D einunddreißigsten Weisen Sie auf den linken Grammatikkasten hin und erklären Sie den TN, dass die Ordinalzahlen bis 19 die Endung *-te* und ab 20 die Endung *-ste* haben. Weisen Sie die TN auf die Sonderformen von *eins, drei, sieben* hin. Schneiden Sie mehrere Sätze Kärtchen der Kopiervorlage aus. Je drei TN erhalten einen Satz Kärtchen. Der erste Teilnehmer zieht eine Karte, z. B. *Dienstag*, und nennt das passende Datum: *Am Dienstag war der achte September.* Die Karte wird zurückgelegt. Der nächste zieht ein Kärtchen. Variation: Die TN legen für *heute* ein neues Datum fest, ab dem dann gerechnet wird. Besprechen Sie den rechten Grammatikkasten. Auf die Frage *Wann?* wird beim Datum mit *am* und Dativ geantwortet: *am achten Januar.* Die Erklärung des Dativs ist nicht unbedingt erforderlich, es genügt, wenn die TN sich merken, *-n* an die Ordinalzahl zu hängen. Das Gleiche gilt für die Präpositionen *vom* und *bis (zum).* Fragen Sie die TN, wann sie Geburtstag haben. Sie bilden eine Geburtstagsschlange, indem sie sich in der chronologischen Reihenfolge ihrer Geburtstage aufstellen.	KV L24|3a, Jahreskalender	

UNTERRICHTSPLAN LEKTION 24

		Extra: Kopieren Sie einen Jahreskalender und verteilen ihn an die TN. Diese tragen die Geburtstage aller TN ein, außerdem den Kursbeginn, das Kursende (ggf. auch vom Folgekurs), Feiertage, evtl. Ferien und Prüfungen usw. Danach fragen sich die TN zu dritt nach Terminen. Wiederholen Sie evtl. die temporalen Präpositionen *in, vor nach, für* aus Lektion 8 und auch die Frage *(Für) Wie lange?*, auf die auch mit festen Daten geantwortet werden kann (*Vom achten Januar bis (zum) vierten Februar*). Besprechen Sie bei Bedarf auch komplexere Antwortmöglichkeiten, z. B. *Wann hast du Geburtstag? – Vor den Ferien, am siebten Juli.*	
	EA, GA	b Die TN schlagen die Aktionsseite auf und machen sich zu ihren Lieblingsfesten Notizen. Dann sprechen sie zu dritt darüber. Sie können das Gespräch erweitern und vom letzten Mal berichten, an dem sie ihr Lieblingsfest gefeiert haben.	
4	PA, PL, EA	a Die TN sehen sich zu zweit die Liste der Glückwünsche an. Mithilfe des Bildlexikons ordnen sie den Glückwünschen die Feste zu. Anschließend Kontrolle. *Lösung:* 1 Prüfung bestanden, Einweihungsparty; 2 Silvester, Neujahr; 3 Weihnachten; 4 Prüfung bestanden; 5 Geburtstag, Hochzeit, Prüfung bestanden, Einweihungsparty Sammeln Sie mit den TN weitere festliche Anlässe mit den passenden Glückwünschen (Ostern: *Frohe Ostern!* Geburt eines Kindes: *Alles Gute!* usw.). Extra 1: Schreiben Sie die Namen der Feste auf große Zettel, die Sie auf dem Boden befestigen. Spielen Sie Musik ab, das kann Musik zu einem bestimmten Fest sein (Karneval, Weihnachten) oder auch einfach ein Lied mit schönem Rhythmus. Die TN gehen herum. Wenn die Musik stoppt, bleiben sie stehen und gratulieren dem am nächsten stehenden TN zu dem Fest, auf oder neben dessen Zettel sie stehen. Extra 2: In Kursen mit TN aus verschiedenen Ländern können Sie einen Glückwunschkreis machen: Die TN stehen im Kreis, jemand nennt ein Fest aus dem Bildlexikon, alle TN sagen den Glückwunsch auf Deutsch im Chor, anschließend sagt ein TN den Glückwunsch in seiner Muttersprache, den die TN im Chor wiederholen. Ein anderer TN fährt in seiner Muttersprache fort usw. Bringen Sie Glückwunschkarten zu verschiedenen Festen mit (das können auch Farbausdrucke von kostenlosen Beispielen aus dem Internet sein). Jeder TN erhält eine Karte und schreibt an einen anderen TN einen Glückwunsch. Die TN können auch auf den Glückwunsch, den sie erhalten haben, antworten. Moodle-Tipp: Forum „Zum Geburtstag viel Glück": Die TN hören sich das Geburtstagslied an. Ins Forum schreiben sie, wie man in ihren Ländern gratuliert oder ob es in ihrer Familie bestimmte Geburtstagstraditionen gibt. Die TN können auch ein Geburtstagslied aufnehmen und als MP3-Datei hochladen.	Zettel mit Namen der Feste, Musik, Glückwunschkarten

	GA, PA/ PL, EA	b Die TN sprechen in Kleingruppen darüber, was sie gern schenken / geschenkt bekommen. Zusätzlich können sie über die Verpackung sprechen: *Wie wichtig ist eine schöne Verpackung? Packen Sie selbst gern Geschenke ein? Sind Sie geschickt dabei? usw.* Machen Sie zusätzlich einen Verpackungswettbewerb. Je zwei TN verpacken einen Gegenstand aus dem Kurs. Dabei müssen beide natürlich Deutsch sprechen. Wer verpackt das schönste Geschenk? Der Preis? Eine Rolle Geschenkpapier. Tipp: Solche haptischen Spiele lockern das Unterrichtsgeschehen auf und eignen sich gut, um insbesondere in Intensivkurse etwas Entspannung hineinzubringen. Möglich wäre auch, über das Geschenk, über das sie sich im meisten gefreut haben, zu sprechen: *Was war das? Wann und von wem haben Sie es bekommen? Warum war es so toll?* Wenn Sie noch eine Schreibaufgabe brauchen, können die TN dazu auch einen kleinen Text schreiben. Moodle-Tipp: Forum „Mein schönstes Geschenk": Die TN schreiben ins Forum, welches ihr schönstes Geschenk war und wann sie es bekommen haben. Korrigieren Sie keine Fehler. Gehen Sie im nächsten Präsenzunterricht auf wichtige Fehler ein.	Verpackungsmaterial, eine Rolle Geschenkpapier	
5	EA, PL	a Die TN lesen die Sätze und kreuzen die passende Bedeutung an. Wenn nötig, lesen sie dazu noch einmal die Einladungen C und D aus Aufgabe 2. Anschließend Kontrolle. *Lösung:* 1 Ich möchte mit dir ins Kino gehen. Hast du Zeit? 2 Wir möchten gern mit dir feiern. Kommst du? Schreiben Sie Satz 1 an die Tafel und heben Sie die Satzklammer hervor. Erklären Sie den TN, dass für Wünsche oft der Konjunktiv II benutzt wird. Er wird gebildet aus *„würde"* (Position 2) und dem Infinitiv (am Ende). Schreiben Sie die Konjugation von *„würde"* an die Tafel. Geben Sie den TN einen Moment Zeit, um sich zu überlegen, was sie den Leuten aus den Texten in 2 schenken würden. Jeder TN schreibt eine Geschenkeliste. Dann befragen sich die TN in Form einer Kettenübung: *Was würdest du Tine und Alejandro schenken/mitbringen? – Ich würde ihnen einen Hund schenken. …* Zusätzlich sehen sich die TN noch einmal die Texte der Kopiervorlage Lektion 24|2b an. Wo kann man Konjunktiv II benutzen?	KV L24|2b	
	EA, GA, PL	b Die TN notieren, was sie am liebsten jeden Tag machen würden. Zu dritt sprechen sie über ihre Wünsche und notieren auch die Wünsche der anderen. Ermitteln Sie abschließend die Wunsch-Hitliste des Kurses an der Tafel. Was wurde am meisten genannt?		

UNTERRICHTSPLAN LEKTION 24

6	PA, EA, PL, GA	Die TN schlagen die Aktionsseite auf und füllen die Spalte *Ich* für sich aus. Danach sprechen die TN zu zweit über ihre Wünsche. Regen Sie die TN dazu an, Nachfragen zu stellen.	KV L24|6
		Alternativ schreiben die TN einen kleinen Text über ihre Wünsche, ohne ihren Namen zu nennen. Sammeln Sie die Texte ein und verteilen Sie sie neu. Die TN lesen die Texte vor und raten, wer sich das wünscht. Oder erinnern Sie die TN an den Wunschbaum (Modul-Plus 6) und die Wunschkarten. Vielleicht haben die TN sie noch in ihrem Portfolio und können sie hier noch einmal benutzen, indem sie ihre Wünsche nun im Konjunktiv II formulieren.	
		Für eine gelenkte Variante verteilen Sie die Kärtchen der Kopiervorlage an Kleingruppen. Die TN mischen die Kärtchen, legen eine offen in die Mitte und stellen sich zusammen diese Situation vor: *Was würden sie dann tun?* Alternativ oder zusätzlich können die TN ein Kärtchen auswählen, um einen Text für den Wunschbaum zu schreiben (*Ich würde gern 100 werden. Dann würde ich ein Fest mit allen Enkeln, Urenkeln … machen. Ich würde noch total fit sein – da bin ich sicher …*).	
		Moodle-Tipp: Forum „Träume": Die TN schreiben Beiträge zu ihren Zukunftsträumen ins Forum. Die anderen kommentieren die Beiträge. Beteiligen Sie sich auch und kommentieren Sie ebenfalls. Korrigieren Sie die Beiträge nicht. Sie können abschließend ein zusammenhängendes Feedback ins Nachrichtenforum schreiben.	
7	GA	a Bereiten Sie zu Hause Kärtchen mit den Namen von Festen in D-A-CH vor. In Inlandskursen können Sie auch regionale und lokale Feste aufnehmen. Die TN ziehen ein oder mehrere Kärtchen und recherchieren in Kleingruppen im Internet darüber. Zu einem Fest oder zwei Festen sammeln die TN Informationen mithilfe des Fragebogens im Buch und erstellen ein Plakat oder eine digitale Präsentation.	Kärtchen mit Namen von Festen in D-A-CH, ggf. Plakate
	GA, PL	b Die Gruppen stellen ihre Ergebnisse im Kurs vor.	
		Tipp: Geben Sie den TN genug Zeit, die Präsentation vorzubereiten. Da es eine Gruppenarbeit ist, vereinbaren Sie, dass jeder etwas sagen sollte. So locken Sie auch einmal die stilleren TN hervor.	
		Moodle-Tipps: Wiki „Organisation einer Kursabschlussparty": Die TN planen gemeinsam eine Abschlussparty für den Kurs. Dafür erstellen sie im Wiki eine Aufgabenliste zur Vorbereitung. Textproduktion „Eine Einladung schreiben": Die TN überlegen sich, wen sie zur Abschlussfeier einladen wollen. Sie laden zur Abschlussfeier z. B. den Institutsleiter oder Lehrer ein. Korrigieren Sie die Texte und schicken Sie sie an die TN.	

Lesemagazin

	FORM	ABLAUF	MATERIAL	ZEIT
1	PL, EA	Klären Sie vorab folgende Begriffe: *Klima, Klimawandel, Diagramm*. Weisen Sie auf das Diagramm hin und führen Sie ein kurzes Einstiegsgespräch dazu mit den TN: Was sagen ihnen die Zahlen?		
		Die TN lesen die Fragen zum Text. Beantworten Sie bei Bedarf weitere Vokabelfragen, bevor die TN den Text lesen und ankreuzen. Anschließend gemeinsame Kontrolle.		
		Lesestrategie: Auch ein Text mit einem Thema, das den TN sprachlich noch nicht so vertraut ist, bietet Hilfen für das Verständnis. Augenmerk sollten die TN z. B. auf die Überschrift legen, die das Thema angibt, sowie auf Abbildungen (auch Diagramme wie im vorliegenden Text). Beim „Wörterknacken" während des Lesens helfen Internationalismen, Synonyme (vielleicht erklärt sich das Wort ja an späterer Stelle durch ein anderes, bekanntes Wort) und Beispiele. Ist ein Wort mit diesen Hilfen nicht erschließbar, sollten die TN gezielt vorgehen und sich fragen: 1. Was ist das für ein Wort? (z. B. Es ist großgeschrieben: Es ist ein Nomen. Es ist zusammengesetzt: Es ist ein Kompositum. Kenne ich vielleicht ein Teilwort?) 2. Welche Wörter stehen neben / in der Nähe des Wortes? Vielleicht wird das Wort dadurch klar. Lohnend ist insbesondere bei Verben ein Blick ans Ende des Satzes, um Nomen-Verb-Verbindungen „aufzudecken" (z. B. *sind … im Spiel.*)		
		Lösung: a Sonja Zimmerer; b Sonja Zimmerer; c Arwed Finke; d Arwed Finke; e Sonja Zimmerer		
2	PL	Fragen Sie die TN nach ihrer Meinung zum Thema. Da eine ausführlichere Diskussion mit den Sprachkenntnissen von A1 noch nicht möglich ist, könnte das als einfache Abfrage per Handzeichen geschehen. Alternativ lesen die TN noch einmal die Texte und unterstreichen die Aussagen, denen sie zustimmen. Sie nutzen diese für ihre Meinungsäußerung (z. B. *Ich finde auch, es geht nur um Geld und Politik.* usw).		
		Moodle-Tipp: Forum „Lesemagazin Klimawandel": Die TN schreiben eigene Beiträge zum Thema Problemurlaub ins Forum. Die anderen kommentieren die Beiträge.		

UNTERRICHTSPLAN MODUL-PLUS 8

Film-Stationen

	FORM	ABLAUF	MATERIAL	ZEIT
1	PL	a Die TN lesen die Aufgabe im Buch und ordnen die Bewertungen mit Bleistift zu. Dann sehen sie den Film. Sie vergleichen mit ihren Vermutungen und korrigieren bei Bedarf. *Lösung:* 2 Mehr Farbe wäre besser. 3 Am besten gefällt mir sein Hut. 4 Das Kleid ist sehr elegant. 5 Das ist total sportlich. 6 Die Bluse ist schön, aber der Rock geht gar nicht. 7 Die Farbe passt auch sehr gut zu ihr. Zur Vertiefung können Sie die Kopiervorlage zu Clip 22 einsetzen.	Clip 22, KV zu Clip 22	
	EA, GA	b Im Kurs oder als Hausaufgabe schreiben die TN zu jedem Foto ein bis zwei Sätze über die Kleidung. Sie vergleichen ihre Meinung in Kleingruppen. Extra: Die TN veranstalten eine Modenschau im Kurs. Die Zuschauer oder eine Jury kommentieren die Kleidung. Am besten ist es, wenn die TN für diese Modenschau extra verrückte und spezielle Kleidung mitbringen. So muss sich niemand persönlich angegriffen werden, wenn die Kleidung etwas weniger positiv beurteilt wird.	Kleidung für eine Modenschau	
2	PL	Die TN lesen die Aussagen, helfen Sie bei Vokabelfragen. Zeigen Sie die Reportage. Die TN kreuzen an. Anschließend Kontrolle. *Lösung:* richtig: b; c; f Zur Vertiefung können Sie die Kopiervorlage zu Clip 23 einsetzen. Extra: Die TN filmen einen Ort mit dem Fotohandy oder einer Digitalkamera mit Videofunktion und präsentieren den Film im Kurs oder auf einer Lernplattform. Das kann die Heimatstadt, der aktuelle Wohnort, die Lieblingsstadt oder eine Landschaft (Berge, Seen) sein. Alternativ ist auch eine Präsentation mithilfe von Postkarten und Plakaten möglich.	Clip 23, KV zu Clip 23	
3	PL	a Die TN sehen die Reportage und ergänzen die Informationen. Anschließend Kontrolle. *Lösung:* 1 München; 2 200; 3 dreimal	Clip 24	
	PL	b Die TN sehen den Film noch einmal und kreuzen an, wer welchen Wunsch hat. *Lösung:* Autoscooter fahren: Lilian; über den Jahrmarkt gehen und gucken: Oliver; etwas essen: Lilian; schießen: Oliver Zur Vertiefung können Sie die Kopiervorlage zu Clip 24 einsetzen.	Clip 24, KV zu Clip 24	

Projekt Landeskunde

	FORM	ABLAUF	MATERIAL	ZEIT
1	EA/ PA, PL	Die TN lesen die Webseite und ergänzen allein oder zu zweit die Tabelle. Anschließend Kontrolle im Plenum. *Lösung:* Einladung: Brief mit Sand im Umschlag; Dekoration: Sand, Liegestühle, Planschbecken; Kleidung: Bikinis, Badeanzüge, Badehosen; Essen/Getränke: Fruchtcocktails, Toast Hawaii oder Fischbuffet; Musik: Salsa; Programm: Luftballon-Darts. Die TN sprechen über Strand-Partys: Wer hat schon einmal an einer solchen Party teilgenommen oder eine organisiert? Was gab es zu essen und trinken und wie waren die Leute angezogen? Wie hat ihnen die Party gefallen?		
2	GA	a Hinweis: Das Planen, Entscheiden und Verteilen von Aufgaben ist Thema in vielen DaF/DaZ-Prüfungen (z. B. *DTZ, Zertifikat Deutsch*). Die TN finden sich in Gruppen zusammen und sammeln Ideen für eine Motto-Party. Regen Sie an, dass die TN ihre Vorschläge in einer Tabelle wie in Aufgabe 1 sammeln, damit sie nichts Wichtiges vergessen und eine Struktur für ihre Präsentation haben.		
	PL	b Die Gruppen präsentieren ihren Motto-Vorschlag im Kurs. Dann wird abgestimmt und gemeinsam entschieden, was für eine Party der Kurs feiern will.		
	PL	c Sobald ein Datum für die Kurs-Motto-Party feststeht, werden die Aufgaben verteilt: Wer kümmert sich worum? Die TN bereiten die Party vor und es wird gemeinsam gefeiert. Viel Spaß! Moodle-Tipps: Textproduktion „Eine Feier": Die TN schreiben einen Text über eine Feier, die sie kürzlich besucht oder selbst organisiert haben. Korrigieren Sie die Texte und schicken Sie sie den TN zurück. Sie können die Texte auch ausdrucken und im Kursraum aufhängen, damit alle TN alle Texte lesen können. Wiki „Literatur – Wiedersehen in Wien" (im allgemeinen Arbeitsbuch, nicht in *Menschen hier*): Die TN sammeln Ideen, was Paul und Anna wohl in ihre Tagebücher schreiben. Sie können als Anregung weitere Beispieleinträge machen, um die Fantasie der TN anzuregen.		

UNTERRICHTSPLAN MODUL-PLUS 8

Ausklang

	FORM	ABLAUF	MATERIAL	ZEIT
1	EA, PL	Die TN lesen den Liedtext und ergänzen die Komparative. Dann hören sie das Lied und korrigieren sich selbst. *Lösung:* mehr; besser; mehr; traurig; besser; mehr; mehr; sehr; mehr; mehr; traurig; besser; mehr	CD 3.47	
2	PL/ GA	Die TN hören noch einmal und singen mit. Wenn Sie den Kurs in eine Frauen- und eine Männergruppe teilen, können die Frauen die erste Strophe und die Männer die zweite Strophe singen. Zusätzlich erfinden die Frauen eine neue Strophe: Worum könnten sie eine andere Frau noch beneiden? Auch die Männer dichten eine neue Männer-Strophe.	CD 3.47	

Lektion 13 | 3

Sechs gewinnt

⚀ = die (Singular)   ⚁ = das   ⚂ = die (Plural)

⚃ = ein   ⚄ = der   ⚅ = eine

Stadtmitte	Brücken	Hotel	Restaurant	Polizei	Café
Haus	Ampel	Bank	Flughafen	Disco	Museum
Cafés	Zentrum	Straße	Hotels	Banken	Brücke
Bahnhöfe	Theater	Häuser	Supermärkte	Haltestelle	Supermarkt
Schwimmbad	Straßen	Kino	Bahnhof	Ampeln	Schule
Haltestellen	Dom	Post	Kinos	Museen	Restaurants

KOPIERVORLAGE

Lektion 13 5a

Lektion 13 5c

Das Stadt-Partnerspiel

Wo ist …? Fragen Sie Ihre Partnerin / Ihren Partner und ergänzen Sie im Plan.   Partner A

Technik-Museum | Supermarkt | Euro-Bank | Hotel zur Post | Polizeiauto | Dom | Restaurant Hunger

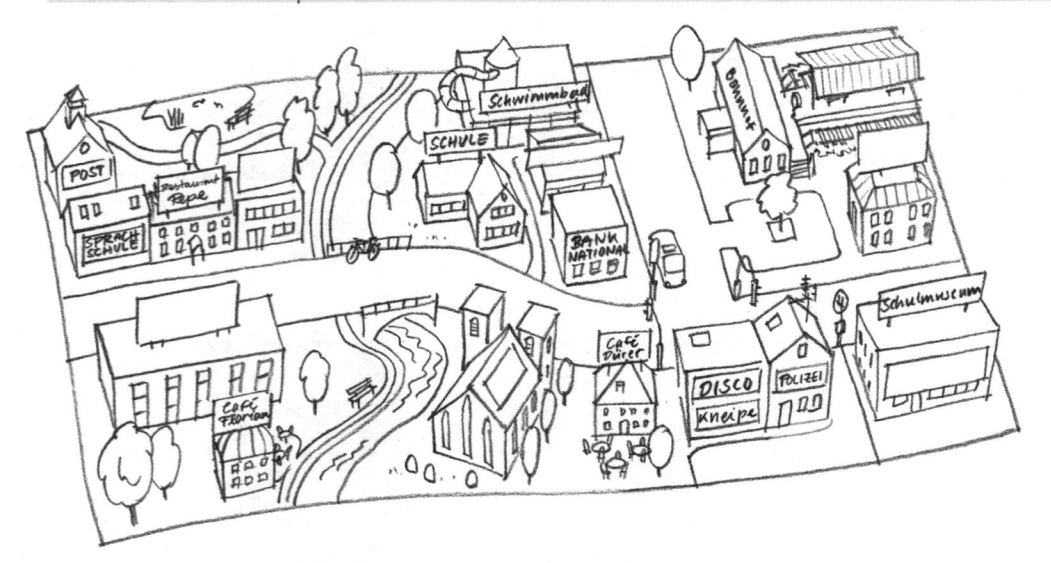

- Ich suche das Technik-Museum. Wo ist es, bitte?
- Es ist neben/vor/hinter …

Wo ist …? Fragen Sie Ihre Partnerin / Ihren Partner und ergänzen Sie im Plan.   Partner B

Disco | Sprachschule | Fahrrad | Schwimmbad | Post | Bank National | Polizei

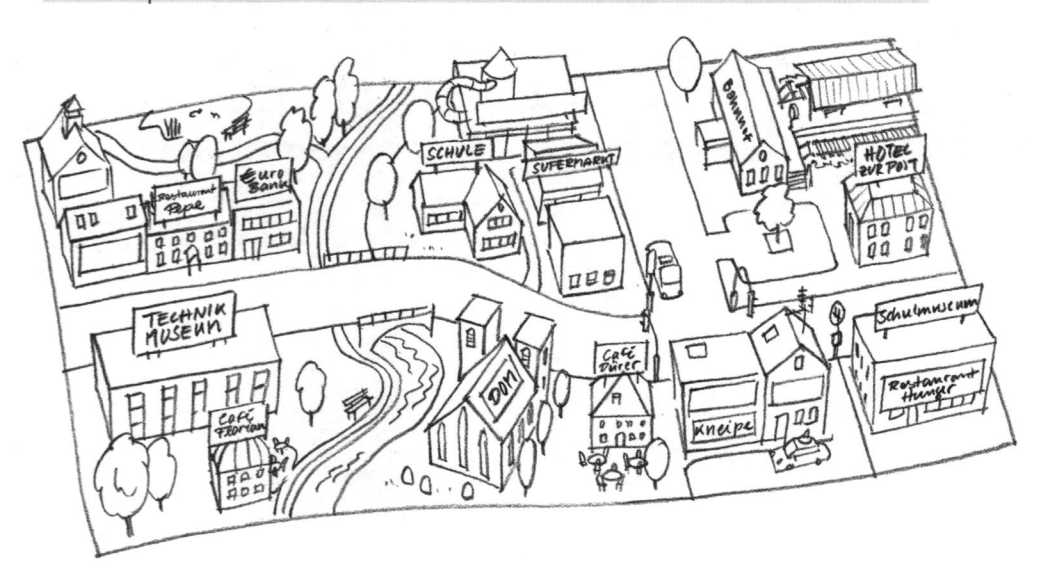

- Ich suche die Disco. Wo ist sie, bitte?
- Sie ist neben/über …

KOPIERVORLAGE

Lektion 13 **7**

Schneiden Sie die Sätze aus und ordnen Sie zu.

Entschuldigung!

Ich bin auch fremd hier.

Können Sie mir helfen?

… einen/zwei/… Kilometer geradeaus. Und dann sehen Sie schon …

Wo ist denn hier …?

Kennen Sie …?

Wenden Sie.

Das ist in der Nähe (von) …

Ich suche …

Trotzdem: Dankeschön!

Tut mir leid. Ich bin nicht von hier.

Sie biegen rechts/links ab.

Sie fahren/gehen geradeaus / nach rechts / nach links.

… die nächste Straße rechts/links.

Sehr nett! Vielen Dank!

Lektion 14 | 3

Suchrätsel

Hier sind 12 Wörter rund ums Wohnen versteckt. Sie sind entweder senkrecht ↓ oder waagerecht → geschrieben. Markieren Sie die Wörter und tragen Sie sie unten in die Tabelle ein.

A	M	W	A	N	D	U	H	R	G
S	O	F	A	C	K	E	U	N	L
T	E	P	P	I	C	H	S	I	A
B	J	S	O	S	T	R	F	E	S
E	R	E	M	T	I	S	C	H	T
T	L	S	S	U	S	L	H	E	I
T	Ü	S	C	H	R	A	N	K	S
A	G	E	H	L	Ü	M	Ö	T	C
B	I	L	D	A	S	P	F	T	H
D	U	S	C	H	E	E	K	D	W

der	das	die
	Bett	

Lektion 14 8a

A 1
Glückstadt/Stadtmitte. Schöne 2-Zimmer-Wohnung (54 m²) im 3. Stock (Aufzug!) mit Küche, Bad und Balkon. Eigener Stellplatz in der Tiefgarage. 400 € plus 120,00 € Nebenkosten. Sofort frei. braun@ab-immo.com

B ___
Polizistin sucht dringend 1½- bis 2-Zimmer-Wohnung in Glückstadt/Stadtmitte oder Nord, ca. 40 bis 50 m² (nicht über 500 € inkl.). Gern auch möbliert. Kontakt: gittiweiß@polizei-glückstadt.org

C ___
Blumenstraße 12. Nettes kleines Haus, 120 m², 4 Zi., Küche, 2 Bäder. Schöner großer Garten (700 m²!). Miete 880 € plus NK (200 €). Kontakt: vanilla@btx.net

D ___
Glückstadt-Süd. Apartment, 32 m², im EG. Wohn- und Schlafraum plus Küche (mit Kühlschrank und Herd). Monatsmiete: 320 € inkl. NK. braun@ab-immo.com

E ___
Super! Wohnen wie auf dem Land und doch mitten in der Stadt: WGM – Wohnpark Glückstadt Mitte. Nur noch 11 Wohnungen frei. 30 bis 70 m² / Warmmiete 360 bis 880 €/Monat. Ihr Vermieter: Glückstadtbau AG. Tel. 34758

INFO: m² = der Quadratmeter

Lektion 14 10c

Wohnzimmer	Stift	Eltern
Computer	Bürostuhl	Bad
Tisch	Blumen	Cello
Käse	Brötchen	Bücher
Brille	Suppe	Koffer
Lampe	Maus	Flur
Schrank	Regenschirm	Müll
Garten	Sessel	Vermieter
Küche	Balkon	Schokolade
Keller	Hund	Laptop

Lektion 15 4c

einkaufen	Restaurants, Kneipen
Kino	Sehenswürdigkeiten
Feste und Feiern	Verkehrsmittel
unter Menschen sein	Kinder
Geschäfte	Sport und Hobbys
Wohnungen	allein sein
Bäume	arbeiten
Ruhe	Werkstätten

Lektion 15 5b

Spiel: Wem gehört das denn?

Kugelschreiber	Brille	Haus	Kühlschrank	Äpfel
Fotos				Käsebrot
Schokolade		Wem gehört das denn?		Laptop
Hund		= 1 Feld vor		Fahrräder
Handy		= 2 Felder vor		Koffer
Fotoapparat				Uhr
Teppich				Notizbücher
Maus				Wasserflasche
Computer	Tasche	Zeitungen	Auto	Stifte

KOPIERVORLAGE

Lektion 15 7

Stadtviertel-Bingo

1 Was gibt es in Ihrem Viertel?

2 Was fehlt dort?

3 Was gefällt Ihnen in dem Viertel?

Spielplätze	Supermarkt	Schule	Restaurants
Kneipen	Kirche	Bibliothek	Ampeln
Post	Arzt	Markt	Reisebüro
Bahnhof	Kindergarten	Brücke	Park

4 Was für Leute wohnen da?

Studenten	Ausländer	Arbeiter	Künstler
viele Leute mit Hund	viele Kinder	junge Menschen	Deutsche
Familien	alte Menschen	Singles	freundliche Leute
Geschäftsleute	Ärzte	Leute vom Land	Schauspieler und Stars

5 Was gefällt Ihnen nicht?

viel Müll	wenig Läden	Verkehr	Die Leute sind nicht freundlich.
wenig Natur	kein Arzt	zu viele Menschen	keine Fahrradwege
dunkel / wenig Licht	(viele) Hunde	Autos	Häuser
Restaurants	Es ist laut.	Es ist langweilig.	Touristen

Lektion 16 4b

Im Hotel

Wer sagt das? Ordnen Sie zu.

(H) Hotelpersonal   (G) Gast

	Ja, natürlich. Kommen Sie herein.
	Oje, ich kann das leider nicht selbst machen. Das kann nur die Heizungsfirma reparieren.
	Nein. Oder doch, eine Bitte noch: Bringen Sie mir einen Tee, sehr heiß, bitte.
	Darf ich hereinkommen? Ich möchte nach der Heizung sehen.
	Hallo. Was kann ich für Sie tun?
	Das tut mir leid. Ich komme sofort.
	Ich weiß es nicht. Aber ich sage Ihnen sofort Bescheid. Kann ich sonst noch etwas für Sie tun?
	Natürlich, gern.
	Wie lange dauert das? Es ist wirklich sehr kalt.
	Entschuldigen Sie, mein Zimmer ist ganz kalt. Die Heizung funktioniert nicht.

KOPIERVORLAGE

Lektion 16 5b

Eine Vorlesegeschichte für das Bildlexikon-Drei-Gewinnt

Also, Beate, das Hotel hat zuerst super ausgesehen. Ich habe mich total gefreut. Aber dann hat es angefangen: Im Aufzug war kein Licht. In meinem Zimmer war die Klimaanlage kaputt, es war sehr heiß, und im Bad waren keine Handtücher, nur ein Bademantel. Aber der war ganz grau, iiiih. Ich mag gar nicht daran denken. Die Internetverbindung hat nur in der Toilette funktioniert, ein Föhn war auch nicht da. Das Radio hat nur Sender auf Schweizerdeutsch gespielt, ich habe nichts verstanden. Der Fernseher hat alles in Schwarzweiß gezeigt. Du weißt, wie gern ich im Bett noch einen Liebesfilm sehe. Nichts hat geklappt! Am nächsten Morgen habe ich bis 11 Uhr geschlafen. Der Wecker kann nämlich nur um 11 Uhr klingeln. Das habe ich aber nicht gewusst. Ach ja, in der Dusche hat es nur sehr wenig Wasser gegeben, erst nach zwanzig Minuten habe ich die Seife wegbekommen. Aber etwas hat sehr gut funktioniert: die Heizung! Im Juli! Ein toller Urlaub. Nein wirklich, Beate, jetzt brauche ich erst einmal Urlaub. Du bist nicht zu Hause und gehst nicht ans Telefon. Schade. Ich rufe später noch mal an.

Lektion 16 | 7c

Wichtige Termine

Wann hat der Deutschkurs angefangen?	Wann hat … Geburtstag?
Wann gehen Sie einkaufen?	Welcher Wochentag war gestern?
Wann haben Sie Geburtstag?	Wann schreiben Sie E-Mails oder sehen fern?
Wann sind Sie heute zu Hause?	Wann endet der Deutschkurs?
Wann gehen Sie heute nach Hause?	Für wie lange möchten Sie gern im Ausland leben?
Wann haben Sie heute gefrühstückt?	Wie spät ist es jetzt?
Wie lange hat die Sprachschule geöffnet?	Für wie lange möchten Sie nach Deutschland / Österreich / in die Schweiz fahren?
Wie lange dauert der Deutschkurs?	Wann treffen Sie Ihre beste Freundin / Ihren besten Freund wieder?
Wann sind Ferien?	Wann besuchen Sie Ihre Eltern?
Wie lange haben Sie im Sommer Urlaub?	Wann ist der nächste Deutschkurstermin?

KOPIERVORLAGE

Lektion 17 3a

1 Was passt zusammen? Ordnen Sie zu.

a Gestern habe ich eine interessante Anzeige   geschafft.

b Ich habe die Aufnahmeprüfung letzte Woche   angemeldet.

c Pierre hat seine Berufsausbildung vor drei Jahren   bekommen.

d Gestern haben die Eltern ihre Tochter an einer Schule   abgeschlossen.

e Greta hat letztes Jahr keinen Studienplatz   gelesen.

2 Fragen Sie Ihre Kurskollegen. Wer antwortet mit Ja? Notieren Sie den Namen.

● Hast du eine Berufsausbildung abgeschlossen?
◆ Ja, letztes Jahr. / Nein, noch nicht.

	hat eine Berufsausbildung abgeschlossen.
	meldet sich bald an einer Schule/Universität an.
	hat heute Morgen die Zeitung gelesen.
	hat gestern Anzeigen gelesen.
	hat in diesem Jahr einen Studienplatz bekommen.
	kann Gitarre spielen.
	hat schon einmal eine Aufnahmeprüfung geschafft.
	hat am Wochenende getanzt.
	hat schon einmal vor vielen Leuten gesungen.

Lektion 17 6a

Tragen Sie zehn weitere Aktivitäten ein. Hilfe finden Sie im Bildlexikon.
Fragen Sie Ihre Partnerin / Ihren Partner und notieren Sie die Antworten.

- Willst du den Führerschein machen?
- Ja, den will ich unbedingt machen. / Nein, den will ich auf keinen Fall machen. / Den habe ich schon gemacht.

Aktivitäten	unbedingt (noch) machen	vielleicht (noch) machen	auf keinen Fall (noch) machen
den Führerschein machen			

KOPIERVORLAGE

Lektion 17 | 6b

Spiel: können und wollen

Ergänzen Sie *können* oder *wollen* in der richtigen Form.

🪙 = ein Feld vor

🪙 = zwei Felder vor

A Ziel	B Ziel
A10 Erna _____ super Cello spielen. Ich _____ leider kein Instrument spielen.	**B10** Sabine _____ keinen Kaffee. Sie trinkt nur Tee.
A9 Ich _____ Lehrer werden. Clara und Gerti _____ das auf keinen Fall.	**B9** _____ Sie mal meinen Hund sehen? Er ist total süß.
A8 Viele Kinder _____ nicht schwimmen. Das ist nicht gut.	**B8** Wie? Du _____ deinen Geburtstag nicht feiern? Das gibt es doch nicht!
A7 _____ ihr uns helfen? Die Aufgabe ist zu schwierig.	**B7** Tut mir leid, du _____ nicht mit dem Computer arbeiten. Er ist kaputt.
A6 _____ ich dein Fahrrad nehmen? Mein Fahrrad ist kaputt.	**B6** Ich _____ super kochen. Kommst du zum Abendessen?
A5 Aha, Sie _____ unbedingt die Aufnahmeprüfung machen! Verstehe!	**B5** Heute Abend _____ ich essen gehen. _____ du mitkommen?
A4 Barbara _____ unbedingt Gitarre lernen.	**B4** Paul _____ nach dem Kurs unbedingt in die Bibliothek gehen.
A3 Ich _____ auf jeden Fall nächstes Jahr nach Zürich fahren.	**B3** Was _____ ihr am Wochenende machen?
A2 Wir _____ ins Schokoladenmuseum gehen. Kommt ihr mit?	**B2** Uli, _____ ich mal mit deinem Handy telefonieren?
A1 Die Kinder _____ jeden Abend fernsehen. Aber Mama sagt Nein.	**B1** Oh, ihr _____ aber wirklich gut singen.
A Start	**B Start**

Lektion 18 2a

Gesundheits-Memo-Spiel

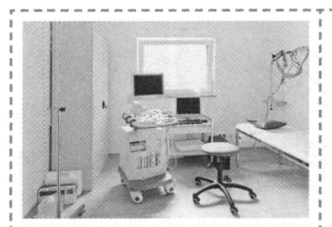	Heute gehe ich zum Arzt. Seine … liegt in der Schillerstraße.		Medikamente bekommen Sie in der …
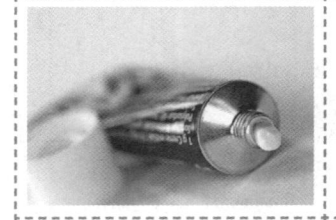	Die … ist wirklich gut bei Schmerzen in den Armen und Beinen.		Heute bleibe ich im Bett. Ich habe Kopf…
	Du bist ganz heiß. Ich glaube, du hast …		Salbe, Tabletten, das sind …
	Mein Bruder studiert in Freiburg. Er will … werden.		▲ Pst! ● Ich kann nicht leise sein, ich habe …
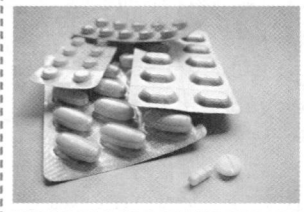	Die … gibt es nur zu 100 Stück.		Für die Tabletten schreibe ich Ihnen ein … Damit gehen Sie dann zur Apotheke.
	Oh, dein Bein! Tut es sehr weh? Hier hast du ein …		Wir versuchen es zuerst mit …n aus dem Garten.
	Hatschi! Entschuldigen Sie, aber ich habe …		Trinken Sie viel …!

KOPIERVORLAGE

Lektion 18 4

Sein Fuß oder ihr Fuß?

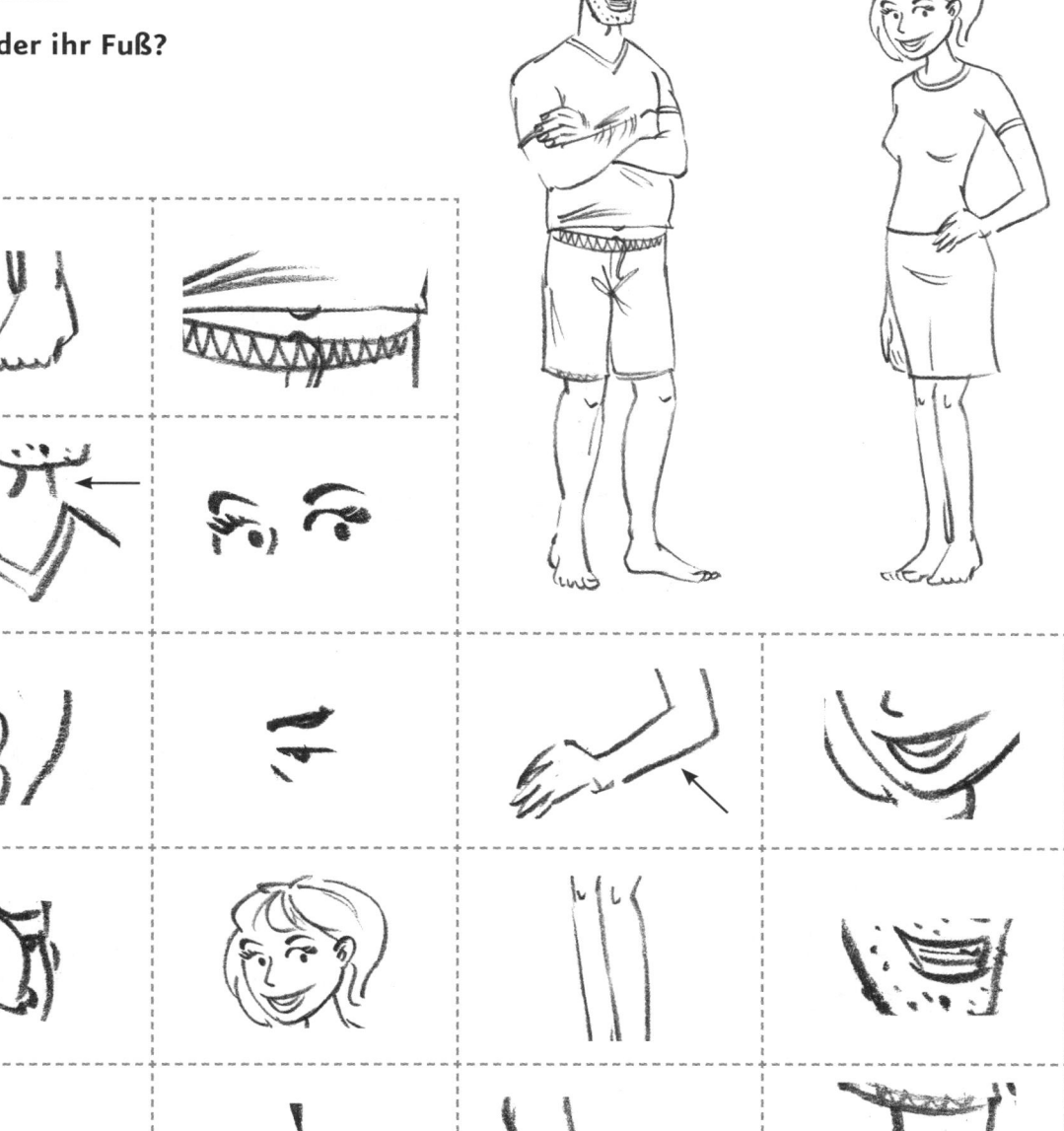

Lektion 18 5b

 (Bild: hustender Mann)	Bauchschmerzen	Rückenschmerzen
Allergie	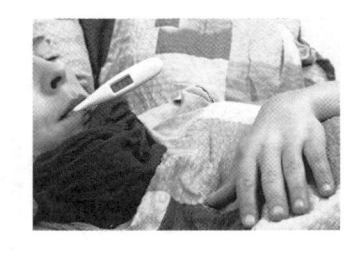 (Bild: Kind mit Fieberthermometer)	Zahnschmerzen
Migräne	Schmerzen im Arm	 (Bild: Frau schnäuzt sich)
 schlecht sehen	Heuschnupfen	Ohrenschmerzen
Knie tut weh	Halsschmerzen	 (Bild: Frau mit Kopfschmerzen)

KOPIERVORLAGE

Lektion 18 7b

Suchen Sie Ihren Drilling!

Lektion 19 | 3b

Fragen zu Kindheit und Jugend

Was _____ dein Lieblingsfilm oder Lieblingsbuch?	Wie _____ deine Haare früher?
_____ du im Kindergarten?	_____ du eine Lieblingstante?
Was _____ deine Großeltern von Beruf?	Wie oft _____ du bei deinen Großeltern?
_____ du einen „Helden"? (Superman, Asterix …)	Was _____ als Kind dein Lieblingsessen?
Wo _____ du als Kind besonders gern? (Oma, Tante, zu Hause …)	Wie viele Jahre _____ du in der Schule?
Wie _____ das Haus / die Wohnung von deinen Eltern?	Welche Farbe _____ dein Kinderfahrrad?
Wie _____ du in der Schule? (gut, nicht so gut …)	Was _____ als Kind dein Traumberuf?
_____ du mal lange Haare? Warum (nicht)?	In welchen Ländern _____ du schon?

KOPIERVORLAGE

Lektion 19   6b

Sil-ben-spiel

ver	fal	ver	chen	schwert	det
ges	len	stan	ver	be	be
sen	ge	den	sucht	glei	schrie
er	hört	ver	ver	tet	ben
kannt	ge	lo	gli	be	be
er	won	ren	chen	ant	sich
gänzt	nen	ver	ent	wor	tigt
er	be	kauft	schul	tet	be
zählt	kom	ver	digt	be	stellt
ge	men	spro	be	en	

Lektion 19 | 8b

Ein Party-Gespräch

Ergänzen Sie *haben* oder *sein* im Präteritum.

▲ Gestern _____ ich auf einer Party.

● Wo _____ du denn?

▲ Bei Jutta und Hans. Jutta _____ Geburtstag.
Alle Freunde _____ da.

● Echt? Das _____ sicher sehr schön.

▲ Ja, und lustig. Stell dir vor, Steffen _____ auch da.

● Nein, etwa **der** Steffen?

▲ Genau der. Früher _____ ich total verliebt in ihn. Du _____
doch bestimmt auch verliebt in ihn.

● Klar! Wir _____ sogar mal ein Paar, aber nur kurz.

▲ Echt? Ihr _____ ein Paar?

● Ja, aber nur ganz kurz. Es _____ vielleicht drei Wochen. Er
_____ tolle schwarze Haare und er _____ schlank.
Er _____ einen Job bei einer Computerfirma und er _____
ein tolles Auto – in Rot!

▲ Hm. Auf Juttas Party _____ er dick und _____ einen Bart.
Und seine tollen Locken _____ auch weg.

● Ja, so ist das. Schade, Steffen _____ mal ein so schöner Mann.

▲ Warte mal. Weißt du, wen ich noch gesehen habe?

● Nein, wen denn? Sag schon.

▲ Erinnerst du dich an Paul?

● Paul? Klar, er _____ dick und _____ eine Brille.
Er _____ total hässlich.

▲ Genau. Aber auf der Party _____ er dünn. Er hat richtig süß ausgesehen.

● Nein, wirklich?

▲ Ja, und morgen gehe ich mit ihm essen.

● Du meinst, du bist verli…

▲ Pst. Ich weiß es noch nicht.

Lösung: war; warst; hatte; waren; war; war; warst; waren; warst; war; hatte; war; hatte; hatte; war; hatte; waren; war; war; hatte, war; war

KOPIERVORLAGE

Lektion 20 4b

Kartenspiel für zwei

Sei still! **1**	 **1**	Vergiss deinen Schlüssel nicht! **1**	 **1**
Seien Sie bitte pünktlich! **2**	 **2**	Vergesst den Termin nicht! **2**	 **2**
Schlaft gut! **3**	 **3**	Räum dein Zimmer auf! **3**	 **3**
Sehen Sie mal rauf! Die Fenster oben haben Sie wieder nicht geputzt. **4**	 **4**	Sieh mal da! Ganz schön viel Müll! **4**	 **4**

Seht her! **5**	**5**	Hör mal zu! **5**	**5**
Ruf mal an! **6**	**6**	Schreibt mir mal! **6**	**6**
Hört doch auf! **7**	**7**	Kaufen Sie bitte auch Kaffee! **7**	**7**
Hab keine Angst! **8**	**8**	**8**	Holen Sie bitte Frau Meier vom Bahnhof ab! **8**

KOPIERVORLAGE

Lektion 20   7a (1)

Schneiden Sie die Sätze aus. Was passt zusammen? Ordnen Sie zu.

1	Die Wäsche ist fertig.
2	Das Bad war sehr schmutzig.
3	Auf dem Anrufbeantworter war ein Anruf von Peter.
4	Habt Ihr (Du und Stephan) morgen Zeit?
5	Meine Fenster sind alle noch auf.
6	Ich komme nächsten Mittwoch um 10.00 Uhr am Bahnhof an.
A	Ich habe es noch schnell geputzt. Jetzt ist es ganz sauber.
B	Miriam möchte Euch zu ihrem Geburtstag einladen.
C	Kannst Du mich vielleicht abholen? Ich habe so viel Gepäck.
D	Ruf ihn doch bitte zurück.
E	Sei doch so lieb und häng sie bitte auf. Ich hab's nicht mehr geschafft.
F	Kannst Du sie heute Abend bitte zumachen?

Lektion 20 7a (2)

rauf, runter, rein, raus, auf, zu

1 Ordnen Sie zu.

~~rauf~~ | runter | rein | raus | auf | zu

a _rauf_   b _____   c _____

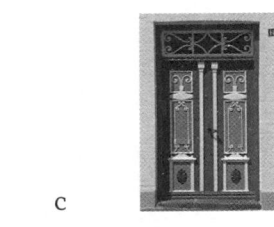

d _____   e _____   f _____

2 *Rauf, runter, rein, raus, auf, zu* kann man auch mit Verben kombinieren. Es werden dann trennbare Verben. Ergänzen Sie.

a Sabine, bist du da? Mach doch bitte die Tür _____.
b Heike, was machst du denn da oben? Bitte komm _____.
c Guten Tag, Herr Wegner. Kommen Sie doch bitte _____ und nehmen Sie Platz.
d Jetzt aber _____ aus den Betten! Es ist schon 9 Uhr.
e Entschuldigung, können Sie das Fenster _____ machen? Es ist kalt hier.
f Schon wieder hat keiner den Müll _____ gebracht. Ich tue es auch nicht.
g Den Koffer legen wir da _____ – auf den Schrank.
h Bitte machen Sie die Bücher _zu_. Das ist eine Prüfung.
i Peer, hol dein Fahrrad _____. Es soll in der Nacht nicht vor dem Haus stehen.
j Mein Knie tut so weh. Ich kann die Treppe nicht so schnell _____ gehen. Bitte warte unten auf mich.
k Sind alle Fenster _____? Es regnet gleich.
l Im Winter hole ich meine Blumen _____. Draußen ist es dann zu kalt für sie.
m Warum will sie immer in die Berge? Die Wege gehen _____ und _____. Wandern ist nichts für mich.
n Den ganzen Tag lauft ihr _____ und _____. Die Tür geht _____ und _____. Schluss jetzt! Ihr bleibt im Haus!

Lösung: 1 b raus; c zu; d rein; e runter; f auf; 2 a auf; b runter; c rein; d raus/runter; e zu; f raus/runter; g rauf; i rein; j runter; k zu; l rein; m rauf, runter; n raus, rein, auf, zu

132

KOPIERVORLAGE

Lektion 20 | **7c**

Spiel: Personalpronomen im Akkusativ

= ein Feld vor

= zwei Felder vor

START	Die Wäsche ist gewaschen. Hängst du _____ bitte auf?	Mein Computer ist kaputt. Kannst du _____ reparieren?	Wann kommt dein Zug an? Ich möchte _____ gern abholen.
Der Mülleimer ist voll. Bringst du _____ bitte raus?	Nein, Chef, ich mache nichts ohne _____!	Hallo, hier spricht Biggi. Kannst du _____ bitte schnell zurückrufen?	Wir gehen nicht zu Bertas Party. Sie hat _____ nicht eingeladen.
Das ist also dein Tagebuch. Interessant. Kann ich _____ lesen?	Mama sagt, ich soll die Küche putzen. Ich will _____ aber nicht putzen.	Kinder, kommt! Ich fahre _____ heute zur Schule.	Schau mal, das ist Ralf und ich liebe _____.
Erkennst du _____ nicht? Ich bin Gabi, wir sind zusammen zur Schule gegangen.	Gibst du mir kurz dein Handy? Du bekommst _____ gleich zurück.	Wo ist denn dein Koffer? Sag bloß, du hast _____ im Zug vergessen.	Morgen fahren wir nach Wien. Bringst du _____ zum Bahnhof?
In Ordnung, Frau Westerkamp, wir rufen _____ später noch einmal an, ja?	Petra ist keine Freundin. Vergiss _____ einfach.	Meine Fenster sind sehr schmutzig. Ich putze _____ heute Nachmittag.	ZIEL

Lektion 21 3c

	Hier muss man leise sein.
	Hier darf man nicht laut sprechen.
	Der Hund darf nicht mit ins Geschäft kommen.
	Der Hund muss draußen bleiben.
	Man darf den Hund mitnehmen.
	Der Hund muss nicht draußen bleiben.
	Man darf nicht mit dem Handy telefonieren.
	Man muss das Handy ausmachen.
	Man darf mit dem Handy telefonieren.
	Man muss das Handy nicht ausmachen.
	Man darf hier nicht rauchen.
	Hier muss man die Zigarette ausmachen.
	Hier darf man rauchen.
	Aber man muss hier nicht rauchen.

KOPIERVORLAGE

Lektion 21 | **4**

Regeln in …

Was muss, darf, kann man hier machen?
Sprechen Sie.

Im Schwimmbad

Eintritt bezahlen
die Haare föhnen
keine Schuhe tragen
Wassergymnastik machen
nicht essen und trinken
duschen
einen Liegestuhl benutzen
keine Seife mit ins Wasser nehmen
einen Bademantel tragen
nicht ins Wasser springen
schwimmen
seine Sachen einschließen
die Toiletten benutzen

Was muss, darf, kann man hier machen?
Sprechen Sie.

In der Bibliothek

Bücher und CDs mitnehmen
keine Getränke mitbringen
einen Bibliotheksausweis haben
Bücher in der Bibliothek lesen
keine laute Musik hören
das Handy ausmachen
einen Laptop mitbringen
eine Lesebrille tragen
Müll in den Mülleimer werfen
keine Bücher kaufen
leise sein
Zeitung lesen
leise zusammen sprechen

Was muss, darf, kann man hier machen?
Sprechen Sie.

Im Kunstmuseum

nicht fotografieren
die Bilder nur ansehen
nicht essen
Eintritt bezahlen
einen Katalog kaufen
der Hund – vor der Tür warten
die Kunst nicht mitnehmen
den MP3-Player ausmachen
ins Café gehen
leise sprechen
zu den Öffnungszeiten kommen
nur im Café essen
nicht rauchen

Was muss, darf, kann man hier machen?
Sprechen Sie.

Im Flugzeug

das Handy ausmachen
schlafen
die Koffer vorher abgeben
essen und trinken
ein Ticket haben
zur Toilette gehen
nicht laut singen
den Hund in den Gepäckraum geben
nicht rauchen
nicht herumlaufen
keinen Helm tragen
ein Buch lesen
nicht mit dem Piloten sprechen

Lektion 21 | 5

Kuriose Regeln

Stimmt oder stimmt nicht? Was meinen Sie? Kreuzen Sie an.

	stimmt	stimmt nicht
1 Sie fahren gern schnell Fahrrad? Dann müssen Sie in D-A-CH einen Helm tragen.		
2 Auf Helgoland ist Radfahren verboten.		
3 In Deutschland darf man auf Geschäftsfahrten nicht ohne Schuhe Auto fahren.		
4 In der Schweiz darf man die Autotür nachts nicht laut zumachen.		
5 Speisen mit viel Knoblauch und Zwiebeln sind in Zügen verboten.		
6 In allen D-A-CH-Ländern darf man gern 30 Minuten später zu Verabredungen kommen.		
7 Beim Fahrradfahren darf man in Deutschland nicht telefonieren.		
8 In Österreich darf man an Feiertagen (Weihnachten, Ostern) nicht tanzen.		

Lösung: 1 falsch: Es gibt für erwachsene Fahrradfahrer keine Helmpflicht (Stand: 2012). Manche Politiker wollen aber eine Helmpflicht. 2 richtig: Die Insel ist zu klein (§ 50 Straßenverkehrsordnung.). 3 richtig: Sind Sie privat unterwegs? Dann dürfen Sie auch ohne Schuhe Auto fahren. Achtung: Bei einem Unfall können Sie eine Strafe bekommen. Auf Dienstreisen / beruflichen Fahrten muss man geschlossene Schuhe tragen. 4 richtig (Artikel 33 der Verkehrsregelnverordnung). 5 falsch (www.admin.ch). 6 falsch: Pünktlichkeit ist wichtig. 7 richtig: Man muss zum Telefonieren anhalten (Straßenverkehrsordnung §23), sonst gibt es ein Bußgeld (25 Euro, Stand: 2012). 8 falsch: ein Tanzverbot gibt es aber in manchen deutschen Bundesländern und manchen Schweizer Kantonen.

KOPIERVORLAGE

Lektion 21 | 7

Das tut man nicht!

1 Ordnen Sie das Gespräch.

○ Ja, und was wollen Sie damit sagen?
○ Entschuldigen Sie, aber das ist eine Bibliothek. Hier wollen die Leute in Ruhe arbeiten.
○ Schon gut, ich gehe raus.
⑤ Seien Sie doch leise. Sehen Sie dort das Schild?
○ Ach, wirklich? Sie reden doch auch gerade.
○ Ich will nur sagen: Hier muss man leise sein.

2 Ordnen Sie zu.

Warum denn nicht? Ich tue doch keinem was. | Wirklich? Das tut mir leid. |
Nein, so geht das nicht! Bitte seien Sie so gut und … | Ja ja, schon gut. | Hm, Sie haben recht. |
Entschuldigen Sie. | Was wollen Sie denn von mir? | Hören Sie, man darf hier nicht … |
Hier müssen Sie … | Oh, das wusste ich nicht. | Hallo, Sie! Hier ist … verboten. | Ach, wirklich? |
Hier soll/darf man nicht … | Ich habe keine Zeit. Was ist denn? | Hallo, Sie! Sie können doch nicht … |
Hallo, warten Sie bitte mal! | Warum? Das ist doch nicht schlimm. | Na gut. Ich mache es nicht mehr. |
Ja, aber sehen Sie: Dort steht das Schild.

Kritik/Bitte äußern	Kritik nicht akzeptieren / unfreundlich reagieren	Bitte wiederholen	sich entschuldigen / einlenken

3 Arbeiten Sie zu zweit und spielen Sie ein Streitgespräch.

Eine Person fährt in der Fußgängerzone Fahrrad.	Eine Person raucht auf dem Bahnsteig direkt neben dem Verbotsschild.
Eine Person grillt im Schwimmbad.	Eine Person geht mit seinem Kind bei Rot über die Ampel.

Lösung: **1** (Lösungsvorschlag): 1 Entschuldigen Sie, aber das ist eine Bibliothek. Hier wollen die Leute in Ruhe arbeiten. 2 Ja, und was wollen Sie damit sagen? 3 Ich will nur sagen: Hier muss man leise sein. 4 Ach, wirklich? Sie reden doch auch gerade. 6 Schon gut, ich gehe raus.
2 Kritik/Bitte äußern: Hören Sie, man darf hier nicht …; Hier müssen Sie …; Hier soll/darf man nicht …; Hallo, Sie! Hier ist … verboten. Kritik nicht akzeptieren / unfreundlich reagieren: Warum denn nicht? Hallo, Sie! Sie können doch nicht …; Hallo, warten Sie bitte mal!; Ich tue doch keinem was. Was wollen Sie denn von mir? Ach, wirklich? Was ist denn? Warum? Das ist doch nicht schlimm. Bitte wiederholen: Nein, so geht das nicht! Bitte seien Sie so gut und …; Ja, aber sehen Sie: Dort steht das Schild. sich entschuldigen / einlenken: Wirklich? Das tut mir leid. Ja ja, schon gut. Hm, Sie haben recht. Entschuldigen Sie. Oh, das wusste ich nicht. Na gut. Ich mache es nicht mehr.

Lektion 22 2b

Gleich und doch nicht gleich

Arbeiten Sie zu zweit und beschreiben Sie Ihre Person.
Markieren Sie Unterschiede in der Zeichnung.

Beispiel:

- ● Meine Person trägt zwei Socken. Sie sind schwarz. Und deine?
- ◆ Meine Person hat nur eine Socke. Sie ist auch schwarz.

KOPIERVORLAGE

Lektion 22 4a

Vorlieben

1 Schreiben Sie zu den Stichwörtern Sätze über sich mit *mögen*, *gefallen* oder *finden*.

	Das meine ich:
Blau – Grün	Ich mag Grün lieber als Blau. / Blau finde ich hässlich. / Grün gefällt mir am besten.
Montag – Wochenende	
Hüte	
Fahrrad – Auto	
die Lieder in *Menschen*	
Stadt – Land	
Beige – Rosa	
Sommer – Winter	
Handys	
Fleisch – Gemüse	

2 Vergleichen Sie mit Ihrer Partnerin / Ihrem Partner. Sprechen Sie.

● Ich mag Blau sehr gern. Und du?
◆ Ich finde Grün besser. Blau mag ich gar nicht.

Lektion 22 | 5b

Großer Personencheck

Petra Paus
Ehefrau von Gerd
- 36 Jahre, Sekretärin
- 1,67 m groß
- hat 3 Kinder
- war dieses Jahr 2 Wochen im Urlaub
- verdient 1800 € im Monat
- wiegt 60 kg
- spricht Deutsch, Englisch, und Französisch
- hat 2 Brüder
- geht dreimal im Monat ins Kino

Gerd Paus
Ehemann von Petra
- 36 Jahre, Ingenieur
- spricht Deutsch und Englisch
- wiegt 90 kg
- verdient 3323 € im Monat
- 1,95 m groß
- hat 3 Kinder
- war dieses Jahr 2 Wochen im Urlaub
- geht einmal im Monat mit Petra ins Kino
- hat eine Schwester und einen Bruder

Tine Stumm
Schwester von Isabel
- 18 Jahre, Schülerin
- wiegt 54 kg
- keine Kinder
- verdient 130 € im Monat
- 1,67 m groß
- hat eine Schwester
- hat keine Zeit fürs Kino
- war dieses Jahr 6 Wochen im Urlaub, Sprachreise
- spricht Deutsch, Englisch, Französisch, Spanisch und ein bisschen Portugiesisch

Hugh Baxter
Freund von Tine und Isabel
- 22 Jahre, Student
- wiegt 80 kg
- hat 2 Brüder
- geht dreimal im Monat ins Kino
- hat ein Kind
- kein Urlaub, kein Geld
- 1,89 m groß
- spricht Englisch und ein bisschen Deutsch
- bekommt 900 € im Monat von Eltern

Gregor Gardemann
Arbeitskollege von Gerd
- 40 Jahre, Ingenieur
- verdient 4500 € im Monat
- wiegt 90 kg
- hat 2 Kinder
- hat eine Schwester
- spricht Deutsch, ein bisschen Englisch, sehr gut Russisch
- war dieses Jahr 3 Wochen im Urlaub
- mag keine Kinos
- 1,82 m groß

Isabel Stumm
Schwester von Tine
- 22 Jahre, Studentin
- spricht Deutsch, Englisch, ein bisschen Französisch, lernt gerade Russisch
- verdient 856 € im Monat
- wiegt 60 kg
- keine Kinder
- 1,75 m groß
- geht einmal im Monat ins Kino
- hat eine Schwester
- kein Urlaub, muss lernen

KOPIERVORLAGE

Lektion 22 6a

T-Shirt-Werkstatt

Schneiden Sie das T-Shirt aus und entwerfen Sie Ihr eigenes T-Shirt.

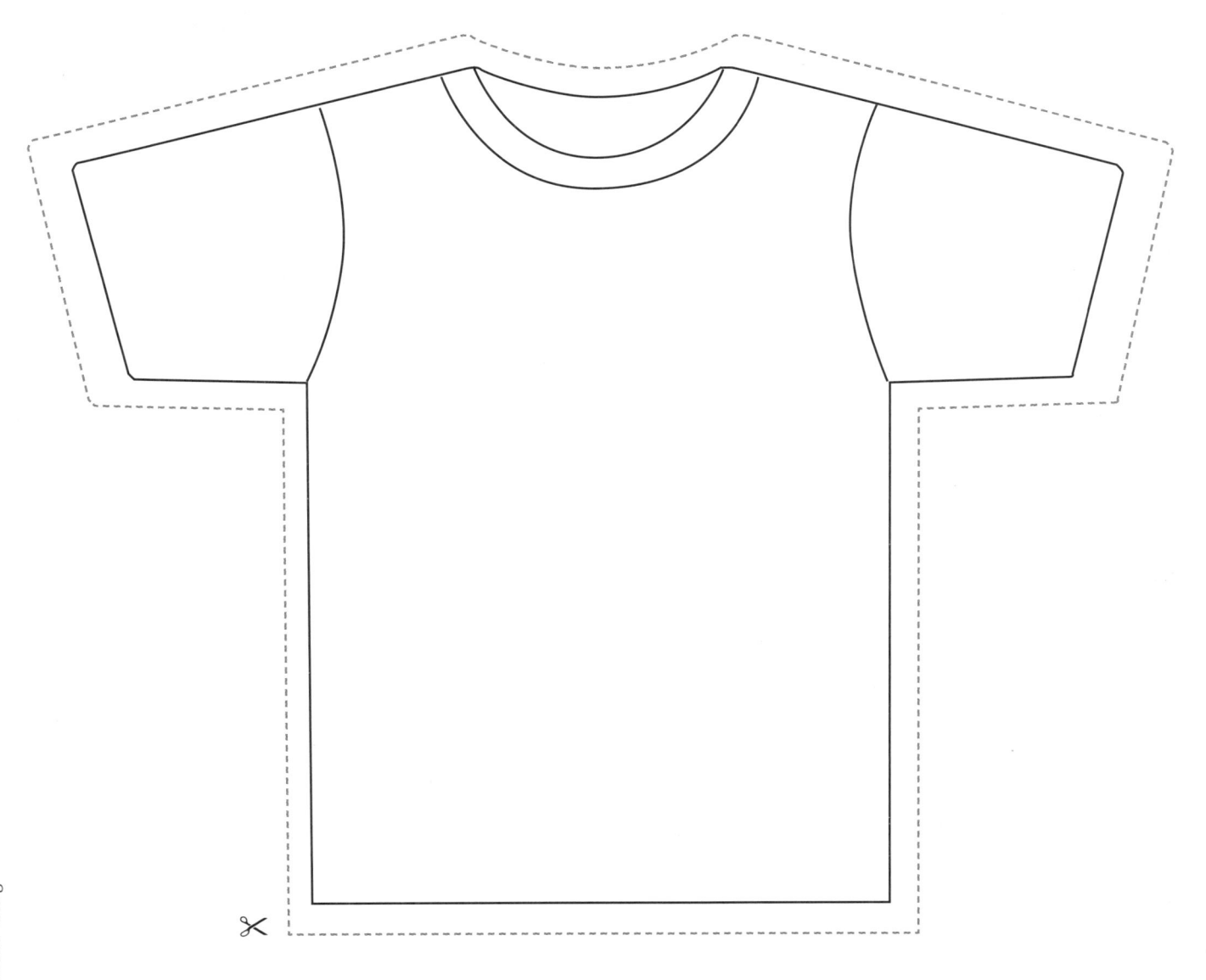

Lektion 23 | 4b

Rätselspaß mit -los

Finden Sie die passenden Adjektive mit -los.

kin | pen | ar | ken | fens | beits | glück | ten | wort | ner | gruß | ide | farb | en | trep | part | salz | der | wol | zahn | kos | ter

1 Es hat wieder nicht geklappt. Die Firma Elektro Schrott hat ihn nicht genommen. Er ist immer noch _____.

2 Wieder keine sechs Richtigen im Lotto. Er ist einfach _____.

3 Immer mehr Menschen leben allein. Sie gehen _____ durchs Leben.

4 Herr und Frau Mautner haben keine Kinder. Sie sind _____.

5 Guck mal: Die Sonne scheint, der Himmel ist blau und _____.

6 Das Essen schmeckt nach nichts. Es ist total salzlos.

7 Sabrina hat nichts gesagt. Sie ist _____ gegangen.

8 Puh, in Herberts neuer Wohnung ist alles weiß, die Möbel, die Wände, die Teppiche. Alles ist total _____.

9 Babys sind _____. Sie können keine Schnitzel essen, nur Milch trinken.

10 Isidor ist wirklich langweilig. Er ist absolut _____. Ihm fällt nichts ein.

11 Guten Morgen, Paul. Sag mal, kannst du auch mal grüßen? Ts! Er geht einfach _____ vorbei.

12 Nein, für die E-Mails müssen Sie nichts bezahlen. Die sind _____.

13 Ja, hier gibt es nur den Aufzug, keine Treppe. Das ganze Haus ist _____.

14 Wie, die Wohnung hat kein Fenster? Du meinst, sie ist komplett _____? Das gibt es doch nicht.

KOPIERVORLAGE

Lektion 23 5a

Die Konjunktionen *und, oder, aber, denn*

1 Ergänzen Sie *und, oder, aber, denn*.

a Vielleicht fahre ich in den Ferien nach Rom _____ ich fliege auf die Seychellen. Das weiß ich noch nicht genau.

b Im Urlaub möchte ich viel schwimmen _____ ich möchte ein Buch von Joanne K. Rowling lesen.

c Im Winter möchte ich nicht nach Deutschland reisen, _____ das ist mir zu kalt.

d Vielleicht ist es im Sommer wärmer, _____ sicher ist das nicht.

2 Ergänzen Sie die Sätze aus 1 in der Tabelle.

	0	1	2	Ende
Vielleicht fahre ich in den Ferien nach Rom,		ich	fliege	auf die Seychellen.
Im Urlaub möchte ich viel schwimmen				
Im Winter möchte ich nicht nach Deutschland reisen,				
Vielleicht ist es im Sommer wärmer,				

3 Markieren Sie die Verben in der Tabelle in 2 und kreuzen Sie an: Was ist richtig?

○ Bei *und, oder, aber, denn* steht das Verb am Ende.
○ *Und, oder, aber, denn* stehen auf der Position 0.

4 Lesen Sie die Sätze in 1 noch einmal und kreuzen Sie an: Was ist richtig?

○ Vor *und, oder, aber, denn* steht kein Komma.
○ Vor *denn* und *aber* steht immer ein Komma.

Lösung: 1 a oder; b und; c denn; d aber

2

0	1	2		Ende
Vielleicht fahre ich in den Ferien nach Rom,	oder	ich	fliege	auf die Seychellen.
Im Urlaub möchte ich viel schwimmen	und	ich	möchte	ein Buch von Joanne K. Rowling lesen.
Im Winter möchte ich nicht nach Deutschland reisen,	denn	das	ist	mir zu kalt.
Vielleicht ist es im Sommer wärmer,	aber	sicher	ist	das nicht.

3 Und, oder, aber, denn stehen auf der Position 0.; 4 Vor denn und aber steht immer ein Komma.

Lektion 23 | 5b

Das große Aber-Udo-Spiel

Freizeit	Eltern	Urlaub	Hobbys	Heimatland
Haushalt				Beruf
Kultur		**Das große Aber-Udo-Spiel** Würfeln Sie. Ziehen Sie Ihre Figur. Erzählen Sie etwas über das Thema und benutzen Sie dazu ein Kärtchen. Ist Ihr Satz korrekt? Legen Sie das Kärtchen weg. Ihr Satz ist nicht korrekt? Behalten Sie das Kärtchen. Wer ist zuerst seine Kärtchen los?		Wochenende
Deutschland/ Österreich/ Schweiz				Sport
Essen/Trinken	Lernen	Kindheit	Wohnung	Gesundheit

KOPIERVORLAGE

und	und	und	und	**und**	**und**	und	und
und*	und*	und*	und*	**und***	**und***	und*	und*
oder	oder	oder	oder	**oder**	**oder**	oder	oder
oder*	oder*	oder*	oder*	**oder***	**oder***	oder*	oder*
aber	aber	aber	aber	**aber**	**aber**	aber	aber
aber	aber	aber	aber	**aber**	**aber**	aber	aber
denn	denn	denn	denn	**denn**	**denn**	denn	denn
denn	denn	denn	denn	**denn**	**denn**	denn	denn

Lektion 23 7a

So ist das Leben wunderbar!

Dort essen wir fast jeden Abend Fisch: total lecker!

denn das Wetter ist ein Traum.

Liebe/r …,

Wir machen Ausflüge oder sind am Meer.

wir sind gerade auf Kreta und haben dieses Jahr wirklich Glück,

Hannes

Bis bald und liebe Grüße

Ein Lieblingsrestaurant haben wir auch schon gefunden.

Die Sonne scheint und es gefällt uns richtig gut.

KOPIERVORLAGE

Lektion 24 2b

Wiederholung: Personalpronomen

Ergänzen Sie die Personalpronomen im Nominativ, Akkusativ oder Dativ.

1

Hallo Freunde!
Es ist wieder so weit! Das neue Jahr steht vor der Tür und _____ wollen mit _____ Silvester feiern. Getränke kaufen Klaus und ich, aber etwas zu essen bringt bitte mit. Die Liste macht Klaus, bitte besprecht mit _____, was _____ mitbringt. _____ könnt nicht kommen? Dann ruft _____ kurz an.
Sabine und Klaus

2

Liebe Marion,
am 13. August werde _____ 25. _____ mache eine große Party und möchte _____ einladen. Die Party steigt um 20 Uhr bei meinen Eltern im Keller. Kannst _____ kommen?
Sag _____ bitte bis zum 9. August Bescheid.
Liebe Grüße
Bastian

3

Liebe Tante Mia, lieber Onkel Tobias,
_____ heiraten! Die Trauung findet am 17. Juli um 11.00 Uhr im Standesamt Oberhausen statt. Anschließend feiern _____ im Gasthof Zur Linde. Zu unserer Hochzeit laden wir _____ herzlich ein.
Bitte ruft _____ bis zum 1. Juli an.
Laura und Robert

P.S. _____ wollt _____ etwas schenken? Kein Problem, unser Hochzeitstisch steht bei *Deko und Glas Wermfried*.

4

Hi Leute,
Peer hat sein Examen geschafft ☺! Deshalb organisiere _____ eine Überraschungsparty für _____. Ich hoffe, _____ könnt alle am Samstag um 19 Uhr kommen. Natürlich feiern wir nicht ohne _____. Peer kommt um 19.30 Uhr, aber _____ hat keine Ahnung. _____ freue mich riesig. Bis Samstag!
Eure Leonie

5

Hallo Rudi, _____ möchte _____ gern mal wieder zum Essen einladen. Von meiner Freundin habe _____ ein tolles Rezept für Lammsteaks. Wann hast _____ Zeit? Melde Dich doch mal.
LG Pia

Lösung: **1** wir, Euch, ihm, Ihr, Ihr, mich/uns; **2** ich, ich, Dich, Du, mir; **3** wir, wir, Euch, uns, Ihr, uns; **4** ich, ihn, Ihr, ihn, er, Ich; **5** ich, Dich, ich, Du

Lektion 24 3a

heute	vorgestern
gestern	morgen
übermorgen	Montag
Dienstag	Mittwoch
Donnerstag	Freitag
Samstag	Sonntag

heute	vorgestern
gestern	morgen
übermorgen	Montag
Dienstag	Mittwoch
Donnerstag	Freitag
Samstag	Sonntag

KOPIERVORLAGE

Lektion 24 | 6

Zukunftsmusik

Sie feiern Ihren 100. Geburtstag.	Sie können alles. Sie müssen nichts mehr lernen.
Sie werden Chef.	Sie treffen Ihren Lieblingsstar.
Sie müssen nie mehr arbeiten.	Sie leben für ein Jahr in der Schweiz / in Deutschland / in …
Sie leben allein auf einer einsamen Insel.	Sie bekommen einen Studienplatz an der Internationalen Pop-Akademie.
Sie sprechen perfekt Deutsch.	Ihr Ehepartner macht freiwillig den ganzen Haushalt.
Sie lernen Ihre Traumfrau / Ihren Traummann kennen.	Eine gute Fee kommt: Sie haben drei Wünsche frei.

Clip 13

1 Wie fragt die Touristin nach dem Weg? Kreuzen Sie an.

○ Entschuldigung, können Sie mir helfen?

○ Wo ist denn hier bitte der Goetheplatz?

○ Ich suche den Goetheplatz.

○ Ich bin fremd hier. Kennen Sie den Goetheplatz?

○ Ich möchte zum Goetheplatz. Ist das hier in der Nähe?

2 Wie können Sie auch nach dem Weg fragen? Finden Sie so viele Beispiele möglich. Wer findet in drei Minuten die meisten Beispiele?

3 Zeichnen Sie den Weg in den Plan.

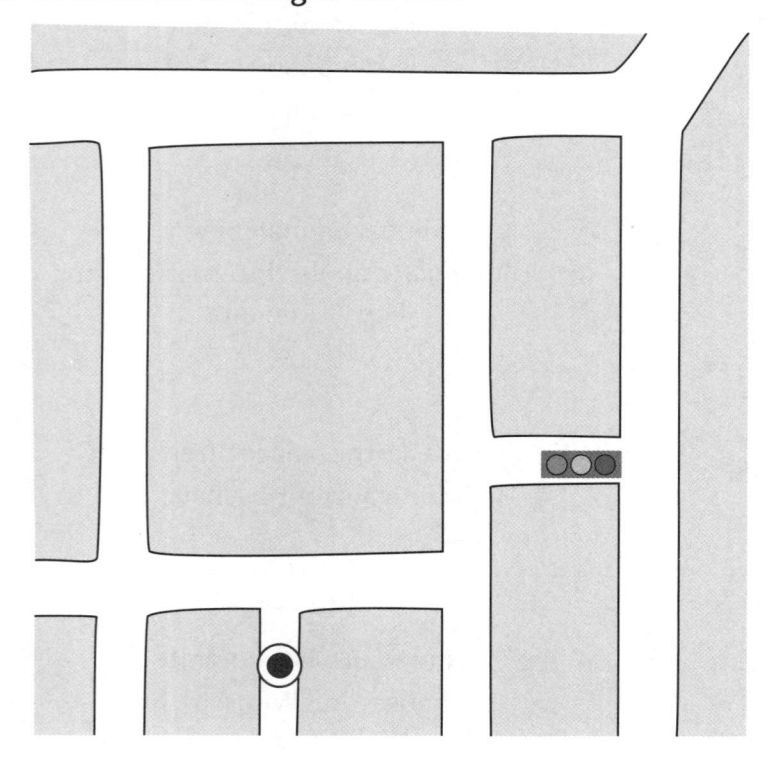

4 Was sagt die Touristin am Schluss? Wie finden Sie das?

○ Ah!

○ Sehr nett. Vielen Dank.

○ Schade. Trotzdem: Dankeschön.

Lösung: 1 Entschuldigung, können Sie mir helfen? Wo ist denn hier bitte der Goetheplatz? Ich möchte zum Goetheplatz. Ist das hier in der Nähe? 3 4 Ah!

150

KOPIERVORLAGE FILM-STATIONEN

Clip 14

1 Was hat die Superwohnung? Kreuzen Sie an.

○ der Flur
○ die Küche
○ der Garten
○ der Balkon
○ das Wohnzimmer
○ das Arbeitszimmer
○ das Kinderzimmer
○ das Schlafzimmer
○ das Bad
○ die Garage

2 Was ist wo? Ordnen Sie zu.

a Ein Computer
b Viel Geschirr   sind auf dem Bett.
c Ein Schrank   ist auf dem Sofa.
d Ein Teppich   ist im Flur.
e Eine Gitarre   in der Ecke.
f Ein Fahrrad ist   sind neben dem Bett.
g T-Shirts   ist in der Küche.
h Ein Buch und Schuhe

3 Sehen Sie noch mehr? Notieren Sie fünf weitere Dinge: Wo sind sie? Arbeiten Sie auch mit dem Wörterbuch.

_____

_____

_____

_____

Lösung: **1** der Flur, die Küche, der Balkon, das Wohnzimmer, das Schlafzimmer, das Bad; **2 a** ist im Flur. **b** ist in der Küche. **c** ist in der Küche. **d** ist im Flur. **e** ist auf dem Sofa. **f** ist in der Ecke. **g** sind auf dem Bett. **h** sind neben dem Bett.

Clip 15

1 Martin zeigt die Stadt Bern. Er erklärt nicht alle Sehenswürdigkeiten. Was sehen Sie im Film? Kreuzen Sie an.

○ den Rosengarten
○ die Universität
○ Häuser in der Berner Altstadt
○ den Zeitglockenturm mit Uhr und Glockenspiel
○ einen Brunnen
○ den Bahnhof
○ den Bärengraben
○ das Bundeshaus

2 Lesen Sie und ergänzen Sie den Steckbrief.

Mitten im Zentrum von Bern, in der Kramgasse, steht der Zähringerbrunnen. Er ist fast 500 Jahre alt. Die Brunnenfigur ist ein Bär. Zwischen seinen Beinen sitzt ein Bärenkind. Es isst eine Traube. Hinter dem Brunnen kann man den Zytglogge sehen.

STECKBRIEF

Wo? _____
Wie alt? _____
Zwei Informationen? _____
_____

3 Wählen Sie eine Sehenswürdigkeit aus 1. Suchen Sie Informationen im Internet und machen Sie einen Steckbrief. Präsentieren Sie die Sehenswürdigkeit im Kurs.

Lösung: **1** den Rosengarten, Häuser in der Berner Altstadt, den Zeitglockenturm mit Uhr und Glockenspiel, einen Brunnen, den Bärengraben, das Bundeshaus
2 Wo? im Zentrum von Bern, in der Kramgasse
Wie alt? ca. 500 Jahre
Zwei Informationen? Brunnenfigur: Bär und Bärenkind; hinter dem Brunnen: der Zytglogge

KOPIERVORLAGE FILM-STATIONEN

Clip 16

1 Frau Jensen hat ein Problem. Was sagt sie? Notieren Sie und sprechen Sie das Gespräch zu zweit.

Frau Jensen, ⟶
was kann ich für Sie tun?

⟵

Ihre Schreibtischlampe ist kaputt. ⟶

⟵

Reparieren? Ja. ... ⟶

⟵

Was? Jetzt gleich? ... Nein, das tut
mir leid. Vor 11.30 Uhr kann ich ⟶
nicht zu Ihnen kommen.

⟵

Gut, dann um 11.30 Uhr. Tschüs.

2 Kreuzen Sie an: richtig oder falsch?

	richtig	falsch
a Herr Brunner kann die Lampe leider nicht selbst reparieren.	○	○
b Er möchte den nächsten Termin mit Herrn Sklarek verschieben.	○	○
c Er kommt um 3 Uhr zu Herrn Sklarek.	○	○

Lösung: **1** (Lösungsvorschlag) Ich brauche Ihre Hilfe. Meine Schreibtischlampe funktioniert nicht mehr. / ist kaputt. Können Sie die Lampe reparieren? Können Sie bitte sofort kommen? (Ich brauche die Lampe unbedingt.) Um 11.30 Uhr. Na gut. Bitte kommen Sie um 11.30 Uhr.; **2** a falsch; b richtig; c falsch

Clip 17

1 Was passt? Ordnen Sie zu. Sehen Sie dann den Film und vergleichen Sie.

a Der Junge liebt Eis.

b Der Mann hat Probleme mit dem Bein.

c Der junge Mann arbeitet bei einer Bank

d Die Frau will ihren Geburtstag feiern –

e Das Mädchen will anders sein –

f Der junge Mann will wenig arbeiten,

g Die Mädchen finden eine Zugreise durch Europa

h Die junge Frau hat einen Traum:

i Das kleine Mädchen liebt Tiere.

aber ohne Männer.

Es will Tierärztin werden.

Aber er will nicht dick werden.

cool. Das wollen sie schon lange einmal machen.

Er möchte endlich wieder ohne Krücken gehen.

Model werden.

und will Karriere machen.

nicht wie die Mutter.

aber viel Geld verdienen.

2 Sehen Sie den Film noch einmal. Hören und lesen Sie die Wünsche. Sprechen Sie dann nach.

ICH WILL AUF KEINEN FALL DICK WERDEN.

3 Welche Person / Welchen Wunsch im Film finden Sie interessant? Schreiben Sie einen Text über die Person und ihren Wunsch.

Warum hat die Person den Wunsch?
Was tut sie für ihren Wunsch?
Was ist in zehn Jahren? Ist der Wunsch nun Wirklichkeit?
…

Lösung: 1 a Aber er will nicht dick werden. b Er möchte endlich wieder ohne Krücken gehen. c und will Karriere machen. d aber ohne Männer. e nicht wie die Mutter. f aber viel Geld verdienen. g cool. Das wollen sie schon lange einmal machen. h Model werden. i Es will Tierärztin werden.

KOPIERVORLAGE FILM-STATIONEN

Clip 18

1 Was tut Ihnen gut? Machen Sie Notizen.

Was tut Ihnen gut?
_____

Warum?
_____

Wie oft machen Sie das?
_____

Wo machen Sie das am liebsten?
_____

Allein oder mit anderen zusammen?
_____

Ist das für Sie Sport oder Entspannung?
_____

2 Interviewen Sie Ihre Partnerin / Ihren Partner. Stellen Sie die Fragen aus 1 und sprechen Sie gemeinsam.

Clip 19

1 Wer sind die Personen? Sehen Sie den Film und ordnen Sie zu.

Johann Sebastian Bach | Johann Christian Bach | Wilhelm Friedemann Bach | Carl Philipp Emanuel Bach | Friedrich Schiller | Wolfgang Amadeus Mozart

A _____ B _____ C _____

D _____ E _____ F _____

2 Was ist richtig? Kreuzen Sie an.

a Johann Sebastian Bach war ○ dick. ○ nicht wirklich schlank.

b Er hatte ○ mindestens drei Söhne. ○ keine Kinder.

c Schiller war 1,85 m groß. Heute werden ○ viele ○ nur wenige Menschen so groß.

d Mozart war ○ 1,76 m. ○ 1,50 m.

3 Möchten Sie mehr wissen? Lesen Sie einen Text und erzählen Sie Ihrer Partnerin / Ihrem Partner.

1 Johann Sebastian Bach (1685–1750) ist besonders für seine Orgel- und Klavierkompositionen bekannt. Mehr als 25 Jahre hat er sich um die Musik in den vier großen Kirchen Leipzigs gekümmert, Musik an der Thomasschule unterrichtet und den noch heute weltberühmten Thomaner-Chor unterrichtet. Bach war zweimal verheiratet und hatte 20 Kinder. Vier Söhne waren ebenfalls berühmte Komponisten. Wie hat Bach ausgesehen? War er blond oder hatte er schwarze Haare? Braune oder blaue Augen? Man weiß es nicht. Sicher ist: Am Schluss war er fast blind*.

*blind sein: nicht sehen können

2 Wolfgang Amadeus Mozart (1756–1791) war schon als Kind ein Musik-Star. Er ist mit seinem Vater Leopold und seiner Schwester Nannerl durch ganz Europa gereist und hat Konzerte gegeben. Schon im Alter von fünf Jahren hat er komponiert. Mozart war nicht besonders schön: Er war klein und blass, seine Nase war groß und breit. Nur seine blonden Haare waren schön. Und er hat gern schicke Kleidung gekauft. Dafür hat er sehr viel Geld ausgegeben. Luxus war ihm wichtig und deshalb hatte er oft finanzielle Probleme.

Lösung: **1** A Friedrich Schiller; B Wilhelm Friedemann Bach; C Wolfgang Amadeus Mozart; D Johann Sebastian Bach; E Carl Philipp Emanuel Bach; F Johann Christian Bach; **2** a nicht wirklich schlank; b mindestens drei Söhne; c viele; d 1,50 m.

KOPIERVORLAGE FILM-STATIONEN

Clip 20

1 Sehen Sie den Film und kreuzen Sie an: richtig oder falsch?

	richtig	falsch
a Oma ist 81 Jahre alt.	○	○
b Sie kann nicht mehr so gut sehen.	○	○
c Linus kommt zweimal pro Woche für drei Stunden.	○	○
d Linus' Eltern haben keine Arbeit.	○	○
e Früher hat Oma sich um Linus gekümmert.	○	○
f Seine Eltern besuchen Oma jedes Wochenende.	○	○
g Die Oma schenkt Linus Geld für seine Hilfe.	○	○

2 Rollenspiel: Arbeiten Sie zu zweit und sprechen Sie. Finden Sie noch mehr Situationen?

A
Sie sind krank. Ihre Nachbarin besucht Sie und bietet Hilfe an. Sie soll Ihnen einen Tee machen, den Müll rausbringen und Tabletten in der Apotheke kaufen.

B
Ihr Nachbar ist sehr alt und kann nicht mehr so gut gehen. Bieten Sie Hilfe an. Sie können täglich mit dem Hund spazieren gehen und für den Nachbarn einkaufen.

C
Sie haben zwei kleine Kinder. Aber Sie arbeiten. Bitten Sie Oma um Hilfe: Sie soll mit den Kindern spielen und das Abendessen kochen.

D
Sie sind krank und können nicht zur Arbeit gehen. Rufen Sie in der Firma an und bitten Sie Ihren Kollegen: Er soll die Post öffnen und die Rechnungen schreiben.

Lösung: 1 a richtig; b richtig; c falsch; d falsch; e richtig; f falsch; g richtig

Clip 21

1 Sehen Sie den Film noch einmal. Was ist auch verboten? Kreuzen Sie an.

○ baden

○ skaten

○ telefonieren

○ Plakate ankleben

○ den Hund in den Laden mitnehmen

○ den Hund an den Badestrand mitnehmen

○ rauchen

2 Arbeiten Sie zu zweit und schreiben Sie eigene Liedstrophen. Sprechen oder singen Sie.

> Darf man hier nicht baden?
> Nein, das ist verboten.
> Darf man hier ...?

Lösung: 1 skaten; Plakate ankleben; den Hund in den Laden mitnehmen; den Hund an den Badestrand mitnehmen

KOPIERVORLAGE FILM-STATIONEN

Clip 22

Film-Diktat: Wie finden Anne und Patrick die Kleidung? Ergänzen Sie.

1 Die _____ ist wirklich toll.
   Das ist leicht und _____ .

2 Ich finde, das kann man _____ machen.
   Ich finde, zu ihm passt _____ .

3 Der Hut passt sehr gut zu seiner _____ .
   Das _____ ist aber auch gut.

4 Die Farben passen sehr gut zu ihren _____ .
   Die Kombination ist sehr _____ .

5 Ich finde, die Hose passt super zu seinem _____ .

6 Aber die Sandalen passen prima zum _____ .
   Am besten gefällt mir der _____ !

7 Sie _____ Türkis.

   Die Hose finde ich aber ziemlich _____ .

Lösung: 1 Hose, elegant; 2 besser, grün; 3 Hose, Hemd; 4 Haaren, schick; 5 T-Shirt; 6 Wetter, Hund; 7 mag, kurz

Clip 23

1 Sehen Sie die Reportage und ergänzen Sie.

a Martin ist um _____ Uhr auf dem Aussichtsturm.

b Das Wetter ist nicht so toll: Es regnet und es ist _____.
Es sind _____ Grad.

c Bern hat ungefähr _____ Einwohner.

d Die Aare ist ein _____.

e In der Schweiz spricht man auch _____.

f Im Berner Oberland gibt es viele _____.

2 Möchten Sie mehr wissen? Lesen Sie einen Text und erzählen Sie dann Ihrer Partnerin / Ihrem Partner: Was steht im Text?

A Das Berner Oberland ist beliebt bei Touristen in der ganzen Welt. Man kann Urlaub am Thunersee oder am Brienzersee machen und auf Ausflugsschiffen die Aussicht auf die Berge genießen. Oder man nimmt eine Bergbahn. Die transportiert einen schnell und bequem auf die höchsten Berge. Echte Bergfreunde klettern* lieber selbst. Berühmt, aber auch gefährlich ist die Eiger-Nordwand. Viele Kletterer sind in der Nordwand verunglückt*. Vielleicht gibt es deshalb so viele Romane, Gedichte und Filme über den Eiger. Haben Sie zum Beispiel den Film *Nordwand* (2008) gesehen?

* klettern: auf einen Berg steigen | verunglücken: hier = sterben

B Das Berner Seeland liegt zwischen dem Bieler-, dem Neuenburger- und dem Murtensee. Dort gibt es viele Gemüsebauern: Tomaten, Karotten, Zwiebeln und Salat, aber auch Rhabarber bauen sie an. Im Seeland spricht man Schweizerdeutsch und Französisch. Die Städte Biel/Bienne und Murten sind zweisprachig*. Die größte zweisprachige Stadt in der Schweiz – Biel/Bienne – nennt man auch „Uhrenweltmetropole", denn dort produzieren berühmte Uhrenfirmen ihre Uhren.

* zweisprachig: bilingual

Lösung: 1 a 9; b kühl, 16; c 130 000; d Fluss; e Französisch; f Berge

KOPIERVORLAGE FILM-STATIONEN

Clip 24

1 Was ist richtig? Sehen Sie die Reportage noch einmal und kreuzen Sie an.
  Es können mehrere Lösungen richtig sein.

a	Die Auer Dult ist ein	○ Jahrmarkt.	○ Flohmarkt.	○ Supermarkt.
b	Es gibt die Auer Dult im	○ April/Mai.	○ Juli/August.	○ Oktober/November.
c	Man kann dort	○ essen.	○ Karussell fahren.	○ einkaufen.
d	Lilian möchte	○ eine Bratwurst.	○ Pommes.	○ eine Bratwurst mit Pommes.
e	Oliver findet: Schießen	○ macht Spaß.	○ macht keinen Spaß.	
f	Er fährt Autoscooter	○ genauso gern	○ nicht so gern	wie Lilian.

2 **Erzählen Sie.**

– Gehen Sie gern auf Jahrmärkte? Was machen Sie dort am liebsten? Essen, einkaufen …?

– Gibt es in Ihrer Stadt auch einen Jahrmarkt? Wie oft und wann?

– Fahren Sie gern Karussell?

3 **Projekt**

a Leben Sie in Deutschland, Österreich oder der Schweiz? Gibt es an Ihrem Wohnort einen Jahrmarkt / eine Kirmes? Suchen Sie Informationen im Internet.

b Berichten Sie im Kurs.

Lösung: 1 a Jahrmarkt; b April/Mai, Juli/August; c essen, Karussell fahren, einkaufen; d Pommes; e macht Spaß; f nicht so gern

Wörter   Name: _____

1 Ergänzen Sie.

● Entschuldigung, können Sie mir helfen? Wie komme ich zum Dom?
◆ _Wenden_ Sie ⤺. Fahren Sie 2 Kilometer _____ ↑. Dann kommt eine Ampel.
Hier fahren Sie nach _____ ↖. Nach 300 Metern fahren Sie über eine Brücke. Hinter der Brücke _____ Sie nach _____ ↗. Dann sind Sie schon im Zentrum und können den Dom sehen.

_____ / 4 Punkte

2 Ordnen Sie zu.

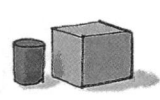

neben   auf   hinter   an   vor   in   zwischen   unter   über

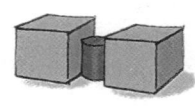

_____ / 8 Punkte

3 Was ist das? Notieren Sie.

a Vor dem Haus: Die Kinder können dort spielen, es gibt Blumen … – _der Garten_
b Dort kann man das Auto parken – die G_____
c Sie geht vom Erdgeschoss in den 1. Stock – die T_____
d Dort kann man kochen – die K_____
e Das Bett und ein Schrank stehen dort – das S_____

_____ / 4 Punkte

4 Ergänzen Sie die Postkarte.

Hallo Mario,
viele Grüße aus Lübeck. Hier ist es toll. Wir haben schon viele schöne (a) _____ und ein (b) _____ gesehen. Die Ferienwohnung ist sehr gut. Es gibt auch einen (c) _____ für Max und Lena. Morgen fahren wir zum (d) _____ nach Travemünde. Hast Du meine Bücher von der (e) _____ geholt? So, jetzt bringe ich noch schnell die Karte zur (f) _Post_

_____ / 5 Punkte

TEST MODUL 5 (Lektion 13–15)

Strukturen

5 Ergänzen Sie den Artikel in der richtigen Form.

a ___Die___ Post ist neben ___einem___ Hotel.
b Hinter d_____ Kino ist e_____ Café.
c Zwischen d_____ Café „Glück" und d_____ Post ist e_____ Bank.
d In d_____ Stadtmitte ist d_____ Dom.
e Vor d_____ Dom ist e_____ großer Platz.
f Hinter d_____ Häusern ist e_____ Tennisplatz.
g D_____ Bahnhof ist neben d_____ Polizei.

_____ / 13 Punkte

6 Ergänzen Sie *sein/ihr* in der richtigen Form.

Familie Blum lebt in Blumberg. ___Ihr___ (a) Haus ist sehr groß. Frau Blum mag besonders _____ (b) Küche. Sie hat ein großes Fenster und einen schönen Blick in den Garten. Frau Blum liebt _____ (c) Blumen. Herr Blum findet _____ (d) Arbeitszimmer toll. Im Arbeitszimmer steht _____ (e) Computer. Mit dem kann Herr Blum _____ (f) Lieblings-Computerspiele spielen. Im ersten Stock haben Herr und Frau Blum _____ (g) Schlafzimmer. Auch das Bad ist dort. Sohn Ben und Tochter Lara wohnen ganz oben im Haus. Lara mag _____ (h) Zimmer nicht besonders. Es ist ziemlich klein. Aber es gibt einen Balkon. Und _____ (i) Balkon liebt Lara sehr. Das Zimmer von Ben ist auch nicht sehr groß. Aber das ist nicht wichtig. Ben ist nicht oft zu Hause. _____ (j) Hobby ist Fußballspielen. Er und _____ (k) Freunde sind fast immer auf dem Fußballplatz.

_____ / 10 Punkte

7 Sagen Sie es anders.

die Blumen von Frau Blum – ___Frau Blums Blumen___
der Balkon von Lara – _____
das Zimmer von Ben – _____

_____ / 2 Punkte

8 Was passt? Ergänzen Sie *gefallen/gehören/helfen/danken* in der richtigen Form und kreuzen Sie das richtige Personalpronomen an.

a ● Anja, wie ___gefällt___ ○ mir ⊗ dir ○ ihr dein Viertel?
  ◆ Super! Besonders die vielen Cafés und die kleinen Läden _____
    ○ mir. ○ dir. ○ ihr.
b ◆ Max und Elena, wir _____ ○ mir ○ uns ○ euch für eure Hilfe.
  ● Bitte, bitte. Wir _____ ○ mir ○ uns ○ euch gern.
c ● Sagen Sie, Frau Lehmann, _____ ○ dir ○ ihnen ○ Ihnen vielleicht der Schlüssel?
  ◆ Nein, aber fragen Sie doch mal Herrn Kaiser. Vielleicht _____ der Schlüssel
    ○ ihr. ○ ihm. ○ ihnen.

_____ / 10 Punkte

163

Kommunikation

9 Schreiben Sie Gespräche.

~~Tut mir leid, ich bin nicht von hier.~~ | Entschuldigen Sie. Kennen Sie das Hotel „Seeblick"? | Sie sieht toll aus. Den Balkon mag ich besonders. | Ja. Gehen Sie geradeaus und an der Ampel nach links. Dann sehen Sie es schon. | Kein Problem. | ~~Können Sie mir helfen? Ich suche eine Bank.~~ | Tut mir leid. Ich bin auch fremd hier. | Sehr nett! Vielen Dank! | Ach so. Schade. Trotzdem Dankeschön! | Es geht. So toll ist es nicht. | Gibt es hier im Viertel eigentlich viele Geschäfte? | Eine Frage bitte: Wo finde ich die Post? | Wie findest du die Wohnung? | Wie gefällt Ihnen das Viertel? | Ja, und es gibt auch viele Kneipen und Restaurants.

a ● _____
  ◆ Tut mir leid, ich bin nicht von hier.

b ● Entschuldigen Sie. Kennen Sie das Hotel „Seeblick"?
  ◆ _____
  ● _____
  ◆ _____

c ● Können Sie mir helfen? Ich suche eine Bank.
  ◆ _____
  ● _____

d ● _____
  ◆ _____

e ● _____
  ◆ _____

f ● _____
  ◆ _____

_____ / 12 Punkte

TEST MODUL 5 (Lektion 13–15)

Lesen

10 Welche Wohnung passt gut? Ordnen Sie zu.

1
Blumberg-Nord Suche Nachmieter für Apartment (Wohn- und Schlafraum plus Küche) in Uni-Nähe ab 1.10., auch möbliert möglich.

Tel.: 385679, Friedrich (ab 20 Uhr)

2
WALDECK (NÄHE BLUMBERG),
kleines Haus, 140 m², zu vermieten:
5 Zimmer, Küche, 2 Bäder, 800 m² Garten und Garage. Mietpreis: 1.370 € inkl. NK.
Frei ab Juli. moeller@waldeck.de

3
Total zentral!
Schöne kleine 2-Zimmer-Wohnung,
Küche, Bad, EG, Gartenmitbenutzung.
280 € + ca. 60 € NK.
Frei ab sofort.
www.immo-blumberg.de

4
Blumberg-Süd Nette 2,5-Zimmer-Wohnung, Küche, Bad, WC extra.
4. Etage (Aufzug!), Westbalkon, 59 m².
Warmmiete 430 Euro. Kontakt:
Herr Feininger, Tel. 548767

a Rita sucht eine Wohnung in der Stadtmitte, gern mit Balkon oder Garten.
   Sie kann maximal 350 Euro bezahlen.   Anzeige _____
b Stefan sucht ab Oktober eine kleine Wohnung (ca. 30 m²) oder ein Zimmer.
   Er hat keine Möbel.   Anzeige _____
c Frau Tiedgen sucht eine 2- bis 3-Zimmer-Wohnung. Wichtig: WC nicht im Bad!
   Anzeige _____
d Familie Maurer hat drei Kinder, einen Hund und ein Auto und braucht viel Platz.
   Anzeige _____

_____ / 4 Punkte

Gesamt: _____ / 72 Punkte

Wörter   Name: _____

1 Ergänzen Sie das Gespräch.

dumm | kalt | kaputt | ~~Hotel~~ | Handtücher | Internetverbindung | Dusche | Aufzug | Seife

● Guten Tag, Herr Wagner. Haben Sie das _____Hotel_____ gleich gefunden?
◆ Ja, danke. Kein Problem.
● Ihre Zimmernummer ist 401. Der _____ ist dort drüben.
◆ Vielen Dank. – Eine Frage noch: Gibt es im Zimmer eine _____?
● Natürlich. Alle Zimmer haben WLAN.
(15 Minuten später)
◆ Sagen Sie mal, die _____, die funktioniert aber nicht richtig. Das Wasser ist _____. Es gibt keine _____ und nicht einmal eine _____.
  Der Föhn ist auch _____.
● Oh, wie _____! Ich kümmere mich sofort darum.   ____ / 8 Punkte

2 Was passt *nicht*? Markieren Sie.

a eine Fremdsprache   lernen | sprechen | ~~schreiben~~
b Geld   verdienen | werden | haben
c eine Prüfung   machen | schaffen | lernen
d ein Instrument   lernen | singen | spielen
e eine Ausbildung   anmelden | machen | abschließen
f Politiker   wollen | werden | sein
g durch Europa   reisen | fahren | bekommen
h im Ausland   leben | sein | gehen   ____ / 7 Punkte

3 Ordnen Sie zu. Ergänzen Sie auch den Artikel.

~~Bein~~ | Bauch | Fieber | Husten | Knie | Kopf | Medikament | Pflaster | Rezept | Rücken | Salbe | Schnupfen | Tablette

Gesundheits-Probleme: _____, _____, _____

Körperteile: _das Bein_, _____, _____, _____,
_____

Apotheke: _____, _____, _____, _____,
_____   ____ / 12 Punkte

4 Ordnen Sie zu.

a Kopfschmerzen   nehmen
b zum Arzt   haben
c eine Tablette   gehen
d Kräutertee   bleiben
e im Bett   trinken   ____ / 4 Punkte

166

TEST MODUL 6 (Lektion 16–18)

Strukturen

5 Kreuzen Sie an und ergänzen Sie die Endung, wo nötig.

● Wann bist du mit der Schule fertig?
◆ ⊗ In ○ Nach ○ Vor ein**em** Monat.
● Und was machst du ○ in ○ nach ○ für d_____ Schulzeit?
◆ Zuerst fahre ich ○ vor ○ nach ○ für ein_____ Woche zu meinen Großeltern und dann gehe ich ○ nach ○ in ○ für ein_____ Jahr als Au-pair nach Australien.
● Nach Australien? Warum gerade nach Australien?
◆ Australien gefällt mir. Ich war ○ in ○ für ○ vor ein_____ Jahr schon dort und habe einen Sprachkurs gemacht.
● Aha, und wann geht es los?
◆ ○ Vor ○ In ○ Nach genau ein_____ Monat. Ich freue mich schon sehr!

_____ / 10 Punkte

6 Schreiben Sie Sätze.

a _Wir wollen unbedingt die Prüfung schaffen!_
   (Wir / wollen / schaffen / die Prüfung / unbedingt)
b _____.
   (Ich / vielleicht / Sängerin / werden / wollen)
c _____?
   (dein Studium / du / Wann / wollen / abschließen)
d _____.
   (den Termin / Der Chef / auf keinen Fall / wollen / absagen)
e _____?
   (mit mir / wollen / Wer / durch Europa / reisen)

_____ / 4 Punkte

7 Ergänzen Sie.

a Ich will zusammen mit mein**em** Freund um die Welt segeln.
b Ohne ein_____ Kaffee kann ich am Morgen nicht arbeiten.
c Mit ein_____ Ausbildung hat man bessere Chancen.
d Alex geht nie ohne sein_____ Kreditkarte aus dem Haus.
e Mit d_____ Führerschein kann ich endlich durch Europa reisen.

_____ / 4 Punkte

8 Ratschläge.

a **Schreiben Sie im Imperativ.**

1 mehr Sport machen   _Machen Sie mehr Sport._
2 vor einem Test gut die Wörter lernen   _____
3 bei Kopfschmerzen Kaffee trinken   _____
4 fünfmal am Tag Obst und Gemüse essen   _____
5 Bücher auf Deutsch lesen   _____

b Schreiben Sie die Sätze aus a mit *sollen*.

1 Mein Arzt sagt, ich _soll mehr Sport machen._
2 Die Lehrerin meint, die Kinder _____.
3 Man _____, glaubt Anna.
4 Wir _____.
5 Die Kursleiterin sagt, ihr _____.

_____ / 8 Punkte

Kommunikation

9 Ordnen Sie das Gespräch.

○ Oh, das tut mir leid. Ich sage dem Techniker Bescheid.
○ Die Heizung funktioniert nicht.
○ In zehn Minuten ist er da.
① Entschuldigen Sie, können Sie mir helfen?
○ Wann kann der Techniker denn kommen?
○ Bitte, bitte. Kein Problem.
○ Ja gern. Was kann ich für Sie tun?
○ Super, vielen Dank!

_____ / 7 Punkte

10 Wünsche und Pläne: Schreiben Sie Sätze mit *unbedingt* oder *auf keinen Fall*.

a _Ich will unbedingt eine große Familie haben._

b _____

c _____

d _____

e _____

f _____

_____ / 5 Punkte

11 Ergänzen Sie das Gespräch.

● Hallo, Tine. Du, ich _kann_ heute leider doch nicht kommen. Ich bin _____.
◆ Schade! Was _____ du denn?
● Ich habe _____ und _____. Und Fieber! Mein _____ tut auch ziemlich weh. Andy sagt, ich _____ im Bett bleiben.
◆ Ja, das verstehe ich. Was _____ du gegen das Fieber?
● Ich _____ Vitamin C.
◆ Meine Mutter sagt immer, man _____ viel trinken. Das _____.

_____ / 10 Punkte

168

TEST MODUL 6 (Lektion 16–18)

Lesen

12 Lesen Sie die Texte und kreuzen Sie an.

Marijke (27)
Ich studiere Medizin. Aber ich bin gar nicht sicher, ob ich wirklich als Ärztin arbeiten möchte. Ich interessiere mich nämlich besonders für Naturmedizin – meine Oma hat richtig Ahnung von Heilkräutern und ich habe viel von ihr gelernt. Vielleicht arbeite ich später als Journalistin und schreibe Bücher über Naturmedizin. Nur wenige Leute kennen sich nämlich mit Schul- und Naturmedizin gut aus und schreiben darüber.

Robert (26)
Was ich beruflich machen will? Na ja, ich weiß es noch nicht. Ich habe Wirtschaft und Sport studiert. Aber in einer Firma arbeiten und den ganzen Tag im Büro sitzen – nein danke! Darauf habe ich keine Lust. Und als Sportlehrer verdient man nur wenig Geld. Reich heiraten, das ist doch eine gute Idee! Vater will ich unbedingt werden. Vielleicht kann ich dann zu Hause bleiben, auf die Kinder aufpassen und meine Frau verdient das Geld. Ist das nicht ein toller Plan?

		richtig	falsch
a	Marijke will unbedingt Ärztin werden.	○	⊗
b	Marijkes Oma weiß viel über Naturmedizin.	○	○
c	Es gibt nur wenige Bücher über Naturmedizin.	○	○
d	Robert will später als Sportlehrer arbeiten.	○	○
e	Er möchte eine Familie haben.	○	○
f	Seine Frau soll arbeiten, er kümmert sich um die Kinder.	○	○

____ / 5 Punkte

Schreiben

13 Schreiben Sie die E-Mail.

Lieber Stefan,
leider _habe ich heute doch keine Zeit_. (heute doch keine Zeit haben)
_____. (im Büro Computer kaputt sein)
_____.
(dem Techniker schon Bescheid gesagt haben)
Aber er _____. (im Moment keine Zeit haben)
Er _____. (erst um 17 Uhr kommen können)
Der Chef sagt, _____. (auf den Techniker warten sollen)
_____? (unser Treffen verschieben können)
_____? (am Wochenende Zeit haben)
_____. (wir – vielleicht ins Kino gehen können)
Liebe Grüße
Nina

____ / 8 Punkte

Gesamt: ____ / 92 Punkte

Wörter

Name: _____

1 Helga früher und heute. Ergänzen Sie.

Früher ...   Heute ...

a hatte Helga _____   c hat Helga _____,
   _____ und   _____ _____.
   Locken .   d Sie ist nicht mehr ganz so _____,
b Sie war sehr _____ .   aber auch nicht zu _____.
                                         e Ihre Augen sind nicht mehr so gut. Sie
                                            braucht jetzt eine _____.

_____ / 9 Punkte

2 Ergänzen Sie.

a _den Müll / Abfall_   b _____   c _____
   rausbringen

d 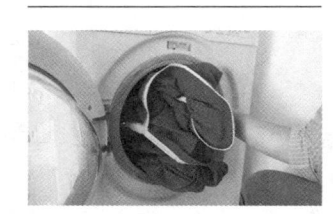 _____   e  _____   f _____

_____ / 5 Punkte

3 Was passt? Kreuzen Sie an.

a ● Warum fahren die Autos hier so   ⊗ langsam   ○ leise?
   ◆ Siehst du   ○ das Schild   ○ den Verkehr dort? Autos dürfen hier nur 30 km/h fahren.
b ● Darf man hier rauchen?
   ◆ Nein, das ist hier   ○ erlaubt.   ○ verboten.
c Der See ist toll! Wollen wir   ○ klingeln?   ○ angeln? Hast du Lust?
d Es ist nicht weit, wir können zu Fuß   ○ gehen.   ○ fahren.
e Müssen Fahrradfahrer auch einen Helm   ○ stehen?   ○ tragen?
f ◆ Ach, dürfen wir hier nicht Fahrrad fahren?
   ● Nein, hier müssen wir das Fahrrad   ○ tragen.   ○ schieben.

_____ / 6 Punkte

170

TEST MODUL 7 (Lektion 19–21)

Strukturen

4 Ergänzen Sie die Verben in der richtigen Form.

a ◆ Guck mal, dort ist Eva!
● Das ist Eva? Ich _habe_ sie gar nicht _erkannt_ (erkennen) mit den blonden kurzen Haaren! Früher _____ (haben) sie braune, lange Haare und Locken. Das _____ mir viel besser _____ (gefallen).

b ◆ Jürgen ist ziemlich dick.
● Ja, komisch, nicht? Früher _____ (sein) er richtig schlank. Und er _____ (haben) auch keinen Bart.

c ◆ _____ (sein) Sie schon immer Hausfrau?
● Nein, früher _____ (sein) ich Verkäuferin in einer Bäckerei. Aber dann _____ ich ein Baby _____ (bekommen) und nun bin ich zu Hause.

d ● Wo _____ (sein) ihr gestern Abend?
◆ Auf einer Party. Kerstin _____ uns _____ (einladen). Wir _____ (haben) viel Spaß. Wir _____ viele nette Leute _____ (treffen).

e Sag mal, _____ (haben) du nicht gestern Geburtstag? Tut mir leid, das _____ ich total _____ (vergessen).

_____ / 13 Punkte

5 Chaos in der WG! Alle sollen helfen.

Okay! Und was machst du?

a Schreiben Sie Sätze im Imperativ.

1 Lisa, _häng bitte die Wäsche auf_ und _____!
(die Wäsche aufhängen / das Bad putzen)

2 Sven, _____ und _____!
(das Geschirr abtrocknen / die Küche aufräumen)

3 Carla und Fabiana, _____ und _____!
(den Müll rausbringen / den Boden wischen)

b Ergänzen Sie die Personalpronomen im Akkusativ.

1 Die Wäsche ist fertig. Kannst du _sie_ bitte aufhängen? Und das Bad – kannst du _____ bitte putzen?

2 Ich habe das Geschirr gespült. Sven, kannst du _____ bitte abtrocknen? Die Küche sieht chaotisch aus. Kannst du _____ bitte aufräumen?

3 Der Müll muss raus. Könnt ihr _____ bitte rausbringen? Der Boden ist schmutzig. Könnt ihr _____ bitte wischen?

Aber klar! Das machen wir gern.

_____ / 10 Punkte

6 In der Bibliothek. Was darf man nicht / muss man / kann man? Schreiben Sie Sätze.

a <u>Man muss leise sein.</u> (leise sein)

b _____ (telefonieren)

c _____ (keine Bücher kaufen)

d Aber _____
_____ (Bücher mitnehmen und zu Hause lesen)

e _____ (seinen Bibliotheksausweis mitbringen)

f _____ (in die Bücher malen oder schreiben)

g _____ (laut Musik hören)

_____ / 6 Punkte

Kommunikation

7 Partygespräche

a Ordnen Sie zu.

~~Ach komm!~~ | ~~Ihr neuer Freund sieht super aus.~~ | ~~Wie langweilig!~~ | Mein Traummann sieht interessant aus: Brille, Bart und er darf auch gern ein bisschen dick sein. | Er hatte einen Bart. | So schlimm ist das doch nicht. | Motorradfahren ist viel zu gefährlich. | Sie ist schlank und hat blonde lange Haare. | Das finde ich gar nicht in Ordnung. | Echt? | Ach was!

Erstaunt reagieren	Eine Person beschreiben	Seine Meinung sagen
Ach komm!	Ihr neuer Freund sieht super aus.	Wie langweilig!

b Ergänzen Sie mit den Sätzen aus a.

a ● Gestern habe ich Julia in der Disco gesehen.
   _____? Seltsam! Sie hat mich gestern angerufen und gesagt, sie hat Fieber und muss im Bett bleiben.
   ◆ Ich bin sicher! Das war Julia, zusammen mit einem Mann. _____.
   Du – _____.
   ● <u>Ach komm</u>! Das glaube ich nicht. Julia mag doch keine Männer mit Bart!

b ◆ Hast du schon gehört? Werner hat sich ein Motorrad gekauft.
   ● Ein Motorrad? _____.
   ◆ _____! Er muss nur einen Helm tragen.

c ● Im Flugzeug, im Restaurant, nicht einmal auf dieser Party darf ich rauchen.
   _____.
   ◆ _____. Du kannst auf dem Balkon rauchen.

d ● Wie sieht deine Traumfrau aus?
   ◆ Meine Traumfrau? Also: _____.
   ● _____! Das wollen alle Männer. _____
   _____.

_____ / 18 Punkte

TEST MODUL 7 (Lektion 19–21)

Lesen

8 Richtig oder falsch? Kreuzen Sie an.

1
Du suchst ein Zimmer? Hier ist es! Wir, Alex (23) und Britta (25), sind lustig und sympathisch, wir feiern gern Partys, laden Freunde ein und kochen zusammen – ruhig ist es bei uns selten ☺! Aufräumen und Putzen ist leider nicht unser Hobby ☹. Auf Dich wartet ein großes Zimmer (23 m²) für 320 €/Monat.
Schreib an: alex-und-britta@webby.de

2 Mitbewohner(in) gesucht!
Ich vermiete ab Oktober ein Zimmer (16 m²) in meiner Wohnung. Die Wohnung ist klein – Ordnung ist also wichtig! Bist Du ordentlich und hilfst auch mal ein bisschen im Haushalt, dann bist Du der ideale Mitbewohner! Bianca, Tel. 065/7293654

3 Wohnen ohne Geld!
Ich, 76 Jahre alt, vermiete ein Zimmer in meinem Haus. Sie müssen keine Miete bezahlen, aber Sie müssten mir ein bisschen helfen: einkaufen, putzen, mit meinem Hund spazieren gehen … Sind Sie freundlich und hilfsbereit? Dann schreiben Sie mir.
Elsa Waldner, Waldstr. 3, Geroldsberg

		richtig	falsch
a	Alex und Britta sind nicht sehr ordentlich.	⊗	○
b	Sie haben oft Gäste.	○	○
c	Bianca hasst Ordnung.	○	○
d	Sie hilft gern im Haushalt.	○	○
e	Das Zimmer bei Frau Waldner kostet nichts.	○	○
f	Frau Waldner braucht Hilfe im Haushalt.	○	○

____ / 5 Punkte

Schreiben

9 Kathi sucht ein Zimmer. Sie schreibt an Alex und Britta. Ergänzen Sie.

Hallo Britta, hallo Alex,
ich _habe Eure Anzeige gelesen_ (Eure Anzeige lesen). Ich glaube, Ihr _____
_____ (wirklich nett sein) Ich _____
(auch fröhlich sein) ☺. Zusammen _____ (sicher viel
Spaß haben können) Ein paar Informationen zu mir: Ich _____
(Kathi heißen). Ich _____ (24 Jahre alt / Medizin
studieren). Leider _____ (auch ziemlich
unordentlich sein), aber _____ (super backen können).
Mein Apfelkuchen ist ein Gedicht. Wollt Ihr mich kennenlernen?
Dann ruft mich doch einfach an: 01 53/2 36 54

____ / 8 Punkte

Gesamt: ____ / 80 Punkte

Wörter Name: _____

1 Ordnen Sie zu und ergänzen Sie den Artikel.

Hemd | Mütze | T-Shirt | Schuh | Jacke | Hut | Hose | Socke | Bluse | Strumpfhose

für den Kopf: _____, _____
für den Oberkörper (= für Rücken, Brust und Bauch): _das Hemd_,
_____, _____, _____
für die Beine: _____, _____
für die Füße: _____, _____   ____ / 9 Punkte

2 Das Wetter in Österreich. Ergänzen Sie.

a In Wien ist es heute warm. Die _____ scheint.
b In Innsbruck ist es bewölkt: Der _____ ist grau.
c In Linz ist es schon ziemlich windig. Bald gibt es ein _Gewitter_.
d In Salzburg ist es heute kühl, es hat nur 9 _____.
e Alles ist weiß! Auf dem Großglockner liegt der erste _____.
f Achtung, Autofahrer! Schlechte Sicht auf der A12. Es hat _____.

____ / 5 Punkte

3 Feste und Feiern

a Was passt *nicht*? Markieren Sie.

1 zur Feier kommen • bekommen • einladen
2 ein Geschenk bekommen • mitbringen • einladen
3 eine Prüfung bekommen • bestehen • machen
4 ein Fest feiern • gratulieren • verschieben
5 Getränke mitbringen • kaufen • einladen

b Welches Fest passt? Notieren Sie mit dem Artikel.

1 1. Januar: _das Silvester_
2 24. Dezember: _____
3 eine neue Wohnung: _____
4 Endlich 18! Juhu: _____
5 Markus und Susanne heiraten: _____

____ / 8 Punkte

TEST MODUL 8 (Lektion 22–24)

Strukturen

4 Ergänzen Sie in der passenden Form und kreuzen Sie an.

a ● Der Rock gefällt mir _besser_ (gut, ++) ⊗ als ○ wie die Hose. Aber _____ (gut, +++) gefällt mir das Kleid.
   ◆ Ist das Kleid nicht _____ (teuer, ++)?
   ● Nein, sieh mal, es kostet genauso _____ (viel, +) ○ als ○ wie der Rock.

b ● Was trägst du _____ (gern, ++), Jacken oder Mäntel?
   ◆ Hm, ich trage _____ (gern, +++) Jacken. Aber den Mantel hier finde ich sehr _____ (schön, +). Und er ist viel _____ (warm, ++) ○ als ○ wie eine Jacke. Ich nehme den Mantel.

c Ich trinke _____ (viel, +) Tee. Ich trinke _____ (viel, ++) Wasser. Und _____ (viel, +++) trinke ich Kakao.

d München ist _____ (groß, ++) ○ als ○ wie Köln. Aber Berlin ist _____ (groß, +++).

_____ / 15 Punkte

5 Schreiben Sie Sätze mit *denn*.

a Wir machen am liebsten im Süden Urlaub, denn _dort scheint meistens die Sonne._
   (dort / Sonne / meistens / scheinen)

b Wir fahren jedes Jahr an die Nordsee, denn _____.
   (dort / wir / segeln / können)

c Morgen gehe ich nicht ins Büro, denn _____.
   (ich / krank sein)

d Die Autofahrer müssen langsam fahren, denn _____.
   (es / neblig sein)

e Wir sind am Samstagabend bei Linus, denn _____.
   (er / seinen Geburtstag / feiern)

_____ / 4 Punkte

6 Wünsche. Schreiben Sie Sätze.

a Tom _würde gern um die Welt segeln_.
   (um die Welt segeln)

b Alexandra und Benno _____.
   (heiraten)

c Ich feiere am Wochenende meinen Geburtstag und _____.
   (dich einladen)

d Morgen beginnen die Ferien. Kinder, was _____?
   (machen)

e Frau Herbst, _____?
   (im Ausland leben)

_____ / 4 Punkte

7 Ergänzen Sie *am*, *vom ... bis* oder *der* und das Datum in der richtigen Form.

a Wann feiert man in Russland Weihnachten? – _Am siebten Januar_. (7.1.)
b _____ sind wir im Urlaub. (1.5.–4.5.)
c Der Tag der Deutschen Einheit ist _____. (3.10.)
d Welches Datum ist heute? – _____. (14.8.)
e Beate hat _____ (6.7.) Geburtstag, ihr Mann _____ (8.9.)
 und ihr Sohn _____ (10.11.). Lustig, oder?
f Wann macht Felix seine Einweihungsparty? – _____ (30.3.)

_____ / 7 Punkte

Kommunikation

8 Schreiben Sie drei Gespräche.

Wie findest du mein Hochzeitskleid? | Mützen sind wahnsinnig hässlich. Mit einem Hut sehe ich richtig elegant aus. | Wow! Das ist ja total schön. | Was? Die gefällt dir? Die ist doch nur was für den Karneval. | Du trägst gern Hüte? Mützen sind doch viel praktischer. | Im Winter trage ich gern Hüte. | Sieh mal, die Tasche ist doch toll.

a ● _Wie findest du mein Hochzeitskleid?_
 ◆ _____
b ● _____
 ◆ _____
 ● _____
c ● _____
 ◆ _____

_____ / 6 Punkte

9 Was sagen Sie? Notieren Sie fünf Glückwünsche.

a Eine Freundin hat Geburtstag: _Herzlichen Glückwunsch!,_ _____
b Ihr Bruder hat seine Abschlussprüfung bestanden: _____,
 _____
c Heute ist der 1.1. Sie treffen Ihren Nachbarn: _____
d Heute ist der 23.12. Sie verabschieden sich von Ihren Kollegen: _____

_____ / 5 Punkte

TEST MODUL 8 (Lektion 22–24)

Lesen

10 Lesen Sie und notieren Sie in der Tabelle.

a

Liebe alle,
wir sind wieder zu Hause! Und das wollen wir feiern, denn unser Skiurlaub war furchtbar. Unser Ziel war Vorarlberg, denn wir fahren gern Ski. In Vorarlberg gibt es viel Schnee. Dieses Mal hatten wir aber zu viel Schnee. Es hat geschneit und geschneit und geschneit. Die Straßen waren zu und wir sind nach 10 Tagen im Hotel zurückgefahren! Das vergessen wir jetzt aber ganz schnell: Kommt am Freitag um 19 Uhr zu uns. Sören kocht!
Bis dann
Sabine und Sören

b

Liebe Freunde und Verwandte,
Jacob kommt in die Schule! Wir wollen am Wochenende eine kleine Feier zum Schulbeginn machen. Kommt am Samstag, den 4.8., ab 15 Uhr zu uns in die Gartenstraße 50. Wir haben Kaffee für die Erwachsenen und Spiele für die Kinder. Könnt Ihr bitte Kuchen mitbringen? Wir würden gern ein Kuchenbuffet aufbauen.
Danke und bis bald
Carola und Christian

	Wer lädt ein?	Warum?	Wann?	Programm?	Was mitbringen?
a		endlich wieder zu Hause			nichts
b			am Samstag, den 4.8.		

_____ / 7 Punkte

Schreiben

11 Weihnachtspost aus der Karibik. Lesen Sie die Karte und ordnen Sie zu.

Wie ist das Wetter | ~~Grüße aus der sonnigen Karibik~~ | Frohe Weihnachten und ein gutes neues Jahr | der Himmel ist wolkenlos | hier hat es immer 25 Grad | Weihnachten am liebsten immer in der Sonne feiern | wir hatten keine Lust auf Regen und Schnee

_____ / 6 Punkte

Gesamt: _____ / 76 Punkte

Liebe Marita,
viele _Grüße aus der sonnigen Karibik_!
Wir sind über Weihnachten in die Karibik geflogen, denn
_____.
Mütze und Pullover haben wir zu Hause gelassen, denn
_____.
Die Sonne scheint jeden Tag und _____.
Wir würden _____!
_____ in Deutschland?

Daniel und Loretta

Lektion 13

Wir suchen das Hotel Maritim.

Aufgabe 1

Navigator: Nach 600 Metern bitte rechts abbiegen.
Er: 600 Meter? ... Ach, das ist da unten, vor der Brücke.
Sie: Jetzt schon nach rechts? Meinst du? ... Nein, nein, das ist falsch.
Er: Was? Warum denn?
Navigator: Nach 400 Metern bitte rechts abbiegen.
Sie: Hier auf meinem Plan steht das ganz anders.
Er: Ganz anders? Ja, wie denn? Was steht denn da?
Navigator: Nach 200 Metern bitte rechts abbiegen.
Sie: Nein, das kann einfach nicht sein. Hier geht es noch ein oder zwei Kilometer geradeaus weiter.
Er: Ja ... was jetzt?
Navigator: Jetzt bitte rechts abbiegen.
Sie: Nein, nein! Nicht abbiegen! Fahr geradeaus weiter!
Er: Und wenn dein Plan falsch ist?
Navigator: Bitte wenden Sie.
Er: Hörst du?
Navigator: Bitte wenden Sie.
Er: Was machen wir dann?
Sie: SO! SCHLUSS!!
Navigator: Bitte wend...
Sie: Mein Plan ist nicht falsch.
Er: Hmm ...

Aufgabe 4

Er: Hallo? Entschuldigung? Können Sie uns helfen?
Passant: Ja, bitte?
Er: Wo ist denn hier die Altenburger Landstraße?
Passant: Altenburger Landstraße? Oje! Ich bin auch fremd hier
Sie: Wir suchen das Hotel „Maritim". Kennen Sie das?
Passant: Hotel Maritim? Nein, tut mir leid. Wie gesagt: Ich bin nicht von hier.
Er: Trotzdem: Dankeschön! Vielen Dank!
Passant: Bitte! Gerne!
Sie: Entschuldigung?
Passantin: Ja?
Sie: Kennen Sie das Hotel „Maritim"?
Passantin: Das „Maritim"? Hach, da sind Sie hier aber ganz falsch! Das ist ja in der Stadtmitte.
Sie: Ach, das „Maritim" ist im Zentrum?
Passantin: Ja, zwischen dem Bahnhof und dem Dom.
Sie: Und wie kommen wir da hin?
Passantin: Also, jetzt wenden Sie zuerst mal und dann fahren Sie einen Kilometer zurück ...

Aufgabe 5

Sie: Kennen Sie das Hotel „Maritim"?
Passantin: Das „Maritim"? Hach, da sind Sie hier aber ganz falsch! Das ist ja in der Stadtmitte.
Sie: Ach, das „Maritim" ist im Zentrum?
Passantin: Ja, zwischen dem Bahnhof und dem Dom ...

TRANSKRIPTIONEN KURSBUCH

Sie: Und wie kommen wir da hin?
Passantin: Also, jetzt wenden Sie zuerst mal und dann fahren Sie einen Kilometer zurück.
Sie: Einfach zurück? Immer geradeaus?
Passantin: Ja, genau, immer geradeaus, dann kommen Sie unter einer Brücke durch und dann warten Sie mal …
Sie: Unter einer Brücke …?
Er: Ja-ja, die Brücke! Die haben wir gerade schon mal gesehen …
Passantin: Ah ja, und gleich hinter der Brücke ist eine Ampel. An der Ampel fahren Sie nach links.
Sie: Nach links, hm.
Passantin: Dann sehen Sie eine Bank und ein Restaurant. Und jetzt: Achtung! VOR dem Restaurant fahren Sie nach rechts.
Sie: Vor dem Restaurant nach rechts.
Passantin: Richtig! Dann sind Sie in der Altenburger Straße, da sind viele kleine Cafés. An den Cafés fahren Sie vorbei und dann sehen Sie ihn schon, den Dom.
Sie: Und das Hotel „Maritim" …?
Passantin: Das ist auch dort in der Nähe, gleich neben dem Dom.
Sie: Super! Sehr nett! Vielen Dank! …
Passantin: Kein Problem! Schönen Tag noch!
Sie: Tschüs! … Hast du gehört?
Er: Ja …
Sie: Warum schaltest du denn den Navi wieder an? Jetzt wissen wir doch alles … Also: Zuerst hier wenden …
Navigator: Bitte wenden Sie.
Sie: Und jetzt geradeaus und nach einem Kilometer …
Navigator: Nach einem Kilometer bitte links abbiegen.
Sie: Hm …
Navigator: Nach 800 Metern bitte links abbiegen.

Aufgabe 9a

(vgl. Kursbuch)

Lektion 14

Wie findest du Ottos Haus?

Aufgabe 1

Stimme 1: Oh, hallo!
Stimme 2: Hallo! Schön, dich zu sehen!
Stimme 1: Oh, das finde ich auch. Schön, dich zu sehen.
Stimme 2: Oh, wie toll, du siehst gut aus.
Stimme 1: Na gut, dann mach's gut.
Stimme 2: Du auch. Bis bald.
Stimme 1: Tschüs!
Stimme 2: Tschüs! Alles Gute!

Aufgabe 4/5

Maria: Das ist Ottos Haus.
Elena: Hey. Das ist aber groß! Wie viele Zimmer hat sein Haus denn?
Maria: Das weiß ich nicht. Warte mal! Hier vorne links ist die Küche, dahinter ist Ottos Arbeitszimmer und rechts ist sein Wohnzimmer.
Elena: Also drei Zimmer unten im Erdgeschoss. Und oben?
Maria: Im ersten Stock gibt's zwei Schlafzimmer und zwei Kinderzimmer.
Elena: Vier oben plus drei unten … das sind sieben … sieben Zimmer! Boah, ganz schön viele!

Maria: Da oben ist sein Balkon. Und da hinten ist seine Garage und sein Auto!
Elena: Wow, Ottos Auto sieht cool aus!
Maria: Und sein Haus? Wie findest du Ottos Haus?
Elena: Sein Haus finde ich schön. Aber seinen Garten mag ich nicht so.
Maria: Warum nicht?
Elena: Na ja, weißt du, da sind ja nicht mal Blumen!
Maria: Genau das hat meine Mama auch gesagt. Sie meint, hier fehlt 'ne Frau.
Elena: Was ist denn mit Ottos Frau? Ist er geschieden oder was?
Maria: Seine Frau? Otto hat keine Frau.
Elena: Was? Aber von wem sind denn dann seine Kinder?
Maria: Seine Kinder?
Elena: Na ja, da sind doch zwei Kinderzimmer, oder?
Maria: Ja, aber er hat noch keine Kinder. Er möchte gerne welche, aber …
Elena: Okay! Dann braucht er jetzt eine Frau! Zum Beispiel seine Nachbarin
Maria: Vanilla? Meinst du?
Elena: Die ist doch lieb, oder?
Maria: Na ja, schon.
Elena: Und sieh mal, da! Vanillas Garten! Die vielen Blumen!
Maria: Du, weißt du, was ich glaube? …

Lektion 15

In Giesing wohnt das Leben!

Aufgabe 1b

1

Ich wohne auf dem Land. In Hallbergmoos. Den Ort kennen Sie sicher nicht. … Es ist ein Dorf in der Nähe von München. Direkt neben dem Flughafen.

2

Ich lebe in Kassel. Von meiner Wohnung aus kann ich das Schloss Wilhelmshöhe und den Schlosspark sehen. Aber leider, leider nur aus dem Badezimmer.

3

Ich wohne in Halle. Mein Appartement ist genau in der Stadtmitte. Von meinem Fenster aus sehe ich den Marktplatz, den „Roten Turm" und die Marktkirche.

4

Ich wohne in Kiel an der Ostsee. Der Blick aus meinem Fenster ist super, finden Sie nicht? Von hier aus kann ich den Hafen und die Schiffe sehen.

5

Ich wohne in Hatzenbühl, das ist ein Ort in der Pfalz. Zum Rhein sind es von hier nur ein paar Kilometer. Aber den Fluss kann ich leider nicht sehen, nur unser Rathaus.

6

Ich wohne zurzeit in Zürich. Der Fluss da unten, das ist die Limmat. Hinten links sehen Sie die ETH, die Eidgenössische Technische Hochschule und in der Mitte, hinter der Kirche, das ist die Universität. Dort studiere ich.

Modul-Plus 5

Ausklang: Ich finde es hier super!

1

Ich finde es hier super. Der Ort ist sehr schön. Wir haben ein Zimmer mit Blick aufs Meer. Das Essen ist gut. Die Leute sind nett. Ich liebe diese Landschaft. Hier gefällt es mir sehr.

Und wie findest du es hier? Ist es nicht toll, hm?

Nein, es gefällt mir nicht.
Komm jetzt, ich möchte gehen.

Was? Es gefällt dir nicht?
Ich kann das nicht verstehen.

TRANSKRIPTIONEN KURSBUCH

2

Ich liebe die Geschäfte in der Friedrichstraße. Ruf uns mal ein Taxi! Da fahren wir jetzt hin. Ich glaube, ein Friseur ist da auch gleich um die Ecke. Hach, mein Schatz, ich finde es so super in Berlin.

Und du, Schnucki? Findest du es auch so schön hier?

Die Stadt gefällt mir nicht.
Ich möchte sie nicht sehen.

Berlin gefällt dir nicht?
Ich kann das nicht verstehen.

Lektion 16

Wir haben hier ein Problem.

Aufgabe 1a

Frau: Entschuldigung, … äh … fahren Sie ins Erdgeschoss?
Mann: H-hm …
Frau: Gut, danke!
Frau: Huch! Was war denn das jetzt?
Mann: Moment mal, bitte! … Na so was! … Das gibt's doch nicht, oder?
Frau: Stecken wir fest?
Mann: H-hm … Ich glaube schon.
Frau: Na super!

Aufgabe 3/4

Frau: Was machen wir jetzt?
Mann: Warten, oder? Der Aufzug geht ja sicher gleich wieder.
Frau: Na ja, wer weiß? Gibt's hier keinen Alarmknopf?
Mitarbeiter: Hotel International, Technischer Service. Was kann ich für Sie tun?
Frau: Hallo? Äh, wir haben ein Problem hier: Der Aufzug steckt fest. Wir brauchen Ihre Hilfe.
Mitarbeiter: Verstehe …
Mann: Ich glaube, wir sind zwischen Etage elf und zwölf.
Mitarbeiter: Elf und zwölf … gut, ich komme sofort.
Mann: Danke! … Hm, diese MUSIK!
Frau: Die gefällt Ihnen nicht, hm? Mir gefällt sie auch nicht so. …Und es ist kalt hier, finden Sie nicht?
Mann: Tja, das ist die Klimaanlage … Hier! Möchten Sie meine Jacke? …
Frau: Oh! Das ist sehr nett! … Aber Sie …?
Mann: Mir ist nicht so kalt. Na los, nun nehmen Sie sie schon!
Frau: Also dann: Vielen Dank, … äh …
Mann: Martin. Ich heiße Martin. Wir können „du" sagen, oder?
Frau: Na klar! Ich bin Gina.
Mann: Gina? Hm, der Name gefällt mir. Er ist so … so … Hallo? Hallo!? Hallo!!
Mitarbeiter: Äh … Ja, hallo? … Hören Sie mich?
Mann: Ja?
Mitarbeiter: Es tut mir leid, aber ich glaube, ich kann das nicht selbst reparieren.
Mann und Frau: Was?!
Mitarbeiter: Tut mir leid, das kann wohl nur die Aufzugfirma machen.
Frau: Und wann kommen die?
Mitarbeiter: In einer halben Stunde, denke ich. Jetzt ist es zwanzig nach drei … also um kurz vor vier sind die da. Und dann geht's sicher ganz schnell.
Frau: Moment! Eine Bitte noch: Können Sie die Klimaanlage ausmachen? Es ist sehr kalt hier!
Mitarbeiter: Okay, okay! Mach ich. … Gut so?

181

Mann:	Ja, und noch 'ne Bitte: Die Musik … können Sie die auch ausmachen?
Mitarbeiter:	Jupp! … So … Also bis gleich!
Frau:	Warten Sie! Halt! Jetzt ist das Licht auch aus.
Mann:	He! Machen Sie das Licht wieder an! Hallo!
Frau:	Hör auf, Martin! Er ist weg.
Mann:	Tja, Gina … Was tun wir jetzt?
Frau:	Ich weiß nicht. … Erzähl mir was aus deinem Leben …
Mann:	Du, das ist aber lang.
Frau:	Du hast Zeit bis kurz vor vier …

Lektion 17

Wer will Popstar werden?

Aufgabe 1

Prüferin:	Als Nächste kommt jetzt bitte Frau Lisa Schwan.
Cherry:	Viel Glück! Mach's gut!
Lisa:	Danke!
Prüferin:	Hallo, Frau Schwan!
Lisa:	Hallo!
Cherry:	Puh … das dauert! Oder?
Fabian:	H-hm …

Lektion 18

Geben Sie ihm doch diesen Tee!

Aufgabe 1b

Frau Brehm:	Hallo! Schwester Angelika!
Schwester Angelika:	Ach! Hallo, Frau Brehm! Wie geht es Ihnen?
Frau Brehm:	Mir geht's gut, danke. Aber mein Mann ist leider krank.
Schwester Angelika:	So? Was hat er denn?
Frau Brehm:	Er hat seit zwei Tagen Fieber und Kopfschmerzen. Soll er zum Arzt gehen? Oder haben Sie etwas für ihn?
Schwester Angelika:	Kommen Sie mit!

Aufgabe 2

1

Schwester Angelika:	Hat Ihr Mann auch Schmerzen in den Armen oder Beinen?
Frau Brehm:	Nein, er hat nur Kopfschmerzen.
Schwester Angelika:	Und wie hoch ist das Fieber?
Frau Brehm:	Nicht sehr hoch. Zwischen 38 und 39.
Schwester Angelika:	Hm. Tut ihm die Brust weh? Hustet er?
Frau Brehm:	Nein, gar nicht.
Schwester Angelika:	So, so … Geben Sie ihm doch diesen Tee! Dreimal pro Tag – morgens, mittags und abends.
Frau Brehm:	Vielen Dank, Schwester Angelika!

2

Frau Brehm:	Hallo, Schatz! Da bin ich wieder. Wie geht's?
Herr Brehm:	Nicht so toll. Mein Kopf tut immer noch weh.
Frau Brehm:	Hm …
Herr Brehm:	Aber das Fieber ist nicht mehr so hoch.

TRANSKRIPTIONEN KURSBUCH

Frau Brehm:
    Das ist gut.
Herr Brehm:
    Warst du bei Schwester Angelika?
Frau Brehm:
    H-hm. Sie sagt, du sollst im Bett bleiben, du sollst wenig essen und du sollst viel trinken.
Herr Brehm:
    Aha. Und was hast du da mitgebracht?
Frau Brehm:
    Einen Kräutertee. Den sollst du morgens, mittags und abends trinken.
Herr Brehm:
    Ich mache mir gleich eine Tasse.
Frau Brehm:
    N-n! Ich mach' das. Du bleibst im Bett!
Herr Brehm:
    Na schön!

Modul-Plus 6

Ausklang: Ich bin der Doktor Eisenbarth

(vgl. Kursbuch)

Lektion 19

Der hatte doch keinen Bauch!

Aufgabe 1a

Sie: Du! …

Aufgabe 2/3b

Sie: Du! … Guck doch mal!
Er: Was ist denn los?
Sie: Sieh nicht gleich hin! Da drüben … am Eingang.
Er: Ja?
Sie: Der Mann da, das ist doch Walter Backes.
Er: Walter Backes? Nee, der hatte doch eine Brille.
Sie: Doch, das ist Walter.
Er: Ach was! Walter hatte auch keinen Bart.
Sie: Was sagst du da!? Natürlich hatte er 'nen Bart!
Er: Und einen Bauch hatte er auch nicht.
Sie: Komm, komm, komm! Ein bisschen dick war er schon.
Er: Dick!? Walter hatte eine Figur wie ein Marathonläufer.
Sie: Pff! Ich war mal mit ihm im Schwimmbad.
Er: Du warst mit Walter in der Schwimmbad?
Sie: Ja, und da hatte er 'nen Bauch.
Er: Wann war das denn?
Sie: Vor acht Jahren vielleicht?
Er: Ach komm! Da hatten wir ja schon gar keinen Kontakt mehr.
Sie: Oh! Jetzt hat er uns gesehen! Er kommt!
Er: Ach du liebe Zeit! Er ist es wirklich!
Sie: Hallo, Walter! Lange nicht gesehen, was?

Aufgabe 6a

1
Peter: Hallo, Tom!
Tom: Hey, Peter! Hast du schon gesehen, wer hier ist?
Peter: Wer denn? Na, sag schon!
Tom: Natascha Berkmann!
Peter: Die schöne Natascha? Echt? Du, die hab ich seit Jahren nicht gesehen. War die nicht im Ausland?
Tom: H-hm. Ziemlich lange sogar. Ich hab sie nicht sofort erkannt.
Peter: Ach komm! Hat sie sich so verändert?
Tom: Sieh doch selbst! Da drüben sitzt sie.
Peter: Wo denn?

Tom: Da, auf dem Sofa.
Peter: Nein! … Das … das … ist … ?
Tom: Ja, das ist Natascha.
Peter: Ach du liebe Zeit! Das gibt's doch nicht! Und diese Frau hat mir früher so gut gefallen.

2

Svenja: Guck doch mal! Da ist Mark. Dann ist Sylvie doch sicher auch hier, oder?
Alisa: Was? Sag bloß, du weißt das von Mark und Sylvie noch nicht?
Svenja: Was denn?
Alisa: Na, die leben doch jetzt getrennt.
Svenja: Wie bitte? Haben sie nicht erst vor einem halben Jahr ein Baby bekommen?
Alisa: H-hm … und vor zwei Monaten hat Mark das Kind dann in einem Geschäft an der Kasse vergessen.
Svenja: Ach komm! Das gibt's doch nicht! In einem Geschäft?
Alisa: Ja … Sylvies Bruder hat's mir erzählt. Es war das totale Chaos, mit Polizei und so.
Svenja: Ja, und dann?
Alisa: Mark hat sich tausend Mal entschuldigt. Aber Sylvie will nicht mehr mit ihm zusammen sein. Und Mark wohnt jetzt wieder bei seinen Eltern.
Svenja: Wahnsinn!

3

Tom: Sag mal, wer ist denn der Typ da drüben?
Bekki: Kennst du ihn nicht? Das ist Mike Palfinger. Ihm hat das „Flying Horse" gehört.
Tom: Das ist diese Luxus-Disco in Grünwald, oder?
Bekki: Das war sie. Es gibt sie nämlich nicht mehr.
Tom: Echt? Warum denn nicht?
Bekki: Na ja, dort war's nachts immer sehr laut. Die Nachbarn haben sich schon seit Jahren beschwert. Tja, und jetzt hat Palfinger für sein „Flying Horse" keine Lizenz mehr bekommen.
Tom: Tja, Pech gehabt, was?
Bekki: H-hm.

Aufgabe 8a

(vgl. Kursbuch)

Lektion 20

Komm sofort runter!

Aufgabe 2

Line: Mann, Mann, Mann, was für ein Tag!
Mutter: Line, Line, wo steckst du denn schon wieder? Line!!!
Line: Oh Mann, was will sie denn jetzt schon wieder? Das gibt's doch nicht!
Mutter: Ach, hier bist du. Du sollst jetzt nicht Tagebuch schreiben, das weißt du ganz genau! Komm sofort runter da!

Lektion 21

Bei Rot musst du stehen, bei Grün darfst du gehen.

Aufgabe 1

Junge: Hey, Papa! Guck mal: Die gehen bei Rot! Das darf man doch gar nicht!
Papa: Richtig, Leo! Wie heißt die Regel? Weißt du das noch?
Junge: H-hm, natürlich! „Bei Rot musst du stehen, bei Grün darfst du gehen."
Papa: Sehr gut!

Modul-Plus 7

Ausklang: Der Bitte-Danke-Walzer

(vgl. Kursbuch)

TRANSKRIPTIONEN KURSBUCH

Lektion 22

Am besten sind seine Schuhe!

Aufgabe 1a

Fabian: Du? Mama?
Mama: Ja, was ist denn, Fabi?
Fabian: Sieh doch mal! Da-da-da-daaa!?
Mama: Hhh, Fabian!
Fabian: Was sagst du jetzt? Naa? Wie findest du das?
Mama: Mein Gott! Die Schuhe! Die Strümpfe! Die Hose ... und das Hemd! ... Das ist alles so ... so ... so ...
Fabian: ... hässlich?
Mama: Ja. Genau. Das ist wahnsinnig hässlich!
Fabian: Na super! Total cool! Also: Tschüs dann, Mama, bis später!
Mama: Fabi! ... Fabian!? Warte! Du gehst doch nicht etwa so auf die Straße? ... Na so was! Wohin geht er denn bloß?

Aufgabe 3

Fabian: Hey, Elena! Hey, Meike!
Elena: Hallo, Fabi!
Meike: Super Kostüm, Fabi!
Fabian: Danke! Ihr seht aber auch echt hässlich aus! Bis später!
Meike: Ja! Am besten sind seine Schuhe!
Elena: Ja, stimmt! Und seine Strümpfe sehen auch wahnsinnig billig aus. Und Janas Hose? Wie gefällt dir die?
Meike: Die gefällt mir genauso gut wie ihr Mantel und ihre Bluse. Das ist alles so richtig schön golden. Uähh!
Elena: H-hm. Hey, guck mal: Veras Strumpfhose ist auch nicht schlecht: Rosa und lila – das gefällt mir. Dir nicht?
Meike: Nö, Lila mag ich nicht so gern.
Elena: Ach?
Meike: Ich mag lieber Beige.
Elena: Echt? Beige? So wie Harrys Jacke oder sein Hut? Sieh doch mal! Findest du diesen Hut wirklich gut, Meike?
Meike: Immer noch besser als Jasmins Mütze, oder?
Elena: Na ja ... JASMIN! Hast du ihr Kleid schon gesehen?
Meike: Dieses Kleid ist ja so langweilig!
Elena: Und ihr Pullover ist auch nicht besser.
Jasmin: Hallo, Meike! Hallo, Elena!
Elena und Meike: Hallo, Jasmin!
Jasmin: Na, wie findet ihr mein Outfit?
Elena: Total lustig!
Meike: Ja. Das Kleid ...
Elena: ... und der Pullover ...
Meike: ... so viele Farben!
Elena: Ja stimmt!
Jasmin: Wirklich? Ihr beide seht aber auch richtig hässlich aus ...
Elena und Meike: Oh ... Danke!
Jasmin: Tja, dann viel Spaß noch!
Elena und Meike: Dir auch! Tschüs!
Meike: Puh ...
Elena: Aber echt.

Aufgabe 8a

(vgl. Kursbuch)

Lektion 23

Ins Wasser gefallen?

Aufgabe 1

Laura: Hach, Regen, Regen, Regen ... Wie lange soll das denn NOCH weitergehen? Ach, Mann! Das ist unmöglich!
Sandra: Guten Morgen, Laura!
Laura: Morgen, Sandra. Himmel nochmal, ist das kalt! Bitte, kannst du nicht ein bisschen Sonnenschein für mich machen?
Sandra: Sonnenschein? Tut mir leid, Laura. Aber das ist unmöglich.

185

Laura:	Unmöglich? Warum denn? Du musst nur die Regenwolken wegmachen.		Alisa:	Nö, ich war noch nicht online. Was ist denn?
Sandra:	Tja, tut mir leid. Das ist sinnlos. Es sind viel zu viele.		Nick:	Gestern war doch der 15. Oktober.
Laura:	Hach, das ist blöd! Kannst du es denn gar nicht wärmer machen? Nicht mal ein bisschen?		Alisa:	Der 15. Oktober? Na, und?
			Nick:	Weißt du's denn nicht mehr? 15. Oktober, na? Isabellas Abschlussprüfung!
Sandra:	Ein bisschen? Ich denke, das ist machbar. ... Hier, bitte!		Alisa:	Oh, mein Gott! Ja, natürlich! Wie war's denn? Hat sie ihr Examen bestanden!?
Laura:	Du bist lieb! Danke!			
Sandra:	Vorsicht, heiß! ... Na, schon besser?		Nick:	Ja! Mit einer Zwei!
Laura:	Hm, ja! Viel besser! Du bist ein Schatz!		Alisa:	Wow!
			Nick:	Ist das nicht toll?
			Alisa:	Ja, super! Du, das müssen wir unbedingt feiern!

Aufgabe 3b

1
(Sie hören Geräusche zu: Die Sonne scheint.)

2
(Sie hören Geräusche zu: Es regnet.)

3
(Sie hören Geräusche zu: Es ist windig.)

4
(Sie hören Geräusche zu: Es ist kalt.)

Aufgabe 6a

(Sie hören vier unterschiedliche Klangcollagen)

Lektion 24

Ich würde am liebsten jeden Tag feiern.

Aufgabe 1

Alisa:	Ja? ... Hallo? Hier ist Alisa ... Hey, Nick! Du, warte mal kurz. So, jetzt. Na? Was läuft so?
Nick:	Was läuft? Hast du meine E-Mail nicht bekommen?
Nick:	Ja, wir machen heute Abend eine Überraschungsparty für Isabella, bei mir zu Hause ...
Alisa:	Heute Abend?
Nick:	Du kommst doch, oder?
Alisa:	Nein, das geht leider nicht.
Nick:	Was?! Warum denn nicht?
Alisa:	Ich hab' schon eine Einladung für heute Abend.
Nick:	Och, das ist aber schade!
Alisa:	Ja, find' ich auch. Ich würde so gern mitfeiern!
Nick:	Kannst du nicht danach noch kommen? Wir feiern sicher bis spät in die Nacht.
Alisa:	Danach?
Nick:	Ach, komm doch! Wir würden uns alle so freuen.
Alisa:	Okay. Ich versuch's.
Nick:	Super! Also dann, bis später!
Alisa:	Bis später! Tschüs!

Modul-Plus 8

Ausklang: Besser oder mehr?

(vgl. Kursbuch)

TRANSKRIPTIONEN FILM-DVD

Modul-Plus 5

Clip 13: Wie komme ich zum Goetheplatz?

Touristin: Ähh. Entschuldigung?
Oliver: Ja?
Touristin: Können Sie mir helfen? Wo ist denn hier bitte der Goetheplatz?
Oliver: Der Goetheplatz?
Touristin: Ja. Ich möchte zum Goetheplatz. Ist das hier in der Nähe?
Oliver: Goetheplatz. Das ist gar nicht weit von hier. Also, passen Sie auf: Sie gehen jetzt 50 Meter geradeaus
Touristin: 50 Meter geradeaus.
Oliver: Dann an der Ecke nach rechts.
Touristin: An der Ecke nach rechts.
Oliver: Dann an der nächsten Straße links und sofort wieder nach rechts.
Touristin: An der nächsten Straße links und sofort wieder nach rechts.
Oliver: Dann 200 Meter geradeaus
Touristin: 200 Meter geradeaus.
Oliver: An der Ampel nach links.
Touristin: An der Ampel nach links.
Oliver: Und jetzt nochmal 400 Meter geradeaus.
Touristin: Jetzt gehe ich, ähm. Ok, zuerst also links.
Oliver: Nein, zuerst gehen Sie 50 Meter geradeaus.
Touristin: Ah ja, und dann links, ah nein, rechts. Oje! Wie war das?
Oliver: Was soll's, kommen Sie mit! 50 Meter geradeaus. An der Ecke nach rechts. An der nächsten Straße nach links und sofort wieder nach rechts. 200 Meter geradeaus. Und hier an der Ampel nach links. Und jetzt noch mal 400 Meter geradeaus. Und da ist der Goetheplatz.
Touristin: Aah!
Oliver: Sehr nett! Vielen Dank! Danke.

Clip 14: Die Superwohnung

Frau Möllemann:
Ah, hallo! Sie sind Herr Waurich? Sie möchten die Wohnung ansehen, nicht wahr? Na, dann kommen Sie mal rein!
Fangen wir gleich hier an: Das hier ist der Flur. Er ist nicht sehr groß, aber doch ganz praktisch! Kommen Sie mit! Herr Waurich? Hallo? Na, sehen sie! Kommen sie!
Das ist die Küche. Ja, das Geschirr, ich habe heute noch nicht abgewaschen. Aber sehen sie, der Blick ist sehr schön, nicht wahr? Kommen Sie mit! Herr Waurich? Na los! Sehen Sie!
Hier ist das Wohnzimmer. Ich mag das Zimmer. Es ist so richtig gemütlich, finde ich.
Jaja, sehen Sie raus! Hier haben Sie alle Läden gleich um die Ecke. Da können Sie prima einkaufen! Das ist super!
So, und nun sehen Sie mal! Herr Waurich? Herr Waurich, Sehen sie!
Das ist das Schlafzimmer. Ja, entschuldigen Sie, ich habe das Bett heute noch nicht gemacht. Aber ich schlafe sehr gut hier
So! Und jetzt zeig ich Ihnen, ähm, Herr Waurich? Hallo? Kommen Sie! Kommen Sie! Das Badezimmer! Ähm, Herr Waurich? Herr Waurich?
Herr Waurich:
Puhhh!

Clip 15: Das ist meine Stadt.

Martin: Hallo Leute! Grüezi und herzlich willkommen hier in Bern.
Mein Name ist Martin Zürcher, und ich lebe hier.
Bern hat 130.000 Einwohner und ist die Hauptstadt der Schweiz.
Ich möchte euch heute meine Stadt zeigen! Kommt einfach mit!

Hier spricht man Bärndütsch. Bärndütsch, das heißt: Berner Deutsch. Das ist Deutsch, aber kein Hochdeutsch. Wollt ihr mal einen Satz auf Bärndütsch hören? Salome, sag mal was!

Salome: (auf Berndeutsch) Einen lieben Gruß an alle Deutschlerner!

…

Martin: Habt ihr etwas verstanden? Nein? Salome hat gesagt: Einen lieben Gruß an alle Deutschlerner!

Das ist der Zytglogge, der Zeitglockenturm. Der Turm ist sehr alt – 800 Jahre. Die Uhr ist 500 Jahre alt. Na, wie gefallen euch die Uhr und der Turm?

Bern und Berlin haben etwas gemeinsam. Wisst ihr, was? Richtig, die Städtenamen fangen beide mit ‚B' an. Und seht mal: So sehen die Wappen aus. Die Berliner haben einen Bären und die Berner haben einen Bären. Wollt ihr mal einen Bären sehen? Dann sind wir hier am Bärengraben genau richtig. Nett, nicht wahr?

So, jetzt habt ihr schon mal was von meiner Stadt gesehen. Na, wie gefällt euch Bern? Vielleicht kommt ihr mal die Schweiz? Dann kommt doch auch mal hierher, nach Bern und seht euch alles selbst an.

Bis dann! Uf Wiederluege! Tschüs!

Modul-Plus 6

Clip 16: Was kann ich für Sie tun?

Alfons Brunner:

Hallo, mein Name ist Alfons Brunner. Ich bin 48 Jahre alt. Nach meiner Schulzeit habe ich Elektroinstallateur gelernt. Ich habe dann auch ein paar Jahre in diesem Beruf gearbeitet. Aber seit 16 Jahren arbeite ich hier in dieser Firma als Hausmeister. Ich kümmere mich um die Heizung, ich kümmere mich ums Wasser und um den Strom. Ich repariere Fenster und Türen, ich schneide Bäume, Büsche und Hecken und ich mähe den Rasen.

…

Ja, Bunner? Ah, Frau Jensen! Was kann ich für Sie tun? Ihre Schreibtischlampe ist kaputt? Aha! Reparieren? Ja. Was? Jetzt gleich? Nein, das tut mir leid. Vor 11.30 Uhr kann ich nicht zu Ihnen kommen. Gut, Frau Jensen. Dann um 11.30 Uhr. Tschüs!

…

Ich arbeite von Montag bis Freitag immer von acht bis 16 Uhr. Von zwölf Uhr bis halb eins habe ich Mittagspause. Meine Arbeit macht Spaß. Ich bin mal hier und mal da und mache viele verschiedene Dinge, zum Beispiel eine Lampe reparieren.

…

Herr Sklarek? Grüße Sie, hier Brunner. Herr Sklarek, ich hab` 'ne Frage. Es ist ja schon fast Mittag. Können wir unseren Termin auf den Nachmittag verschieben? Ja? Ah, sehr gut. Ich komm dann kurz nach 13 Uhr zu Ihnen. Ja, super, bis dann!

Clip 17: Welche Wünsche hast Du?

Kleiner Junge:
Ich will auf keinen Fall dick werden.

Mann: Ich will endlich wieder ohne diese Krücken gehen.

Junger Mann:
Ich mache eine Ausbildung bei einer Bank. Und danach will ich in meinem Beruf Karriere machen.

Frau: Zu meinem 50. Geburtstag will ich ein Fest machen. Nur für Frauen. Ohne Männer.

Mädchen: Ich will auf keinen Fall so werden wie meine Mutter.

TRANSKRIPTIONEN FILM-DVD

Schüler: Nach dem Abitur will ich erstmal Urlaub machen. Danach will ich wenig arbeiten und viel Geld verdienen.

Zwei Freundinnen: Wir wollen schon lange mal mit dem Zug durch ganz Europa fahren. Ja genau! Das wäre cool.

Jugendliche: Ich will Model werden.

Kleines Mädchen: Ich liebe alle Tiere. Also will ich später mal Tierärztin werden. Das ist doch klar!

Clip 18: Das tut mir gut!

Lukas: Hallo! Guten Morgen! Noch müde? Nein? Na wunderbar, dann kann's ja losgehen, oder?
Ich gehe zwei oder drei Mal pro Woche joggen. Ich brauche das einfach. Ich laufe nicht sehr schnell. Das soll man auch gar nicht. Das ist nicht so gesund.
Ich arbeite in einer Elektronikfirma hier in Wien. Wir machen Software für die Autoindustrie. Von morgens bis abends sitze ich am Computer. Da ist der Kopf natürlich immer total voll. Naja, was soll man machen?. Es geht nicht anders. Man will ja Geld verdienen, oder?
Man soll viel Sport machen, meinen die Ärzte. Aber ich brauche keinen Arzt. Mein Körper sagt mir das ganz von selbst. Mein Körper will das einfach. Joggen ist für mich nicht nur Sport. Joggen ist viel mehr. Es ist Ruhe. Es ist, ja, es ist auch Meditation. Hier kann ich eine Stunde lang mal nur bei mir selbst sein. Einfach nur laufen, laufen, laufen. Das ist gut für den Körper und für den Kopf.
Aah! Das war gut! Jetzt fühle ich mich wieder richtig frei. Aber so soll`s ja auch sein, oder? Also dann. Einen schönen Tag noch! Tschau!

Modul-Plus 7

Clip 19: Bach war dick.

Patrick: Bach war dick, oder?
Anne: Bach? Ach komm! Da, sieh mal: Der Mann war doch nicht dick, oder? Okay, er ist nicht wirklich schlank, aber dick ist er auch nicht.
Patrick: Das ist Johann Sebastian Bach. Ihn habe ich gar nicht gemeint. Ich habe seinen Sohn gemeint. Sein Sohn war dick.
Anne: Welcher Sohn? Wilhelm Friedemann Bach?
Patrick: Der ist gar nicht dick. Der ist schlank.
Anne: Welcher Sohn denn dann? Johann Christian Bach.
Patrick: Nein, der ist auch nicht dick. Der ist ganz normal. Carl Philipp Emanuel Bach habe ich gemeint.
Anne: Ja, stimmt, der war etwas dick. Auf diesem Bild jedenfalls.
Patrick: Also: Jetzt wissen wir das.
Anne: Schiller war aber groß!
Patrick: Friedrich Schiller? So? Wie groß war er denn?
Anne: Sechs Fuß, drei Zoll.
Patrick: Sechs Fuß, drei Zoll? Das versteht ja kein Mensch! Wie viel ist denn das? Ich meine in Metern und Zentimetern?
Anne: Na, so ungefähr einen Meter 85.
Patrick: Na ja, ein Meter fünfundachtzig, das ist hier. Mein Freund Ricky ist einen Meter achtundneunzig! Das nenne ich groß!
Anne: Ja, heute werden viele Leute groß. Aber damals war ein Meter fünfundachtzig schon sehr groß.
Patrick: Ach so? Meinst du?
Anne: Ja, natürlich. Mozart zum Beispiel, Mozart war ganz klein.
Patrick: Echt?
Anne: Hier steht, er war nur ein Meter fünfzig groß.
Patrick: Ein Meter fünfzig?! Komm, komm, komm! Also Ich bin einen Meter

sechsundsiebzig, dann war Wolfgang Amadeus Mozart also nur so?
Anne: Tja, das steht auf jeden Fall so im Internet: Mozart war klein, Schiller war groß...
Patrick: ... und Bach war dick.
Anne: Carl Philipp Emanuel Bach!

Clip 20: Mach ich, Oma!

Oma: Kaufst du bitte auch Obst, Linus?
Linus: Mach ich.
Oma: Und bring auch ein bisschen Käse mit!
Linus: Na klar! Gerne! Sonst noch was?
Oma: Nein, ich glaube, das war's.
Linus: Oma ist 81. Seit ein paar Jahren kann sie nicht mehr so gut gehen. Ich bin dreimal pro Woche für zwei Stunden bei ihr. Meistens am Montag, Mittwoch und Freitag. Dann helfe ich ihr beim Putzen, fahre mit ihr zum Arzt oder gehe für sie einkaufen.
(*zu Oma*) Tschüs, bis später!
Oma: Meine Tochter und ihr Mann – also Linus' Eltern – haben immer beide gearbeitet. Ich war damals oft dort und habe mich um Linus gekümmert. Tja, und heute kommt Linus zu mir und hilft seiner Oma. Für mich ist das sehr wichtig. So kann ich noch hier in meiner eigenen Wohnung bleiben.
(*zu Linus*) Kommt mich doch am Wochenende mal wieder alle zusammen besuchen!
Linus: Gut, ich sag's Papa und Mama.
Oma: Und ruf mich morgen mal an, ja?
Linus: Mach ich.
Oma: Hier, das ist für dich.
Linus: Ach, Oma!
Oma: Nimm! Ich weiß, du kannst es brauchen.
Linus: Danke, Oma!
Oma: Also, dann bis Mittwoch?
Linus: Mittwoch um vier. Geht klar.
Oma: Also.

Linus: Tschüs, Oma!
Oma: Tschüs, mein Junge! Tschüs!

Clip 21: Nein, das ist verboten!

Darf man abends nach zehn noch auf das Grundstück gehen?
Nein, das ist verboten.
Darf man hier ein Boot oder ein Surfbrett mitnehmen?
Nein, das ist verboten.
Darf man hier denn wirklich kein Fahrrad anlehnen?
Nein, das ist verboten.
Darf man hier denn nicht über die Gleise gehen?
Nein, das ist verboten.
Man darf das nicht. Hier ist ‚Betreten verboten'.
Man darf das nicht. Hier ist ‚Skaten verboten'
Man darf das nicht. Hier sind Plakate verboten.
Man darf das nicht. Hier sind Boote verboten.
Boote verboten? Boote verboten?

Darf ich hier mit meinem Hund spazieren gehen?
Nein, das ist verboten.
Ach bitteschön, ich möcht' doch meinen Hund mitnehmen!
Nein, das ist verboten.
Er ist doch nur ganz klein, das kann doch jeder sehen.
Nein, das ist verboten.
Darf er nicht mal mit mir in den Laden gehen?
Nein, das ist verboten.

Man darf das nicht. Hunde sind hier nicht erlaubt.
Man darf das nicht. Hier dürfen wir nicht rein.
Man darf das nicht. Wir müssen draußen bleiben.
Man darf das nicht. Hier sind Hunde verboten.

TRANSKRIPTIONEN FILM-DVD

Modul-Plus 8

Clip 22: Am besten gefällt mir sein Hut!

Anne:	Das sieht wahnsinnig gut aus.
Patrick:	Die Hose ist wirklich toll.
Anne:	Das ist leicht und elegant.
	…
Patrick:	Ich finde, das kann man besser machen.
Anne:	Ja, mehr Farbe wäre besser.
Patrick:	Ja, genau! Vielleicht rot oder orange.
Anne:	Hmm, ich finde zu ihm passt grün.
	…
Patrick:	Am besten gefällt mir sein Hut. Er passt auch sehr gut zu seiner Hose.
	…
Anne:	Das Hemd ist aber auch ganz gut. Das Kleid ist sehr elegant. Die Farben passen sehr gut zu ihren Haaren.
Patrick:	Hmm. Die Kombination ist sehr schick.
	…
Anne:	Das ist total sportlich!
Patrick:	Ich finde, die Hose passt super zu seinem T-Shirt.
	…
	Die Bluse ist schön, aber der Rock geht gar nicht!
Anne:	Aber die Sandalen passen prima zum Wetter.
Patrick:	Am besten gefällt mir der Hund!
Anne:	Er ist so süß!
	…
Patrick:	Sie mag Türkis. Und die Farbe passt auch sehr gut zu ihr.
Anne:	Hmm. Die Hose finde ich aber ziemlich kurz.

Clip 23: Im Norden könnt ihr Bern sehen.

Martin: Hallo! Grüß euch mitenand! Mein Name ist Martin Zürcher. Heute ist der 21. Juli und es ist 9 Uhr. Ihr seht selbst, das Wetter in der Schweiz ist heute nicht sehr toll. Es ist grau und es regnet. Und dabei ist es auch noch kühl. Wir haben 16 Grad. Nein, heute ist wirklich nicht der richtige Tag für einen Besuch hier auf dem Aussichtsturm, auf dem Gurten.

Ihr seht im Norden nichts. Ihr seht im Westen nichts. Ihr seht im Süden nichts. Ihr seht im Osten nicht. Aber ich habe etwas für euch. Ich war nämlich gestern schon hier oben.

Hier im Norden könnt ihr Bern sehen. Meine Heimatstadt Bern hat etwa 130.000 Einwohner und ist die viertgrößte Stadt in der Schweiz. Der Fluss dort: Das ist die Ahre.

Im Westen liegt das Berner Seeland und dahinter beginnt schon die französische Schweiz. Ihr wisst ja, in der Schweiz spricht man nicht nur Deutsch.

Im Süden und Osten seht ihr das Berner Oberland mit seinen Bergen. Manche Berge sind bis zu 4000 Meter hoch.

Tja, ich hoffe meine Bilder vom Aussichtsturm auf dem Gurten haben euch gefallen.

Vielleicht kommt ihr mal nach Bern und seht euch alles selbst an? Vielleicht scheint dann auch die Sonne. Das wäre doch schön, oder?

Also, bis dann! Tschüs!

Clip 24: Ich würde gern Autoscooter fahren!

Lilian:	Hallo!
Oliver:	Hallo!
Lilian:	Hier sind …
Oliver:	… Lilian …

Lilian:	… und Oliver!
Oliver:	Heute sind wir hier im Münchner Stadtteil Au.
Lilian:	Und hinter uns seht ihr einen Jahrmarkt.
Oliver:	Das ist die „Auer Dult". Die Auer Dult gibt es schon seit über 200 Jahren.
Lilian:	Sie findet dreimal im Jahr statt. Die erste ist Ende April bis Anfang Mai, die zweite ist Ende Juli bis Anfang August und die dritte ist im Oktober.
Oliver:	Auf der Auer Dult kann man essen, Karussell fahren, und alle möglichen praktischen oder lustigen Dinge kaufen. Was würdest du gerne als Erstes machen?
Lilian:	Hmm, am liebsten würde ich jetzt erst mal was essen.
Oliver:	Was denn? Eine Bratwurst vielleicht?
Lilian:	Nein, lieber Pommes mit Ketchup. … Danke! … Was würdest du als Nächstes gerne machen?
Oliver:	Ich würde gern mal schießen.
Lilian:	Wirklich? Schießen?
Oliver:	Ja! Das macht Spaß.
Lilian:	Meinst du? … Hmm. Jetzt bin ich aber wieder dran. Was hälst du eigentlich von Autoscooter?
Oliver:	Autoscooter?
Lilian:	Ja Autoscooter! Ich würde jetzt gerne Autoscooter fahren. Na los, komm mit!
Oliver:	Na, wenn du meinst. …
Lilian:	Das war toll! Hat`s dir auch so Spaß gemacht?
Oliver:	Ja, supertoll!
Lilian:	Und jetzt würde ich gerne …
Oliver:	Nein, ich bin dran! Und ich würde jetzt gern noch ein bisschen herumgehen und nur gucken, okay?
Lilian:	Okay!

LÖSUNGEN TESTS ZU DEN MODULEN

Test Modul 5 (Lektion 13–15)

1 geradeaus; links; fahren – rechts

2 auf; neben; an; vor; hinter; zwischen; über; unter, in

3 **b** Garage; **c** Treppe; **d** Küche; **e** Schlafzimmer

4 **a** Kirchen; **b** Schloss; **c** Spielplatz; **d** Hafen; **e** Bücherei

5 **b** dem, ein; **c** dem, der, eine; **d** der, der; **e** dem, ein; **f** den, ein; **g** Der, der

6 **b** ihre; **c** ihre; **d** sein; **e** sein; **f** seine; **g** ihr; **h** ihr; **i** ihren; **j** Sein; **k** seine

7 Laras Balkon; Bens Zimmer

8 **a** gefallen, mir; **b** danken, euch, helfen, euch; **c** gehört, Ihnen, gehört, ihm

9 **a** Eine Frage bitte: Wo finde ich die Post? **b** Ja. Gehen Sie geradeaus und an der Ampel nach links. Dann sehen Sie es schon. Sehr nett! Vielen Dank! Kein Problem. **c** Tut mir leid. Ich bin auch fremd hier. Ach so. Schade. Trotzdem Dankeschön! **d** Gibt es hier im Viertel eigentlich viele Geschäfte? Ja, und es gibt auch viele Kneipen und Restaurants. **e** Wie findest du die Wohnung? Sie sieht toll aus. Den Balkon mag ich besonders. **f** Wie gefällt Ihnen das Viertel? Es geht. So toll ist es nicht. (**d**, **e**, **f** können auch in anderer Reihenfolge gelöst werden)

10 **a** Anzeige 3; **b** Anzeige 1; **c** Anzeige 4; **d** Anzeige 2

Test Modul 6 (Lektion 16–18)

1 Aufzug; Internetverbindung; Dusche; kalt; Handtücher; Seife; kaputt; dumm

2 **b** werden; **c** lernen; **d** singen; **e** anmelden; **f** wollen; **g** bekommen; **h** gehen

3 Gesundheits-Probleme: das Fieber, der Husten, der Schnupfen; Körperteile: der Bauch, das Knie, der Kopf, der Rücken; Apotheke: das Medikament, das Pflaster, das Rezept, die Salbe, die Tablette

4 **b** gehen; **c** nehmen; **d** trinken; **e** bleiben

5 nach der; für eine, für ein; vor einem; In einem

6 **b** Ich will vielleicht Sängerin werden. **c** Wann willst du dein Studium abschließen? **d** Der Chef will den Termin auf keinen Fall absagen. **e** Wer will mit mir durch Europa reisen?

7 **b** einen; **c** einer; **d** seine; **e** dem

8a 2 Lernen Sie vor einem Test gut die Wörter. 3 Trinken Sie bei Kopfschmerzen Kaffee. 4 Essen Sie fünfmal am Tag Obst und Gemüse. 5 Lesen Sie Bücher auf Deutsch.

8b 2 … sollen vor einem Test gut die Wörter lernen. 3 … soll bei Kopfschmerzen Kaffee trinken. 4 … sollen fünfmal am Tag Obst und Gemüse essen. 5 … sollt Bücher auf Deutsch lesen.

9 2 Ja gern. Was kann ich für Sie tun? 3 Die Heizung funktioniert nicht. 4 Oh, das tut mir leid. Ich sage dem Techniker Bescheid. 5 Wann kann der Techniker denn kommen? 6 In zehn Minuten ist er da. 7 Super, vielen Dank! 8 Bitte, bitte. Kein Problem.

10 **b** Ich will unbedingt Schauspieler werden. **c** Ich will auf keinen Fall Politiker werden. **d** Ich will auf keinen Fall den Führerschein machen. **e** Ich will unbedingt um die Welt segeln. **f** Ich will auf keinen Fall auf einen Berg steigen.

11 krank; hast; Husten, Schnupfen, Kopf, soll; machst; nehme; soll, hilft

12 **b** richtig; **c** richtig; **d** falsch; **e** richtig; **f** richtig

13 Im Büro ist der Computer kaputt. Ich habe dem Techniker schon Bescheid gesagt. Aber er hat im Moment keine Zeit. Er kann erst um 17 Uhr kommen. … ich soll auf den Techniker warten. Können wir unser Treffen verschieben? Hast du am Wochenende Zeit? Wir können vielleicht ins Kino gehen.

Test Modul 7 (Lektion 19–21)

1 a lange, Haare; b schlank; c kurze, glatte, Haare; d schlank, dick; e Brille

2 b das Geschirr abwaschen; c staubsaugen; d die Spülmaschine ausräumen; e die Wäsche waschen; f bügeln

3 a das Schild; b verboten; c angeln; d gehen; e tragen; f schieben

4 a hatte, hat, gefallen; b war, hatte; c Waren, war, habe, bekommen; d wart, hat, eingeladen, hatten, haben, getroffen; e hattest, habe, vergessen

5a 1 putz das Bad; 2 trockne das Geschirr ab, räum die Küche auf; 3 bringt den Müll raus, wischt den Boden

5b 1 es; 2 es, sie; 3 ihn, ihn

6 (Lösungsvorschlag) b Man darf nicht telefonieren. c Man kann keine Bücher kaufen. d man kann Bücher mitnehmen und zu Hause lesen. e Man muss seinen Bibliotheksausweis mitbringen. f Man darf nicht in die Bücher malen oder schreiben. g Man darf nicht laut Musik hören.

7a Erstaunt reagieren: Ach was! Echt? Eine Person beschreiben: Er hatte einen Bart. Sie ist schlank und hat blonde lange Haare. Mein Traummann sieht interessant aus: Brille, Bart und er darf auch gern ein bisschen dick sein. Seine Meinung sagen: Motorradfahren ist viel zu gefährlich. So schlimm ist das doch nicht. Das finde ich gar nicht in Ordnung.

7b a Echt; Er hatte einen Bart. Ihr neuer Freund sieht super aus. b Motorradfahren ist viel zu gefährlich. Ach was; c Das finde ich gar nicht in Ordnung. So schlimm ist das doch nicht. d Sie ist schlank und hat blonde lange Haare. Wie langweilig; Mein Traummann sieht interessant aus: Brille, Bart und er darf auch gern ein bisschen dick sein.

8 b richtig; c falsch; d falsch; e richtig; f richtig

9 … seid wirklich nett; … bin auch fröhlich; … können wir sicher viel Spaß haben; … heiße Kathi; … bin 24 Jahre alt und studiere Medizin; … bin ich auch ziemlich unordentlich; … ich kann super backen

Test Modul 8 (Lektion 22–24)

1 für den Kopf: die Mütze, der Hut; für den Oberkörper: das T-Shirt, die Jacke, die Bluse; für die Beine: die Hose, die Strumpfhose; für die Füße: der Schuh, die Socke

2 a Sonne; b Himmel; d Grad; e Schnee; f Nebel

3a 2 einladen; 3 bekommen; 4 gratulieren; 5 einladen

3b 2 (das/die) Weihnachten; 3 die Einweihungsparty; 4 der Geburtstag; 5 die Hochzeit

4 a am besten; teurer; viel wie; b lieber; am liebsten; schön; wärmer als; c viel; mehr; am meisten; d größer als; am größten

5 b … dort können wir segeln; c … ich bin krank; d … es ist neblig; e … er feiert seinen Geburtstag

6 b … würden gern heiraten; c … würde dich gern einladen; d … würdet ihr gern machen; e … würden Sie gern im Ausland leben

7 b Vom ersten Mai bis (zum) vierten Mai; c der dritte Oktober; d Der vierzehnte August; e am sechsten Juli, am achten September, am zehnten November; f Am dreißigsten März

8 a Wow! Das ist ja total schön! b Im Winter trage ich gern Hüte. Du trägst gern Hüte? Mützen sind doch viel praktischer. Mützen sind wahnsinnig hässlich. Mit einem Hut sehe ich richtig elegant aus. c Sieh mal, die Tasche ist doch toll. Was? Die gefällt dir? Die ist doch nur was für den Karneval.

9 a Alles Gute! b Herzlichen Glückwunsch! Gut gemacht! c Gutes/Frohes neues Jahr! d Frohe Weihnachten!

10 a Wer: Sabine und Sören; Wann: am Freitag um 19 Uhr; Programm: Sören kocht; b Wer: Carola und Christian; Warum: Jacob kommt in die Schule; Programm: Kaffee für die Erwachsenen, Spiele für die Kinder; Mitbringen: Kuchen

11 … wir hatten keine Lust auf Regen und Schnee. … hier hat es immer 25 Grad … der Himmel ist wolkenlos. … Weihnachten am liebsten immer in der Sonne feiern! … Wie ist das Wetter …? Frohe Weihnachten und ein gutes neues Jahr.

Quellenverzeichnis

Cover: © Getty Images/Pando Hall
Seite 106: Würfel © iStockphoto/arakonyunus
Seite 114: © fotolia/c
Seite 121: © fotolia/c
Seite 122: linke Spalte von oben © fotolia/Jürgen Fälchle; © PantherMedia/Brigitte Götz; © PantherMedia/tom scherber;
© iStockphoto/STEVECOLEccs; © PantherMedia/Dieter Beselt; © fotolia/PhotoSG; © fotolia/Sandor Jackal;
rechte Spalte von oben © digitalstock/F. Aumüller; © PantherMedia/Monkeybusiness Images; © iStockphoto/idal;
© iStockphoto/lenad-photography; © DIGITALstock/B. Leitner; © fotolia/Team 5; © fotolia/gtranquillity
Seite 124: von oben nach unten © iStockphoto/lenad-photography; © PantherMedia/tom scherber;
© fotolia/Sandor Jackal; © Hueber Verlag/Florian Bachmeier; © PantherMedia/ Monkeybusiness Images
Seite 128: © iStockphoto/craftvision
Seite 132: a © Thinkstock/Getty Images/Jupiterimages; b © Thinkstock/Ingram Publishing; c © fotolia/Ralf Gosch;
d © Thinkstock/Getty Images/Jupiterimages; e © Thinkstock/Comstock; f © iStockphoto/ljupco
Seite 133: © fotolia/c
Seite 140: oben von links © Thinkstock/Jupiterimages/Brand X Pictures; © iStockphoto/knape; © fotolia/AndiPu;
unten von links © jupiterimages/STOCK4B Creative; © Thinkstock/iStockphoto; © Thinkstock/Stockbyte
Seite 147: Handy © fotolia/Timo Darco
Seite 151: von oben © iStockphoto/jallfree; © iStockphoto/temniy; © iStockphoto/Viorika
Seite 152: oben © Hueber Verlag/Matthias Kraus; unten © PantherMedia/Gabi Schär
Seite 153: © Hueber Verlag/Franz Specht,
Seite 154: © Hueber Verlag/Franz Specht
Seite 155: © Hueber Verlag/Matthias Kraus
Seite 156: A © Thinkstock/iStockphoto; B © www.bridgemanart.com; C, D © Thinkstock/Getty Images/Photos.com;
E © Getty Images/De Agostini; F © Getty Images/Hulton Fine Art Collection
Seite 157: © Hueber Verlag/Franz Specht
Seite 159: © Hueber Verlag/Matthias Kraus
Seite 160: oben © Thinkstock/Goodshoot; unten © iStockphoto/iSampsa
Seite 161: © Hueber Verlag/Matthias Kraus
Seite 168: von links © PantherMedia/Monkeybusiness Images; © iStockphoto/lenad-photography;
© fotolia/Sandor Jackal
Seite 170: © Hueber Verlag/Florian Bachmeier